Where to relieve xiangchou:
the temporal and spatial characteristics and
influencing mechanism of xiangchou
in the traditional village tourism destination

何处解乡愁

——传统村落旅游地乡愁的时空特征及影响机理

陈晓艳 著

南京大学出版社

图书在版编目(CIP)数据

何处解乡愁：传统村落旅游地乡愁的时空特征及影响机理 / 陈晓艳著. —南京：南京大学出版社，2023.12
ISBN 978-7-305-26935-6

Ⅰ.①何… Ⅱ.①陈… Ⅲ.①乡村旅游－研究－中国 Ⅳ.①F592.3

中国国家版本馆 CIP 数据核字(2023)第 201365 号

出版发行	南京大学出版社
社　　址	南京市汉口路 22 号　邮　编　210093
书　　名	何处解乡愁
	——传统村落旅游地乡愁的时空特征及影响机理
	HECHU JIEXIANGCHOU——CHUANTONG CUNLUO LVYOUDI XIANGCHOU DE SHIKONG TEZHENG JI YINGXIANG JILI
著　　者	陈晓艳
责任编辑	王日俊
照　　排	南京开卷文化传媒有限公司
印　　刷	江苏凤凰数码印务有限公司
开　　本	718 mm×1000 mm　1/16　印张 17　字数 269 千
版　　次	2023 年 12 月第 1 版　2023 年 12 月第 1 次印刷
ISBN	978-7-305-26935-6
定　　价	86.00 元

网　　址：http://www.njupco.com
官方微博：http://weibo.com/njupco
官方微信号：njupress
销售咨询热线：(025)83594756

＊版权所有，侵权必究
＊凡购买南大版图书，如有印装质量问题，请与所购图书销售部门联系调换

本书为国家自然科学基金青年项目"主客视角下传统村落旅游地乡愁维度分异与空间建构研究"(项目编号：42001169)、江苏高校哲学社会科学研究项目"江苏传统村落旅游地乡愁测度及影响机理研究"(项目编号：2020SJA1185)、2021年江苏省高校"青蓝工程"优秀青年骨干教师培养计划基金项目、2021年江苏理工学院中吴青年创新人才项目的研究成果。

前　言

　　近年来地理学开始关注情感对空间和社会的塑造,由此引发地理学的情感转向,给旅游地理学带来新的活力,有助于旅游研究理论体系的建设。乡愁的重要情感源头是乡土记忆和地方文脉。乡村旅游开发将传统村落文化与旅游深度融合,实现乡村文化赋能乡村振兴。在我国新型城镇化和实施乡村振兴的战略背景下,传统村落成为人们寄托乡愁的地方。以往的乡愁研究局限在外游子、海外移民等群体,针对近年来城镇化的快速发展,乡愁研究不应忽视在地居民和游客群体。因此,如何正确认识新型城镇化背景下传统村落居民和游客的乡愁诉求,实现旅游地人地关系的协调,是旅游地理学的重要科学问题,也是传统村落进行旅游规划实践中需要考虑和权衡的现实问题。选取苏南传统村落作为传统村落旅游地的典型案例地,构建传统村落旅游地的乡愁理论模型,开发乡愁量表,量化表达乡愁的时空特征,探求乡愁的影响机理,以期对寻求传统村落旅游地乡愁研究提供新视角、新方向和新方法。

　　本书包含五部分内容:第一部分(第一章和第二章)为选题意义和理论基础,第一章阐述研究背景、目标和意义、思路、内容和方法;第二章梳理和评述国内外文献,阐述相关理论基础,并就研究区域进行了说明。第二部分(第三章至第五章)为实证分析,第三章通过质性访谈,使用扎根理论方法构建传统村落乡愁理论模型;第四章设计传统村落旅游地乡愁量表,从主客视角对传统村落旅游地乡愁进行测度;第五章揭示了传统村落旅游地乡愁的时空特征。第三部分(第六章)为机理探究,探查传统村落旅游地乡愁的影响因素维度和作用机理。第四部分(第七章)阐述结论、不足之处和今后研究重点,并对传统村落旅游地"记住乡愁"提出一些建议。

在参考情感地理学、文化地理学、旅游地理学等相关学科理论的基础上,以"乡愁理论构建—乡愁测度—乡愁时空特征—乡愁影响机理"作为研究主线,针对主客视角下的传统村落旅游地,围绕三个关键问题进行探讨,即何为乡愁以及其如何测量?乡愁有什么样的时空特征?影响乡愁的因素有哪些,作用机理是什么?综合运用扎根理论、参与式地理信息系统(PPGIS)、结构方程、GIS 空间分析等定性和定量相结合的方法展开具体研究,进而得出以下主要结论:

(1)构建了传统村落旅游地乡愁理论模型。从"乡愁产生条件—乡愁触点—乡愁主体—乡愁载体—乡愁情感—乡愁愿景"构建了传统村落旅游地理论模型。乡愁产生条件主要有空间的转移、时间的逝去、向往原乡、触景生情;乡愁主体包括在地居民和游客;乡愁触点主要包括时间要素、场合要素和个人要素;乡愁载体主要包括物质文化载体和非物质文化载体,体现了乡村文化基因;乡愁情感分为情感记忆和情感现实,积极情感占主要部分;乡愁情感有一定的能动性,即乡愁愿景。在理论构建的基础上对乡愁内涵进行解读,传统村落旅游地乡愁是特定的人地关系的体现,乡愁由文化、情感、记忆三个维度构成,有一定的时空特征。

(2)开发了传统村落旅游地乡愁量表。结合文献回顾和质性访谈等方法,并经过专家讨论,提出从文化维度、情感维度、记忆维度开发主客视角的传统村落旅游地乡愁量表,经过探索性因素分析和验证性因素分析探讨并检验了传统村落旅游地乡愁的"文化—情感—记忆"三维度构成。三个维度之间呈高度正相关关系,尤其主客乡愁情感和乡愁记忆之间相关系数最高,表明乡愁记忆和情感之间关系更加密切。通过对居民和游客乡愁维度比较分析发现,主客双方乡愁三个维度均值都较高,说明主客双方乡愁强度较高。总体来说,居民乡愁维度和测量项目均值都高于游客。

(3)揭示了传统村落旅游地乡愁的时空特征。① 时间特征。居民的代际特征、居住时间、世代村民身份,游客的代际特征、离乡时间、回家次数,以及赴乡村旅游次数,在乡愁维度有显著差异;触发居民和游客乡愁的季节主要集中在秋天和冬天;天气集中在下雨和落雪时;时辰集中在深夜和傍晚时;节日集中在过年、中秋、清明和家乡特有节日;假日主要集中在周末、寒假和十一；主客乡愁记忆都主要集中在童年、其次是青少年；乡愁回忆的主要年代集中在离自己生活比较近的年代；游客乡愁频率比起居民相对高一些；乡愁回忆的顺序和重点依次是家人、家、家乡和国家。② 空间特征。乡愁主体空间特征：出生地在陆巷/焦溪的居民乡愁记忆均值高于出生地不在被调查村落的居民；游客客源地符合旅游市场距离衰减规律，主要集中在本市。乡愁载体空间特征：居民乡愁载体呈现重要节点和带状轴心为中心的"大聚集、大分散"的空间结构。主要以老街（巷）带状区域、河湖及滨水带状区域为轴、以学校或菜场等为重要节点，其他载体较为分散。游客乡愁载体主要以（数条）老街（巷）区域，河湖及滨水带状区域为轴，知名景点为重要节点，相对集中，因此呈现重要节点和带状为中心的"小聚集、小分散"的空间结构；传统村落旅游地乡愁载体空间主要分为生态环境、建筑文化、聚落公共、人物精神、生活生产场景和节日仪式六种类型。居民乡愁载体空间类型主要集中在建筑文化空间、生态环境空间，游客乡愁载体空间类型主要集中在节日仪式空间、建筑文化空间。乡愁情感空间特征：居民乡愁情感强烈的载体主要是学校、菜场，凉亭、码头等重要节点，其次是童年场景、生活场景、重要家人等，分布相对比较分散；游客乡愁情感强烈的载体主要是山水景观、食物以及人际交往和生活场景等，主要分布在主要游览路线周边的空间，分布相对集中。③ 时空交互特征。首先，不同代际的居民乡愁载体分布有共同规律，传统村落文化在代际之间进行了传承。不同代际的游客乡愁载体都集中在传统村落主要街巷和山水景观附近，主要围绕旅游景点和旅游线路周边引发乡愁记忆。其次，旅游业对保存恢复居民和唤起游客的乡愁记忆起到重要的作用。处于旅游探查阶段的焦溪居民乡愁载体呈现"大分散，小聚集"的特征，游客则相对集中；处于旅游发展阶段的陆巷则相反，居民乡愁载体相对集中，游客则呈现"大分散，小聚集"的特征。

（4）探究了传统村落旅游地乡愁的影响机理。传统村落旅游地乡愁的产生及时空特征差异是个人、乡村、政府、旅游产业以及社会背景等多种因素及其多重效应综合作用的结果。现代性的疏离、恋家乡土情结和政府政策制度是乡愁的社会文化影响因素，个人自身属性是个人因素。时空距离效应、乡村生活变化、城市生活环境是环境感知条件。乡村文化景观是内在动力,体现了乡村文化基因,是乡愁的重要载体。旅游产业影响是主要动力,乡村旅游作为乡村文化的重要载体,通过旅游发展可以唤醒乡愁记忆,进而影响居民和游客乡愁的产生。交流互动作用是催化剂,主客内部及彼此之间的交流和互动加速了乡愁的产生和反应程度。因此,各种因素相互作用,影响了传统村落旅游地主客视角下的乡愁及其时空特征。

本研究创新点主要体现在研究视角和研究内容两个方面:(1)在中国城镇化背景下研究传统村落旅游地乡愁问题,推动了乡愁在国内人文地理学和旅游地理学领域的应用,符合地理学的"情感转向"趋势。同时,以往乡愁研究多集中在国家、城市等大空间尺度,以传统村落小尺度空间为研究案例相对较少,本研究以传统村落旅游地为研究区域,拓展了乡愁的研究尺度。(2)构建了传统村落旅游地乡愁理论模型,科学设计并检验了传统村落旅游地乡愁"文化—情感—记忆"三维度量表,对传统村落旅游地乡愁的时间特征、空间特征和时空交互特征进行了数据分析和可视化表达,选取乡愁影响因素测量指标进行"主客"感知评价,通过分析模型探析传统村落旅游地乡愁影响因素维度及作用机理,弥补了学界对乡愁定量研究和实证研究的不足,丰富了旅游地理学科视角下乡愁领域研究成果,为传统村落旅游地"记住乡愁"提供一些参考建议。

目 录

前　　言 ·· 001
第1章　绪　　论 ·· 001
　1.1　研究背景 ·· 001
　1.2　研究目标与研究意义 ·· 005
　1.3　研究设计 ·· 006
　1.4　研究区域 ·· 010

第2章　研究综述及理论基础 ··· 015
　2.1　基于Citespace的乡愁文献统计 ································· 015
　2.2　乡愁的研究进展 ·· 023
　2.3　综合述评 ·· 033
　2.4　理论基础 ·· 034

第3章　传统村落旅游地乡愁理论构建 ································· 041
　3.1　研究设计 ·· 041
　3.2　居民乡愁产生条件及核心范畴 ···································· 043
　3.3　游客乡愁产生条件及核心范畴 ···································· 083
　3.4　主客视角的乡愁异同 ·· 094
　3.5　传统村落旅游地乡愁理论模型构建 ···························· 096

第4章 传统村落旅游地乡愁的测度 ·················· 102
4.1 问卷内容设计及调研情况 ·················· 102
4.2 主客乡愁的测度 ·················· 113
4.3 主客视角乡愁的测度差异 ·················· 123

第5章 传统村落旅游地乡愁的时空特征 ·················· 128
5.1 研究设计 ·················· 128
5.2 乡愁的时间特征 ·················· 129
5.3 乡愁的空间特征 ·················· 152
5.4 乡愁的时空交互特征 ·················· 173

第6章 传统村落旅游地乡愁的影响机理 ·················· 183
6.1 乡愁的影响因素 ·················· 183
6.2 乡愁影响因素的差异 ·················· 189
6.3 乡愁的影响机理 ·················· 206

第7章 研究结论与展望 ·················· 210
7.1 主要研究成果 ·················· 210
7.2 研究启示与建议 ·················· 214
7.3 不足与展望 ·················· 220

附　　录 ·················· 221

参考文献 ·················· 242

第 1 章　绪　　论

1.1　研究背景

1.1.1　乡愁记忆陷入"无地方"的悲剧

费孝通(2006)指出中国社会是乡土性的,其传统文化根植于农业文明。传统村落是农业文明的见证和乡村社会载体。中国人的乡愁实际上是对乡土文化的情感依恋,也是对中国传统文化的认同(郑文武,2017)。乡村是个体生命的原点,是农耕文明的体现,也是华夏文化的原点。据初步统计,全国现存的 200 多万个村落中,各类不可移动文物超过 20 万处,占全国文物普查登记不可移动文物的 26%。其中,各级文物保护单位 3 万余处。安徽西递宏村、福建土楼、广东开平碉楼等村落被列入《世界遗产名录》。从历史文化角度,传统村落是我国历史文化的鲜活载体,维系着中华民族最为浓郁的"乡愁"。

统计数据显示,2000 年我国有 370 万个乡村,但是 15 年之后仅剩下 260 万个,平均每天有 200 个村子在消失(吴必虎,2016),古村落也位列其中。城镇化和现代化的快速发展,在带来乡村经济振兴和城乡差距缩小的同时,也造成了乡村传统文化的困境(黄震方,2015)。同时,许多传统村落失去特色和个性,甚至在经历"时空急速压缩"和"空间快速重组"的发展进程中遭遇"无地方"的悲剧,而其存蓄的乡愁记忆或地方记忆亦开始陷入被遗忘的尴尬窘境。孙九霞(2017)认为已有研究对村落保护与文化传承主体关注不足,需要强化对村落文化主体诉求的关注,从而构建具有地域和文化针对性的传统村落保护与利用模式。

1.1.2 "乡愁"现象成为城镇化背景下的社会热点

近年来，乡愁成为社会热点。2013年8月，习近平总书记在全国宣传思想工作会议上提出，要讲清楚中华优秀传统文化是中华民族的突出优势，是人们最深厚的文化软实力。同年12月，习近平总书记在中央城镇化工作会议上指出，要融入现代元素，更要保护和弘扬传统优秀文化，要"让居民望得见山，看得见水，记得住乡愁"。作为传统文化审美层次的"乡愁"一词，首次出现在官方决策平台，彰显了党中央坚持"以人为本"的新型发展理念。《记住乡愁》是由中共中央宣传部、住房和城乡建设部、国家新闻出版广电总局、国家文物局联合发起，中央电视台中文国际频道组织拍摄的大型纪录片。该纪录片于2015年1月1日起在中央电视台中文国际频道播出，采取季播方式，每季选取60个传统村落进行拍摄，以弘扬中华优秀传统文化为宗旨，以传统村落为载体，以生活化的故事为依托，以乡愁为情感基础，以优秀的传统文化为核心。春节返乡高峰、古诗词热、民间版本的乡愁地图以及中国首家乡愁主题公园的诞生，反映了广大百姓的情感需求，其根本原因是中国人普遍的乡愁情绪。张松（2010）认为只有能让人"身心两安"的地方才能称作是"家"。

"乡愁"热成为一种社会现象，但我们更应该关注这种社会现象产生的背景、主体、客体、特征、原因及作用。因此，关注乡愁的主体及其家园，实质上是对不同个体的情感、生存权利的尊重。

1.1.3 乡愁成为地理学研究的新视角

Davidson（2004）认为地理学似乎患有严重的情感表达障碍。传统地理学关注如何理解及协调自然环境中复杂的各方力量，用的是比较理性和客观的方式来衡量和分析人地关系。张小林等（2009）认为在人文地理学研究的提高阶段，应对不同群体和个体的生活与行为进行关注，借以丰富人地关系理论研究。段义孚主张从人的感性和情感来重新认识人与空间的关系，只有这样，才能创造出为人所钟爱和依恋的人居环境。Anderson和Smith

(2001)正式提出情感地理学(Emotional Geographies)的内涵,提倡重视情感对社会空间的影响和塑造,地理学研究开始出现了"情感转向"。朱竑(2015)认为国内情感地理学的研究应扎根于中国历史文化的土壤中。目前,中国社会文化空间经历着快速变化,国内地理学初步关注到人与特定地方的情感联系,但研究仍有待深入。

朱竑(2015)建议未来情感地理学的研究应立足于中国的背景,可以重点关注城乡情感空间的重构、情感与居住和生态环境。情感是人类生活的重要维度,地理学应重视其研究。人类是最具情感的动物,几乎任何方面都受到情感驱动(乔纳森·特纳,2009)。而乡愁正是人与特定地方的情感联系,其空间性和社会性研究问题正是中国传统文化背景遇到快速的全球化和城市化所要关注和解决的理论问题。乡愁以往侧重文学、心理学和社会学领域研究,近年来在地理学情感转向背景下,成为情感地理学研究的新视角。人文地理学应选择科学化道路(陆玉麒,2011),但目前对乡愁的量化研究还比较少。

同时,在整个人文社会科学领域,记忆研究已成为一个主要领域,已从心理学逐渐扩展到地理学(李彦辉,2012)。人文地理学"文化转向"以及"记忆转向"以来,记忆作为(旅游者)个人情感体验的重要载体,得到学术界的关注(吴炆佳,2018)。"乡愁"是人们内心深处最柔软的情感,是一种对家乡、曾经生活过的地方的记忆、怀念与向往,是一种文化和情感上的精神需求(陆大道,2017)。旅游地理学的核心问题是人地关系问题,核心特点是人的流动,核心属性特征是空间差异、尺度转换(保继刚,2018)。近年来,旅游情感研究也得到国内学者的关注和重视(谢彦君,2006;刘丹萍,2015;黄潇婷,2015)。

因此,乡愁作为一种情感、一种记忆,成为情感地理学研究和旅游地理学研究的新视角。关注城镇化背景下苏南传统村落旅游地的乡愁研究,从学术向度发掘新"乡愁观"的深刻内涵有着重要意义。

1.1.4 "记住乡愁"是乡村旅游和乡村振兴的重要内容

党的二十大报告指出要"推进文化自信自强,铸就社会主义文化新辉煌,传承中华优秀传统文化,不断提升国家文化软实力和中华文化影响力"(汪亭友,2022)。记得住乡愁、保存乡村记忆、传承和活化乡村文化,是乡村建设和文化复兴的重要使命(黄震方,2018)。乡村文化是中华文化的源头和重要组成部分,也是乡村旅游的灵魂。以乡村旅游作为乡村文化的重要载体,通过旅游发展唤醒文化记忆,表达与适度活化乡村文化,让文化变得轻松和可以解读,推动乡村文化回归,构筑"乡愁"载体,增强文化旅游魅力,促进乡村文化传承、本土特色塑造和旅游产业发展(黄震方,2015)。蔡克信等(2018)认为乡村旅游是实现乡村振兴战略的一种路径选择。

近年来,较多学者关注旅游对传统村落的影响和旅游引导的乡村城市化方面(李凡,2002;张骁鸣,2009;李萍,2012,保继刚,2015)。乡村进行旅游开发,村民不但不用"离土离乡",还能够实现其自身的发展,并使城市人的"乡愁"有所寄托。具有旅游吸引力的乡村魅力主要来自乡土性和乡村性。"记住乡愁"的前提是加强文化保护,可以通过保护传统村镇文化遗产和风貌,保留文化基因、传承文化记忆、打造文化品牌与特色景观等方式(刘沛林,2015)。乡愁作为旅游动机,会引发游客行为,同时对旅游地发展产生一定的影响(汪强华,2015)。宁志丹(2015)等认为乡愁旅游体验会促进乡村旅游发展如火如荼,并且乡村旅游地的发展需要营造"乡愁"氛围、重视游客差异化需求和适时地转型升级等。李君轶(2015)等认为"乡愁"文化是民俗旅游赖以存在和发展的基础,对其挖掘和发展是推进民俗旅游发展的基本条件。"乡愁经济"是通过以乡愁元素为主要资源,创造、转化与实现其价值,从而满足人类物质和精神需求的活动(汪强华,2015)。谢新丽等(2017)认为乡愁记忆对乡村旅游者的重游意愿有一定的正向影响。

2018年中央一号文件《中共中央国务院关于实施乡村振兴战略的意见》明确指出坚持人与自然和谐共生、传承优秀传统文化,通过乡村文旅融合促进乡村产业之间的联动性,实现乡村振兴。陆林等(2019)构建了融合地理学、旅游学、经济学、社会学、管理学等相关学科理论的新时代中国乡村旅游引导乡村振兴的研究框架。结合新型城镇化建设,关注乡愁就是要让城镇建设获得大众的情感与社会认同。一方面,要保护传承好家园中的记忆场所,避免传统文化与地方记忆的消失或者断层;另一方面,运用乡愁主题来重构记忆场所,塑造让人愉悦、值得回味的环境。

1.2 研究目标与研究意义

1.2.1 研究目标

本研究以苏南传统村落作为典型研究区域,以乡愁为研究对象,借助扎根理论、结构方程、GIS空间分析等多种技术与方法,探索构建传统村落旅游地乡愁理论模型,揭示乡愁的时空特征及影响机理,拟达到以下目标:

(1) 通过扎根理论构建传统村落旅游地乡愁理论模型,拓展地理学视角下传统村落旅游地乡愁的理论内涵。

(2) 基于主客视角开发传统村落旅游地乡愁量表,并进行验证,对乡愁进行定量测度,同时揭示乡愁的时间特征、空间特征以及时空交互特征,为乡愁测量和时空特征提供测度和表达方法。

(3) 通过选取传统村落旅游地乡愁影响因素测量指标进行"主客"感知评价,建立模型探查传统村落旅游地乡愁影响因素维度,并剖析传统村落旅游地乡愁的影响机理,为传统村落旅游地"记住乡愁"提供理论支持和参考建议。

1.2.2 研究意义

1.2.2.1 理论意义

与以往乡愁的研究侧重文学、哲学和心理学学科有所不同,本研究融合地理学、社会学以及心理学等学科视角,在地理学情感转向背景下,关注城镇化背景下苏南传统村落旅游地的乡愁研究,挖掘中国特色的旅游地理学研究问题,丰富本土化的传统村落旅游地乡愁理论成果。以往的乡愁研究局限在外游子、海外移民等群体,随着近年来城镇化的快速发展,在地居民面对家乡日新月异的变化,也不禁产生了淡淡的乡愁,因此在乡愁的研究中不应忽视在地居民这一重要群体。同时,传统村落也满足了游客对乡愁的诉求,因此新型城镇化背景下基于主客视角的传统村落旅游地乡愁理论研究是个重要的议题。本研究以苏南传统村落为案例地,基于居民和游客视角,构建传统村落旅游地乡愁理论模型,揭示乡愁的时空特征与影响机理;拓展旅游地理学中人地关系的研究视角,借此丰富乡愁及乡愁旅游的理论研究,对传统村落新型城镇化和旅游地规划建设也有一定的理论指导意义。

1.2.2.2 实践意义

本研究基于居民和游客视角对传统村落旅游地乡愁的理论、时空特征及影响机理的研究,对传统村落成为人们"记住乡愁"的重要载体和乡村旅游发展具有重要的实践指导价值。研究成果将有助于了解传统村落居民和游客的乡愁时空特征和乡村文化感知差异;通过适当开发旅游有助于保护当地传统文化,恢复遗失的文化记忆,促进乡村文化传承发展,有助于满足游客的乡愁动机,坚守传统村落旅游地的个性与特色旅游,进而增强其综合竞争能力和可持续发展能力;基于乡愁的视角为政府把传统村落建设成宜居宜游的乡村旅游地提供政策指导。

1.3 研究设计

1.3.1 研究思路

在参考情感地理学、文化地理学、旅游地理学等相关学科理论的基础上,以"乡愁理论构建—乡愁测度—乡愁时空特征—乡愁影响机理"作为研究主线,以苏南传统村落为典型案例地,综合运用扎根理论、参与式地理信息系统(PPGIS)、结构方程模型、GIS 空间分析等定性和定量相结合的方法,致力于主客视角下的传统村落旅游地乡愁研究,具体研究思路如下:

(1) 通过深度访谈,使用扎根理论方法,构建传统村落旅游地乡愁理论模型,解读乡愁内涵,回答"乡愁是什么"。

(2) 基于前人研究成果基础上,结合扎根理论研究成果,开发传统村落旅游地乡愁量表并进行主客感知评价,进行结构方程分析和验证,回答"乡愁维度构成是什么,如何测度乡愁"。

(3) 基于主客视角,定量分析和揭示传统村落旅游地乡愁的时空特征以及时空交互特征,回答"乡愁的时间特征和空间特征是什么"。

(4) 在前人研究成果基础上,选取乡愁影响因素测量指标进行主客感知评价,通过分析模型探查传统村落旅游地乡愁影响因素维度,剖析传统村落旅游地乡愁的影响机理,回答"什么影响了乡愁,以及如何影响"。

研究技术路线如下图1-1所示,见008页。

1.3.2 结构安排

第一章是绪论。本章分析了本研究的研究背景、阐述研究目标和研究意义,设计研究思路、技术路线和内容结构,介绍研究方法,选择并介绍了研究区域。

第二章是国内外研究进展及其理论基础。本章首先使用Citespace方法对国内外乡愁文献进行统计分析和述评,然后主要从乡愁概念区分及其主体、载体等乡愁理论体系视角、旅游地理学下的乡愁研究视角两个方面开展文献梳理和评述,为本研究提供思路和方向。在此基础上,梳理和总结相关的基础理论,构筑传统村落旅游地乡愁研究的理论基础。

第三章是传统村落旅游地乡愁理论构建研究。本章基于苏南三市六个传统村落旅游地居民和游客深度访谈资料,使用扎根理论构建了传统村落旅游地乡愁理论模型,并探讨乡愁的内涵,进行了主客视角的乡愁异同分析,为后续研究提供理论支撑。

第四章是传统村落旅游地乡愁测度研究。本章基于前人研究基础上,结合扎根理论研究成果和专家意见,提出从文化、情感、记忆三维度开发传统村落旅游地乡愁量表,建立传统村落旅游地乡愁测量指标体系,制定初步问卷量表并进行主客感知评价,最后使用结构方程分析和验证,为后续研究提供理论和数据支撑。

第五章是传统村落旅游地乡愁的时空特征研究。本章主要从主客视角探讨乡愁的时空特征。时间特征上,主要从乡愁主体、乡愁触点、乡愁记忆

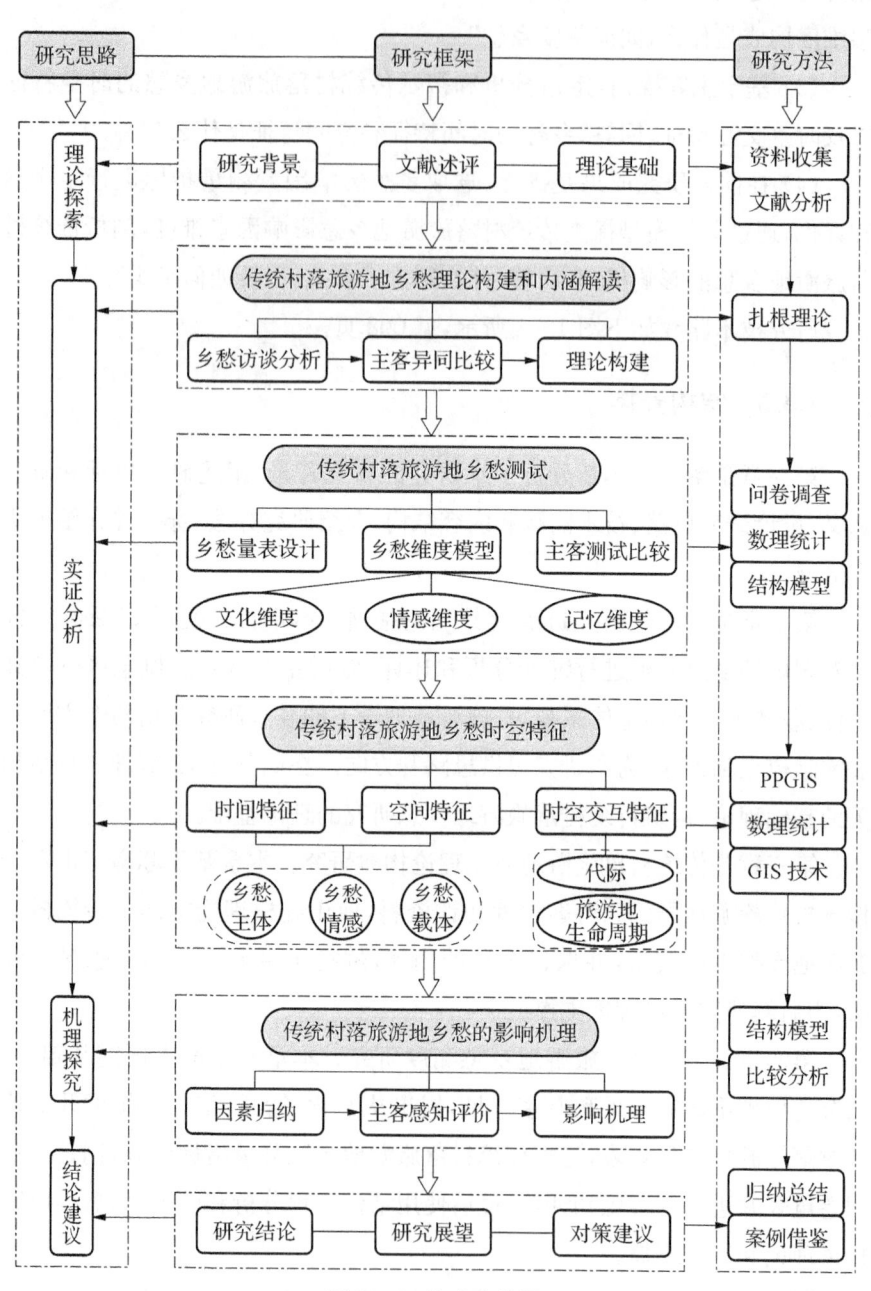

图 1-1 技术路线图

时间阶段和频率、乡愁载体回忆顺序四个方面分析,空间特征主要从乡愁主体、乡愁载体、乡愁情感三个方面分析,时空交互特征主要从代际理论以及旅游发展生命周期理论视角进行分析,并提炼出时空特征及差异,为后续影响机理分析提供必要的准备。

第六章是传统村落旅游地乡愁时空特征的影响机理分析。根据前文研究结果,总结了传统村落旅游地乡愁的影响因素,并在结合前人研究的基础上,选取乡愁影响因素测量指标进行"主客"感知评价,通过分析模型探查传统村落旅游地乡愁影响因素维度,并剖析传统村落旅游地乡愁的影响机理。

第七章是结论与展望。总结主要研究成果,指出研究的创新点和不足之处,同时对进一步的研究方向进行展望。就传统村落旅游地如何让居民和游客"记住乡愁""留住乡愁"提出建议对策,以推动宜居宜游的美丽乡村建设。

1.3.3 研究方法

1.3.3.1 交叉研究与文献分析

交叉研究法,即"跨学科研究法",是融合多种学科理论、方法对某一研究课题进行综合研究的方法。"乡愁"是人地关系视角下的情感、文化和记忆等现象的表征,是一种抽象的概念而非具体的形态,因而对传统村落乡愁的研究并不能简单地限定在单一的学科背景下,需要运用跨学科交叉研究的方法,借鉴地理学、心理学、社会学、历史学等多个学科相关的研究理论和方法,有助于全面、深刻地对研究课题进行诠释。前人在集体记忆、情感、怀旧等领域已经有了一些成果,近几年来,较多学者对城镇化背景下的乡愁开始关注和研究,因此本研究搜集课题相关资料,对国内外有关乡愁及其相关概念和学科的文献进行分析和评述;同时,收集与研究案例地相关的书籍、视频、景区旅游图等资料,对其进行梳理和分析,从而为本课题的理论分析和实证研究奠定良好的基础。

1.3.3.2 质性访谈与问卷调查

深度访谈是一种非结构化的测量方法,属于质性研究方法,主要采用口述史访谈,作为一种"会说话"的历史学研究方法和人们特殊回忆和生活经历的记录(李向平,2010),主要通过回忆访谈形式就某一研究主题倾听被访者的观点,然后访问者根据访谈文本进行理论诠释和讨论。问卷调查是根据研究问题有针对性地设计问卷,并请调查对象根据实际感受填写从而搜集相关信息和数据的方法。两种方法结合有助于获取全面而准确的研究数据,本研究在深度访谈获取访谈资料的基础上,利用扎根理论构建传统村落旅游地乡愁理论模型,结合苏南传统村落具体情况和前人研究成果,设计传统村落旅游地乡愁量表,对居民和游客进行测度。

1.3.3.3 PPGIS 与 GIS 空间分析

PPGIS 即参与式地理信息系统(Public Participation Geographic Information System),地理信息技术与参与式研究和实践方法进行了自然地融合(Rambaldi,2006)。它弥补了传统 GIS 主要依赖遥感和其他客观数据,重视自然物质景观变化的研究,忽视了对人主观活动研究的关注(黄燕,2016)。地理信息系统(GIS)直观有效的空间表达和分析,有利于推动旅游地理学研究。本研究中两种方法结合使用,针对传统村落旅游地不同乡愁主体、不同旅游发展阶段、不同代际的传统村落乡愁空间特征进行叠加分析、密度值分析等,进行可视化表达。

1.3.3.4 数理统计分析与结构方程模型

数理统计是对数据进行描述、整理、归纳和解释,从中找出内在联系及发展规律的分析方法。本研究运用 SPSS21.0 和 Amos21.0 软件对问卷数据进行描述性统计分析、探索性因子分析、量表信度效度检验、单因素方差分析、独立样本 T 检验和验证性因子分析等,以定量测度传统村落旅游地乡愁的维度构成、乡愁的影响因素维度模型,并针对不同代际和居住时间等变量下的乡愁维度进行差异分析,为探究乡愁的测度和影响机理分析提供科学依据。

1.4 研究区域

本研究主要以苏南的传统村落为例,研究中苏南地区范围界定采用的是文化意义(吴语区)上的苏南,即苏州、无锡、常州。吴文化泛称吴地文化、江南文化、吴越文化等,以春秋时期建都苏州的吴国为基本条件,以吴方言为语言文化特征,以毗邻太湖的苏州、无锡、常州地区为中心地带形成文化圈。苏南是江苏省南部地区的简称,地处江苏省南部的苏锡常地区(即苏南)是我国乡镇企业兴起较早、产业结构调整迅速、乡村城市化发展最快的地区之一(张小林,1996)。

1.4.1 传统村落的定义

中国传统村落,原名古村落,经传统村落保护和发展专家委员会2012年9月第一次会议决定,将习惯称谓"古村落"改为"传统村落"。

费孝通先生在《乡土中国》一书中提出"中国传统聚落可分两大体系:传统城市和传统乡村聚落。村落是聚落的一种基本类型,是长期生活、聚居、繁衍在一个边界清楚的固定区域的,主要从事农业生产的人群所组成的空间单元"。从文化遗产角度来理解:"传统村落是指拥有物质形态和非物质形态文化遗产,具有较高的历史、文化、科学、艺术、社会、经济价值的村落"。2012年8月22日,住房城乡建设部等部门联合下发了《住房城乡建设部等部门关于印发〈传统村落评价认定指标体系(试行)〉的通知》,从传统建筑(群)的久远度、文物保护的稀缺度和丰富度、现存传统建筑(群)和周边环境的协调性,以及传统村落地域、民族等文化的典型代表性,仍在活态传承且依存度较高几个方面对传统村落进行了界定。传统村落可以纳入非物质文化遗产"文化空间"的保护范畴。"非物质文化遗产是被各群体、团体,有时是个人视为其文化遗产组成部分的各种社会实践、观念表述、表现形式、知识体系和技能及相关的工具、实物、工艺品及其文化空间"(季诚迁,2011)。

1.4.2 传统村落的选择

截止到2017年1月,我国公布了四批传统村落名单,总计4157个。江苏省共28个,其中位于苏南(苏州、无锡、常州)共18个,见图1-2。18个传统村落分别是入选第一批的苏州市吴中区东山镇陆巷村、苏州市吴中区西山镇明月湾村、无锡市惠山区玉祁镇礼社村,入选第二批的无锡市锡山区羊尖镇严家桥村、常州市武进区前黄镇杨桥村、苏州市吴中区东山镇三山村、苏州市吴中区东山镇杨湾村、苏州市吴中区东山镇翁巷村、苏州市吴中区金庭镇东村村、苏州市常熟市古里镇李市村，入选第三批的常州市天宁区郑陆镇焦溪村、苏州市吴中区金庭镇衙甪里村、苏州市吴中区金庭镇东蔡村、苏州市吴中区金庭镇植里村、苏州市吴中区香山街道舟山村、苏州市昆山市千灯镇歇马桥村，以及入选第四批的苏州市吴中区金庭镇蒋东村后埠村、苏州市吴中区金庭镇堂里村。其中，明月湾村和陆巷古村在《记住乡愁》第一季和第二季相继播出，展现了积淀深厚的吴文化。

图 1-2　苏南传统村落分布图

这些传统村落皆以吴文化为根基，因早期交通闭塞，保存了大量的历史文化建筑。近年来，随着苏南地区经济的迅速发展和城镇化进程，较多村落相继进行了旅游开发，成为典型的传统村落旅游地，且开发程度也有所不同。目前，苏州有 14 个传统村落，无锡 2 个，常州 2 个。本研究在苏州、无锡、常州三市各选取 2 个，共 6 个传统村落，作为本研究扎根理论研究区域样本，选取原则兼顾三市地域分布、旅游发展阶段等实际情况，如常州和无锡的 4 个村落旅游开发程度都较低，处于旅游地生命周期的探查阶段和参与阶段，因此在苏州 14 个传统村落中选择旅游开发比较成熟的传统村落陆巷和明月湾村,两个村落都处于旅游地生命周期的发展阶段。选择进行扎根研究的 6 个传统村落具有一定的典型性和代表性,对于研究开展和实证调查有一定的意义。本研究兼顾苏锡常区域位置选择其中的 2 个村落进行问卷调查实证研究,分别为常州焦溪(探查阶段)、苏州陆巷古村(发展阶段),焦溪位于常州和无锡交界处,与苏州陆巷兼顾了苏锡常即苏南地域特点,同时焦溪和陆巷在地生活居民人口数量较多,能保证问卷取样数量的合理性,遗址建筑保留较多且较为完好,使得乡愁的空间载体研究得到保证,旅游发展情况有所差异影响着游客的选择和记忆。

1.4.3 传统村落研究对象

1.4.3.1 陆巷古村

陆巷古村位于苏州东山镇,是明代正德年间宰相王鏊的故里,起源于南宋时期,距今已有一千多年的历史。该村现存明清古建筑 30 余座,面积数万平方米,村里有明代的老街、三元牌坊,保存较为完好。依山傍水,六条古巷弄直通太湖畔。陆巷古村名人辈出,被誉为"进士摇篮、教授之乡","太湖第一古村"。2006 年被列为全国农业旅游示范点;2007 年入选国家第三批"中国历史文化名镇(村)";2012 年被列为全国首批"中国传统村落";2013 年被评为国家 5A 级旅游景区;2015 年获国家"中华民居开发与保护示范村"称号。

1.4.3.2 明月湾村

明月湾村位于苏州西山镇,名字源自吴王和西施赏月的传说。村内古建筑大多重建于明清鼎盛时间,以二层为多,二到三进深,明月湾向有"无处不栽花,有地皆种桔"的习俗。明月湾现有常住居民一百余户、近四百人,以邓、秦、黄、吴姓氏为多。明月湾村街巷如棋盘布局,花岗石板铺路,很有特色。民谣中有着"明湾石板街,雨后着绣鞋"的说法。口沿河有古香樟一株,高 25 米,胸径 2 米,寿已千年,仍十分茂盛。

1.4.3.3 礼社村

礼社村位于无锡,水乡格局,明清时期是江南著名的商业中心。现存200余米老街,明清至民国时期建筑居多。此处名人辈出,是底蕴深厚、民风淳朴的好地方。2011年经中国住房建设保障部和国家文物局评选,被授予"中国历史文化名村"称号。这个有着800多年历史的江南名村,在历史上曾有"吕舍""礼社"等村名。为弘扬传统,倡导"礼""义",经村民联名提议、村委报告、街道上报,区政府于2012年1月正式发文,同意玉祁街道礼舍村更名为礼社村。

1.4.3.4 严家桥村

严家桥村位于无锡市羊尖镇,江南水乡布局。严家桥村是锡剧的发源地,是无锡历史上著名的米码头、布码头等。古镇已有700多年的历史。2009年,严家桥村成为江苏省第四批历史文化名村。

1.4.3.5 杨桥村

杨桥村位于常州与无锡交界处,距今近千年历史。田园、水街和村落交融于一体,渲染出浓郁的水乡村落气息。现存约2.7万平方米的明清、民国时期传统建(构)筑物,保存完好的有丁家塘丁宅、百岁庄等市级文物保护单位,以及清道光年间的《重建杨桥碑记》石刻遗存等历史文化遗存,是以水道和街巷相互补充、相互联系,共同构筑成平行并列的舟行与步行两套交通系统的古村镇。

1.4.3.6 焦溪村

焦溪村是长江下游苏南常州市武进区郑陆镇东南部的一个行政村,位于武进东北向,处于常(常州)、锡(无锡)、澄(江阴)三市交界,地理位势优越。焦溪村的历史可以追溯到传说中4 000多年前虞舜禅位后,到高山安营扎寨;至唐代形成集镇雏形,宋代时称焦村;明初朱元璋"故人"焦炳在这里隐居当塾师,村因以更名焦塾;到清代已成市镇,成为常州东门外大集镇,更名为焦塾和焦店,因镇中有石堰河、溪贯通,遂得名焦溪。古镇老街、老桥保存完好,建筑特色为黄石半墙,人才辈出。

第 2 章 研究综述及理论基础

2.1 基于 Citespace 的乡愁文献统计

2.1.1 研究方法

2.1.1.1 数据来源

国外文献数据来源于"Web of Science",将主题设置为 nostalgia,时间跨度为 1900 年至 2019 年,共检索到 1964 条记录。国内数据来源为国内公认的权威数据库 CNKI。以乡愁为主题,以核心期刊、SCI 源期刊、CSSCI、EI 来源期刊、CSCD 级别来选择学术期刊,设定时间从 1979 年到 2018 年,得到近 40 年的 767 篇样本记录。对检索结果进行相关筛选,如没有摘要和关键词的未纳入分析,最终共得到有效样本 278 篇。

2.1.1.2 研究工具

CiteSpace 是一个可视化应用软件,可以处理文献数据,探测和分析研究主题的前沿及趋势(刘则渊等,2008)。本研究通过该软件分析乡愁研究领域的热点与趋势。

2.1.2 国外乡愁文献可视化图谱分析

2.1.2.1 发文时间分布分析

英文单词 nostalgia 包含怀旧和乡愁的含义。nostalgia 的研究从 20 世纪开始,图 2-1 显示,nostalgia 研究经历了三个发展阶段:缓慢发展、稳定发展和快速增长,分别集中在以下三个时间段:1900—1970年发文数量较少,研究力度不大,相对缓慢;1971—2004年稳定增加;2005年至今飞速发展。

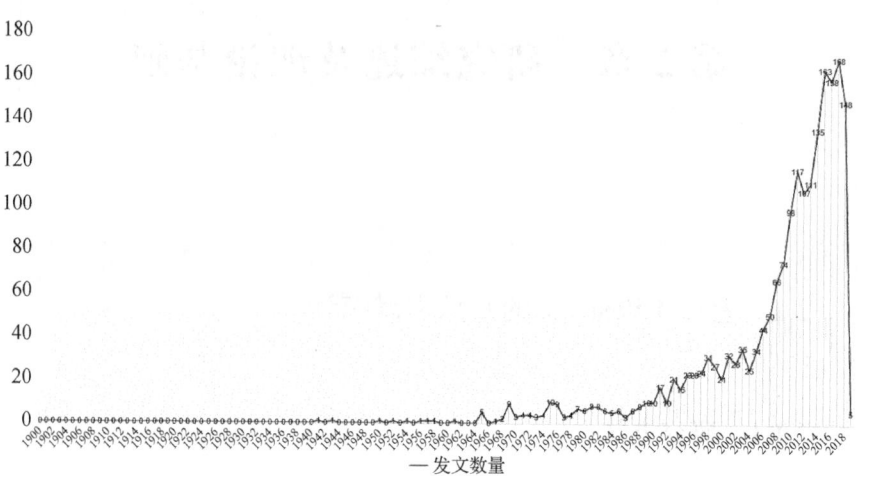

图 2-1 1900—2019年乡愁研究发文量

2.1.2.2 共被引期刊分析

在CiteSpace的功能与参数页面将相关参数设置如下:时间跨度设置为1900—2019年,以5年为时间间隔。图2-2可以看出,被引用频数最高的期刊是《人格与社会心理学》(Journal of Personality and Social Psychology),达到249次。引用频率较高的期刊还有《消费者研究》(Journal of Consumer Research)、《消费者研究进展》(Advances in Consumer Research)、《情感》(Emotion)、《心理科学》(Psychological Science)、《心理学公报》(Psychological Bulletin)等。可以看出,国外对乡愁的研究主要集中在心理学、神经科学等领域,逐渐全面,扩展到营销学等方面,扩展了nostalgia研究学科和成果。

2.1.2.3 高被引作者分析

运行软件后对节点位置进行调整得到nostalgia研究共引作者图谱。图2-3显示,处在图谱中心位置的最大节点作者是南安普顿大学心理学教授Wildschut T,共被引次数达到175次,中心性为0.24,表明与其他学者之间存在广泛共被引关系。其他共被引次数较多的作者有Sedikides C、Routledge C、Holbrook MB等共被引次数分别是163次、137次、118次。

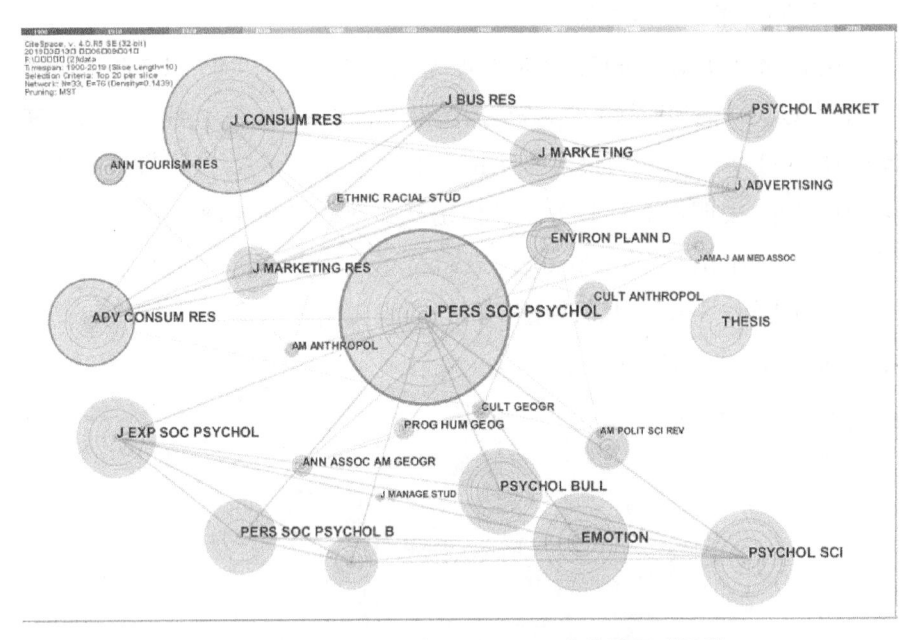

图 2-2　1900—2019 年 nostalgia 研究共引期刊图谱

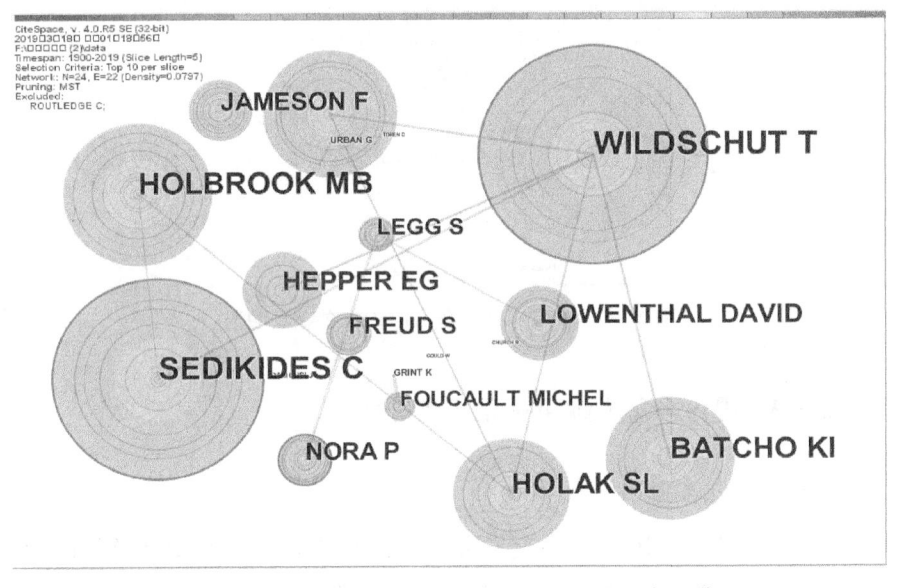

图 2-3　1900—2019 年 nostalgia 研究共引作者图谱

2.1.2.4　研究关键词分析

图2-4为关键词分析。时间跨度为1900年至2019年,以5年作为时间切片,以关键词为网络节点,修剪后图中共有节点50个,连线60个,密度为0.049。可以看出,次数最多的是nostalgia,共出现了533次,该核心节点外圈成紫色,表明中心性较好。其他出现次数较多的关键词有memory、identity、emotion、politics、history、consumption、culture等,均出现50次以上。可以得知,乡愁与记忆、情感、身份、历史文化等有着密切的联系,尤其情感和记忆是乡愁的核心部分。

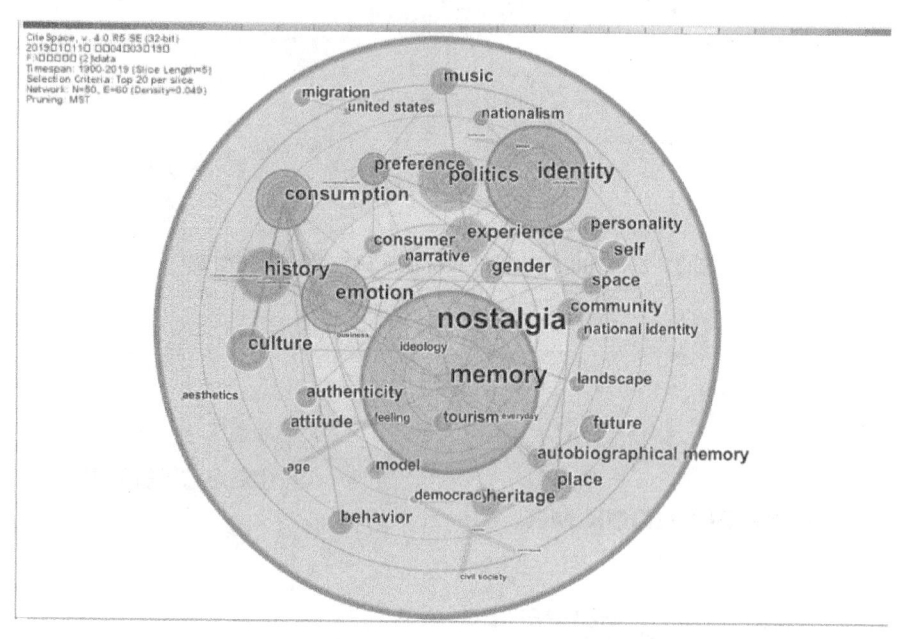

图2-4　1900—2019年nostalgia关键词图谱

2.1.3　国内乡愁文献可视化图谱分析

2.1.3.1　发文时间分布分析

图2-5显示,国内乡愁研究发文数量稳步增加,特别是2007年后显著增加。1979年至1998年,乡愁研究处于起步阶段。我国学者逐步开始对乡愁进行研究,研究群体较少,研究力度不大,发表论文不多。1998年至

2012年,乡愁论文发表处于稳步上升阶段。2013年至今,乡愁论文发表处于迅猛增长阶段,因为2013年"记得住乡愁"经党中央提出后,乡愁研究领域发展快速,乡愁逐渐得到地理学、建筑学、民俗学等多学科研究者的关注。

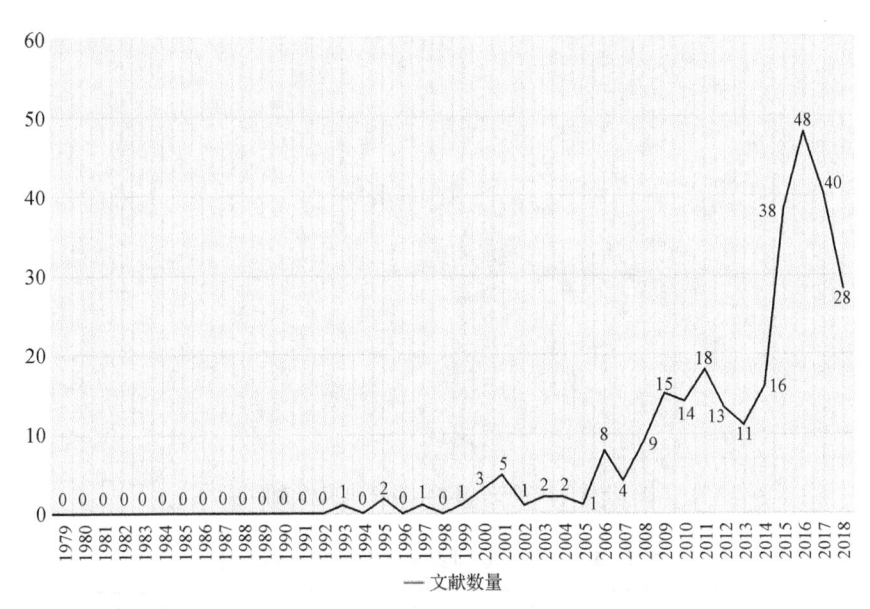

图 2-5　1979—2018 年乡愁研究论文年度发表分布统计图

2.1.3.2　研究作者分析

将网络节点选择为"author",得到图 2-6 中共 299 个节点。节点越大,作者出现次数越多。排在第一位的作者是卢建红,出现次数为 5 次,其次是陈超、路璐、种海峰、刘沛林、黄万华等出现了 2 次以上。通过分析得出,国内乡愁研究呈现高产作者、核心作者相对集中,其他相对分散的状态。

从表 2-1 可以看出乡愁文献数量较少,缺乏该领域的重视和关注,需要未来深入研究。从图 2-6 中还可以分析出联系紧密的几个作者群,相对较为集中的作者群有衡阳师范学院的刘沛林团队、北京大学汪芳团队、北京师范大学周尚意和成志芬团队,以及南京农业大学的路璐和李嫣红团队等。从图 2-6 中可以看出,作者节点连线较少,说明乡愁研究者之间缺乏相互合作。

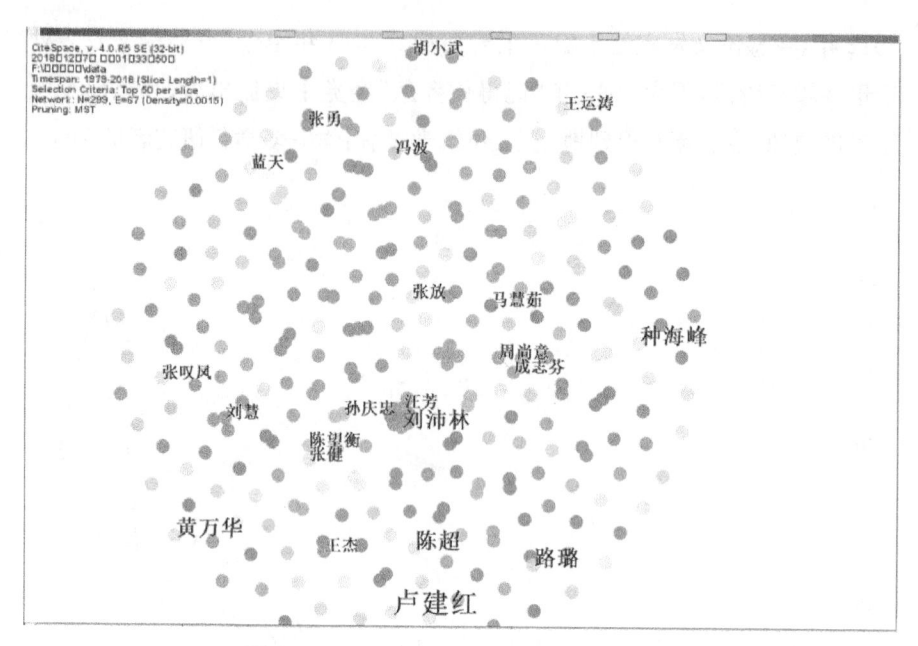

图 2-6　1979—2018 年乡愁研究作者图谱

表 2-1　国内乡愁研究发文数量前 5 的作者

序号	作者	发文数量（篇）	最早年份
01	卢建红	5	2006
02	陈超	3	2010
03	路璐	3	2011
04	种海峰	3	2008
05	刘沛林	3	2005

2.1.3.3　研究关键词分析

乡愁研究时间跨度为 1979 年至 2018 年，以 1 年作为时间切片，词的来源选择标题、摘要、作者关键词，以关键词为网络节点，修剪后图中共有节点 452 个，连线 336 个，密度为 0.003 3。图 2-7 显示，出现频次最高的是文化乡愁，其次是现代性、城镇化、余光中等。

乡愁城镇化逐渐成为学术界关注的热点，学者们就城镇化的影响因素、利益相关者、地理空间结构等进行了大量的研究。在知识图谱研究的基础

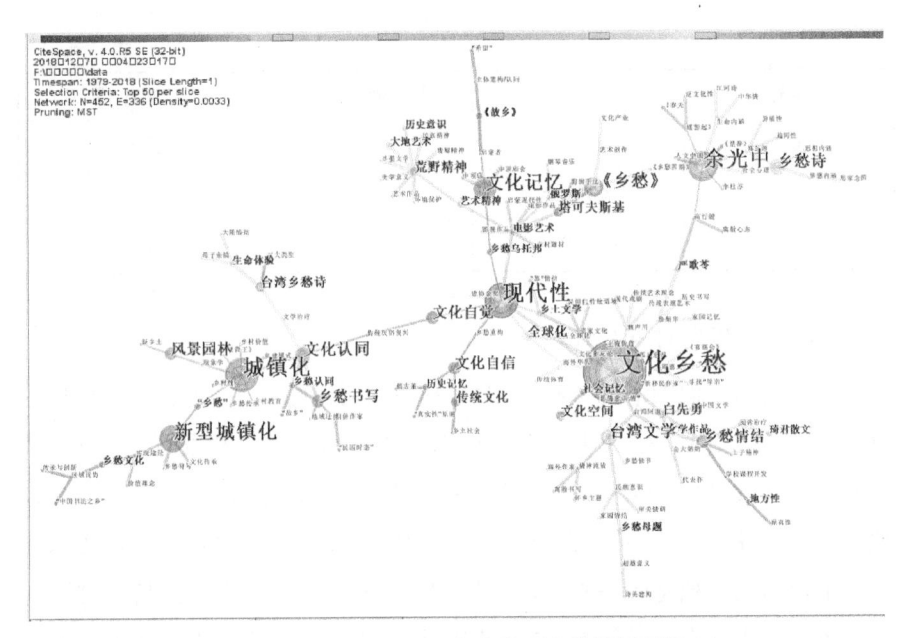

图 2-7　1979—2018 年乡愁研究关键词图谱

上,对重要关键词进行排序,见表 2-2。通过对关键词图谱中的重要节点所对应的相关文献进行统计和梳理,发现当前学者们围绕乡愁的热点问题开展了大量的研究,呈现以下特征:① 研究热点主要围绕文化乡愁、现代性、城镇化、余光中及其作品、台湾文学等;② 文化乡愁频次最高、中心性较高;③ 现代性具有较高的中心性,相互连线较粗,与其他研究热点连线密集。

表 2-2　1979—2018 年乡愁研究文献高频关键词

序号	关键词	频次	最早年份
01	文化乡愁	19	1999
02	现代性	10	2001
03	城镇化	10	2014
04	余光中	9	2006
05	新型城镇化	8	2014
06	《乡愁》	6	2009
07	《记住乡愁》	6	2016

续　表

序号	关键词	频次	最早年份
08	台湾文学	5	2010
09	乡愁诗	5	2014
10	文化认同	5	2017

2.1.3.4　研究前沿分析

在关键词知识图谱的基础上,对共被引网络进行聚类,获取时间线程图(见图2-8),共有7个聚类主题,分别是"文化乡愁""台湾文学""余光中""《乡愁》""城镇化""乡愁书写""纪录片"。"文化乡愁"是指乡愁是产生在人地之间的一种文化认同。"台湾文学"是指地域分隔、政治高压、文化传承催生出了台湾文学独特的一页,即乡愁。"余光中""《乡愁》"是指其乡愁诗对我国乡愁文化具有深远影响。"城镇化"是指我国城镇化反思背景下的催生了对乡愁研究的关注。"乡愁书写"是指现代汉语的乡愁书写是作为一种建构性的文学实践。"纪录片"是指以纪录片的形式来记住乡愁。

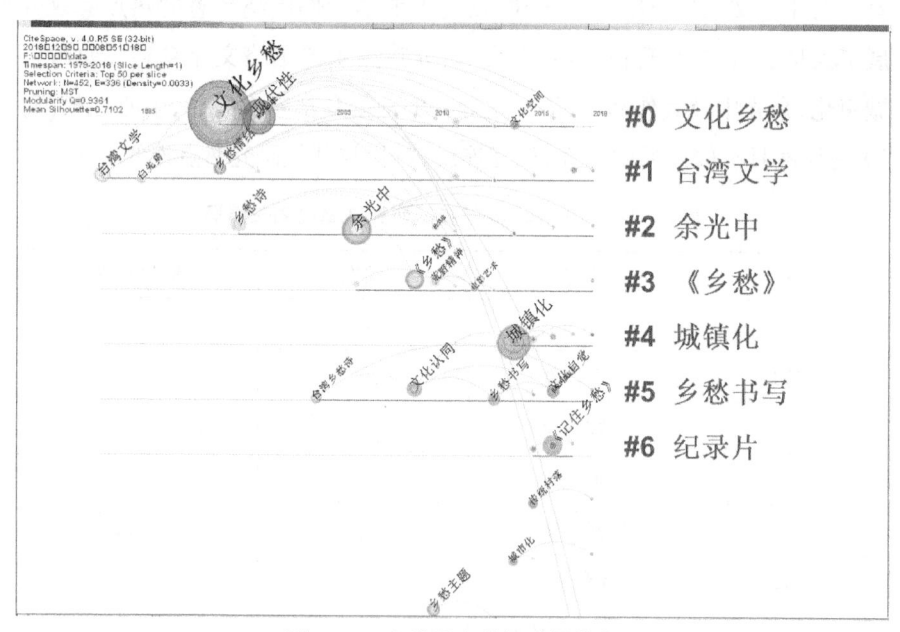

图2-8　乡愁研究前沿时间线程

从研究前沿的分析中可以看出,乡愁旅游地建设已经成为留住乡愁的积极尝试,乡愁逐渐得到地理学、建筑学、民俗学等多学科的关注,对乡愁的研究不仅聚焦于传统的命题,而且增加了一些新的时代元素。

2.2 乡愁的研究进展

2.2.1 相关概念区分

乡愁的研究,首先建立在了解它含义的前提下,自古以来学者对乡愁的研究始终围绕着几个关键词汇:思乡病、怀旧、恋地情结。因此,弄清这几个学术名词之间的联系和区分,有利于正视和进一步研究乡愁。

2.1.1.1 思乡病

1688 年,瑞士内科医生 Hofer 发现,在异乡的瑞士雇佣兵身上都有焦虑、虚弱、食欲不振、失眠与发烧等症状。Hofer 认为只有瑞士人才会得这种大脑疾病,可能是由恶魔引起的,定义为思乡病(homesickness)。到了 18、19 世纪,这种症状在美国和法国也开始出现(Rosen,1975)。到了 19 世纪,研究者认为思乡病属于忧郁病(McCann,1941;Rosen,1975)。之后,研究者将思乡病从心理视角开始研究(McCann,1941),认为其是属于精神上或心理健康上的疾病(Havlena,1991)。思乡病也被定义为一种精神病,主要出现在移民群体以及船员、大学新生群体。在 20 世纪后期,研究者对思乡(病)的主体研究集中在离家上学的学生群体。对大学新生思乡(病)的研究主要集中他们的情绪表现以及出现思乡情绪的时间节点(Fisher,1987)。美国心理学家贝尔和韦尔奇(Baier,1992)认为思乡病具有几个明显的特征:(1) 离家后更容易产生思乡病;(2) 思乡病是一种心理体验;(3) 成年人在生活遭遇困境时更容易产生思乡病;(4) 思乡病通常与悲伤的情感相联系;(5) 思乡病通常会被抑制;(6) 心理和生理上都会对家乡产生渴望。美国心理学家瑟伯和沃尔顿(Thurber,2012)认为,思乡病是在离家后或者即将离家时产生的痛苦的情感。Scharp 等(2015)使用深度访谈法研究大学生的思乡(病),发现最显著的几个要素是感受、活动、家庭和地方。

迄今为止,思乡(病)的研究主要由心理学家开展,目前却没有一个明确的定义。Fisher(1987)等认为思乡(病)是涉及悲伤和怀念家的一种复杂的认知—动机—情感的状态。美国精神病协会将思乡(病)定义为焦虑症,特征为聚焦于家的经常性认知。尽管不同学者对思乡(病)的定义有细微的区别,但是每个定义都集中在家的概念上。因此,学者共同认可思乡(病)是一个人因对他(她)的家的渴望而引起的精神问题或障碍。

2.1.1.2 怀旧

怀旧与思乡病总联系在一起,对象大多数也与家乡有关。在20世纪前,怀旧(nostalgia)在1770年前后被引进到英语中,最初的意思就是"思乡",而在20世纪末期,大部分学者开始对怀旧与思乡病加以区分。Werman(1977)认为怀旧不等同于思乡病,其范围比思乡病广泛,主要聚焦在对过去的渴望,对象不限于想念家,温馨的往日时光、欢乐的童年等是其主要对象(Davis,1979)。在英国牛津字典中怀旧为"向往历史、过去的一种情感",怀旧的发生是跨文化、跨群体和跨年龄的,它变成一种每个人随时都会有的体验(Mills,1994;Zhou,2008)。怀旧主要是积极的情感建构(Sedikides,2004)。也有许多学者强调怀旧悲伤的一面,将它定义为对已不存在的过去的向往(Holbrook,1991)。也有学者认为怀旧是苦乐参半的(Mills,1994;Barrett,2010)。怀旧是人们喜爱过去事物,是对过去情感和有意义事件的回忆,这些回忆会让人感到快乐和悲伤(Lasaleta,2014)。

针对怀旧的种类,国外不同学者得出不同观点。怀旧从社会层面分为个人怀旧和集体怀旧(Davis,1979),从文化层面分为个人怀旧和历史怀旧(Stern,1992),从来源可分为真实怀旧、模拟怀旧和集体怀旧(Baker,1994)。根据社会经历来源,可分为四种:个人、人际、文化、虚拟(Havlena,1991)。可以看到,研究者共同认为人是怀旧的主体,所以个人怀旧成为不同学科研究者的研究主题。个人怀旧被一致认为是来自个人过去的实际生活。集体怀旧聚焦在文化、国家或世代,往往是具有相似背景和世代的人所共有的。怀旧不仅侧重在时间意识的"恋旧",也包含空间上的"思乡"(赵衡宇,2015)。蔡晓梅等(2013)关注日常生活所构建的怀旧空间问题,以中山大学为例,研究了大学的怀旧意向及其空间性建构。怀旧研究也从开始的病理学、心理学逐步扩展到旅游学(赵静蓉,2009)。黎耀奇等(2018)在旅游怀旧的内在结构、影响因素及作用效果三方面进行了文献述评。

2.1.1.3 恋地情结

1974年,美国华裔地理学家段义孚(Tuan)在《恋地情结:环境感知、态度与价值的研究》一书首先提出了恋地情结(Topophilia)概念,将人与物质环境的情感联系定义为广义的恋地情结,这种感情联系是人对地方的关系、感知、态度、价值观和世界观的总和。段义孚先生认为恋地情结包括短暂的视觉快乐和触觉快乐,更为长久的有美好的回忆,对地方形成家的依恋感以及生存的方式等。地方因成为人们经历的载体而吸引人们,使人们产生依恋感。家是地方的典范,人们在此会有情感依附和根植的感觉(Cresswell,2006)。

陈李波(2007)以武汉老里分为例,认为就地域民居而言,恋地情结具体体现在地域民居的情结空间之中,主要包含入口空间、街道空间、植物空间、建筑空间。胡星灿(2016)认为对于20世纪寓沪知识分子而言,他们热爱咖啡馆,在咖啡馆这一物理空间寄托了很多情感,因此呈现出"恋地情结"。

2.1.1.4 乡愁

在璀璨的中华文化中,乡愁无疑是浓墨渲染的一笔。我国古代的诗词中都有关于乡愁的记载,如李白的"举头望明月,低头思故乡",王安石的"春风又绿江南岸,明月何时照我还",都表达了文人墨客的乡愁情感。"乡愁"二字首次定格组合出现,是在杜甫的诗"若为看去乱乡愁"中。总之,大多数是因远离家乡而产生的(向立,2014)。当代的"乡愁"主要体现在文学领域,如余光中的诗歌《乡愁》,以及席慕蓉将乡愁比作"一棵没有年轮的树,永不老去"等,主要聚焦于家乡和国家。在此之后,文学领域中对"乡愁"的研究主要讨论乡愁经典文学作品,乡愁情感比较接近(王爱霞,2016)。乡愁在《现代汉语词典》中解释为"对思念家乡的忧伤心情"。从构词法上可以发现,"乡愁"是偏正结构,没有了"乡"也就没有"愁"的情感来源。因此,中国人的"乡愁"聚焦在空间、时间维度,是对故土、家乡和家园的情感、记忆和期盼(陆邵明,2016)。

Mann(2008)认为乡愁是对过去美好事物的回忆。Lowenthal(1989)认为,乡愁的根源在于远离过去以及不满现在。19世纪中叶的人口大规模迁移主要归因于工业化与城市化的快速发展,流动人口向往过去的安稳生活,因此,乡愁的含义从个体思乡扩展到集体情感,成为一种时代症状和特定情境下人们的一种漂泊状态。罗兰·罗伯特(2001)认为乡愁通常是指在城市里生活的人们对过去乡村生活悲伤的回忆,总是与浪漫愁绪有着千丝万缕的联系。Mckercher(2005)认为如果居民被迫与他们的日常生活实践以及其中的文化遗迹彻底分离,将会切断其文化的连续性,影响居民的文化认同感。澳大利亚哲学家格伦·阿尔布雷克特(Glenn Albrecht)提出了一种"身在家乡的乡愁"即乡痛(Solastalgia),指由于故土的环境被迫改变,或者文化传统发生中断,以至于人们虽然身处家乡,却觉得和家乡的联结断裂了。人们因为对家乡认知感觉陌生产生疏离感,并对重新找回原有家乡不抱希望。

全球化和历史变迁使国外乡愁和怀旧出现个人化、分散化的趋势,并在商业力量的介入下,呈现出过分符号化和消费化(阮仪三,2015)。成志芬(2015)等认为"乡愁"涉及空间和地方,且与人之情感密切关联,是文化地理学的重要研究内容。学者汪芳(2015)认为乡愁与故乡地理、童年历史、公共生活和情感记忆有着密切关系,并建立了乡愁之地理、历史、公共和自我的四维框架。周尚意等(2015)认为乡愁不应仅是对遥远故土和亲人的思念。刘沛林(2015)认为乡愁不仅是怀念家乡以及生活过的地方,也是一种文化感受、启迪或认同感。陈觐恺(2015)认为新时代乡愁的内涵应进行扩展。唐亚林(2018)认为传统意义上乡愁的基础是乡村农耕文明和宗法,呈现出人地关系的共同体情感。乡愁体现在物质家园、精神家园和血脉家园三个方面,其体现的积极态度和发展理念显著区别于西方。

2.1.1.5 相关概念辨析

乡愁的英文单词有 homesickness 以及 nostalgia,但 homesickness 也有

思乡病的意思，nostalgia 随着研究视角的拓宽和环境的变化，除了有乡愁之义，还有怀旧，而且根据前文研究，目前国外以 Nostalgia 为题的研究主要集中在怀旧方面。而中国文化背景下的乡愁与这些西方学术名词有一定的关联，但不等同。

乡愁和思乡病一样，都是指向家乡，但思乡病更强调离开家乡而产生的情绪和心理障碍等问题，主要是思念家乡和家人，与农耕文明时期的乡愁契合。工业化革命出现的土地圈占、田园消失、家乡毁灭，出现"寂静的春天"的哀思，属于现代（工业文明时代）的西方乡愁。随着人们对生态文明的重视，出现了"逆城市化"乡愁，这是后现代（后工业文明时代）的乡愁。乡愁群体不仅包含离开家乡，也包含新时代城镇化背景下经历环境变化的在地居民。

怀旧范围很大，主要侧重于对过去的回忆，体现在时间维度上，如有人喜欢莎士比亚时期或民国时期的物品和文化，有人回忆起下乡的经历，革命战士喜欢参观红色旅游景区，引起的情感就不是乡愁，而是怀旧。而乡愁属于怀旧对象限定了围绕"乡"的那部分，其中包括家、家乡、故乡以及乡村。中国文化背景下的乡愁指向"共同的家园"（阮仪三，2015）。汪芳、陆邵明等认为中外研究差异主要归结在"怀旧"（nostalgia）与"乡愁"（xiangchou）的区别。国外更多是"怀念"过去国家或社会的"历史"；而中国学者更多侧重在对"家园""自然与人文景观"的"乡愁"依恋。

乡愁与恋地情结相同的是都对"地方""场所"存在认知、态度、价值及其依恋，而乡愁是对家乡、故乡、原乡的依恋，有一个特指地方；恋地情结却可以任何场所皆可，如咖啡馆。

陆邵明（2015）认为中国人的乡愁具有深厚的传统文化底蕴和情结，因此将乡愁英文关键词用汉语拼音"xiangchou"来表达，体现了乡愁是个在中国文化背景下的研究。不同于西方的社会背景与学术理论，本研究也将乡愁英文关键词用"xiangchou"来表达。总体而言，乡愁不能简单地等同于思乡病、怀旧和恋地情结，其研究涉及多学科，属于人地关系科学问题，呈现出情感、记忆和文化特征，并有不同空间尺度的差异。

2.2.2 乡愁的主体和载体

2.2.2.1 乡愁的主体

乡愁的主体随着时代的变迁,其所指对象也有所变化。陆邵明(2016)认为乡愁主体经历了三个群体的变化和扩展趋势,传统的少数精英、20世纪80年代的海外游子以及今日普通群体。近年来,在快速的全球化和城镇化背景下,在地居民也成为乡愁的主体(Albrecht;周尚意;汪芳等)。

2.2.2.2 乡愁的载体

从中国古代诗歌中,就可以看到很多乡愁的载体,如盛唐诗人李白《静夜思》中的"举头望明月,低头思故乡",寄愁心予明月。苏轼一首《水调歌头》再掀明月寄相思的千古绝唱。"明月"当之无愧成为乡愁中最具代表性的载体。

李蕾蕾(2015)指出乡愁情感寄托在乡村地理或特定地方。成志芬(2015)等认为许多具有"乡愁记忆"的古建故址等物质文化遗产,以及一些风土民情、民俗文化等非物质文化遗产,都是具有中国特色的乡愁载体。学者汪芳(2015)认为,乡愁对象也就是被记忆的对象,常与传统村落体现的价值观相联系,包括空间信息、人物事件等。陆邵明等(2016)认为乡愁中的记忆场所主要有公共空间、住宅、学校等。乡愁可以是青山、小巷、老屋,带有家乡独特的自然和人文环境特点(王爱霞,2016)。

2.2.3 乡愁的尺度和维度

2.2.3.1 空间尺度

Agnew(1993)把尺度定义为某个空间位置的影响力。Brenner(2005)认为尺度是由多个层次组成的,具体细分为全球尺度、国家尺度和城市尺度三种。李红波等(2018)从物质、社会、文化维度构建了乡村空间系统。乡愁的产生需要一定的地域。地域空间尺度研究成果可以为解释清楚乡愁范围和揭示乡愁的地域联系及递进关系提供一定理论基础,表明了乡愁既有国家、国际层面的,也有城乡层面的,甚至包括乡村内部层面的。因此,在不同文化背景下和地域文化背景下成长的人们,会有不同尺度的乡愁。金寿铁(2017)认为"家乡"是指人与特定空间之间的内在关系。家的尺度不仅限于房子,可以是社区、城市、国家甚至是全世界(Blunt,2006),也可以在地方、国家和世界背景和情境下建构家的内涵(Dovey,1985)。在中国文化背景下,"家"可以从"家庭""家乡"到"国家"体现。其边界具有弹性,因政治和社会因素而变化(费孝通,2006)。家具有一定的根植性,祖辈、父母或童年生活起到重要的影响,家所在的地方和归属感不会轻易发生变化(封丹,2015)。

文学作品中"乡愁"的"乡"所指大小不同,因此乡愁具有不同空间尺度特征(周尚意,2015)。可以看到,乡愁不仅仅是对乡村的怀念,更是对故乡甚至是对故土的思念,余光中的《乡愁》表达的就是后者,是大范围的乡愁。徐花(2007)将乡愁分为小乡愁、大乡愁、文化乡愁三类,分别是对家乡的思念、思国之情和对文化变迁及更替的情感。李蕾蕾(2015)认为小乡愁指的是"家"与"乡",大乡愁指的是"民族"与"国家"。"乡"可以是家乡、乡村、故土乃至故国,从地方上升到全球尺度。周尚意等(2015)认为远乡、近乡都是我们情感投射的土地。Van Tilburg(1996)认为,乡愁的"乡"并不是简单意义的地理概念,还承载着一个人的成长经历,有着更深层次的文化意蕴。

2.2.3.2 时间特征

乡愁是地域空间的分离所产生的情感体验,得到许多学者一致认可。也有不同的研究角度认为是时间的距离而产生了乡愁。Williams(1975)认为,20世纪70年代中后期,英国城市的乡愁源于对工业化和城市化之前生活的怀念。Mann(2008)认为乡愁是对过去美好事物的回忆。陆邵明课题组(2016)在网络认知调研中发现从乡愁的主体来看,乡愁情感随着年龄的增长越来越强烈,同时乡愁记忆有一定的时间分布特征,主要体现在人生阶段、季节、天气等方面。林琳等(2017)发现旧水坑村的集体记忆空间发生了根本性的变化,乡村集体记忆空间是由群体关系的乡城转化和集体记忆与空间互动的结果。

研究的序幕。至20世纪90年代,它已经成为人文地理学研究中的热点问题。地方理论包含了地方感、地方依恋和地方认同等相关概念。

在国内地理学研究中,"Place"常被译成"地方",与"空间"共同成为人文地理学的两个重要核心概念(唐文跃,2006)。因在建筑学中较多被译成"场所",因此国内研究中场所和地方视作同一概念。国内学者黄向等(2006)较早将场所依赖的概念引入国内,从不同学科角度对场所依赖的内涵进行了研究。张中华等(2009)对地方理论在社区研究中的应用进行了思考。黄向等(2013)认为一个地方进行空间要素的改造,会导致空间感知基点的变化,进而引发地方依恋的变化,其中因变化后的空间物质要素和人们的地方记忆不符有很大影响。地方记忆包括童年记忆、校园记忆和成年记忆。朱竑等(2011)认为地方感可以划分为地方依恋和地方认同两个维度。孙九霞等(2015)对遗产旅游地居民的地方认同进行了研究。黄震方等(2015)依据吴传钧等提出的人地关系理论,结合旅游地理学的特点,对旅游人地关系的理论内涵和框架进行了系统研究。在传统村落旅游地,居民和村落、游客和村落之间的乡愁情感,是对家乡和乡村的地方依恋和地方认同。地方理论为研究旅游地的人地关系提供了可借鉴的理论依据。

2.4.3 文化基因理论

"基因"主要源自生物遗传学。"文化基因"是文化传播或模仿单位,与生物遗传基因相对应(波拉克,2000)。随着文化基因的进一步研究,学界认为文化基因是依托一定物质载体的文化系统遗传密码,体现了人类的思维方式与价值观,具有独特性、优势性等特征(申秀英,2006;赵传海,2008;吴秋林,2008;毕明岩,2011)。刘沛林(2011)把文化基因分为主体基因、附着基因、混合基因等类型。游国龙(2013)指出精确复制"情感模式"是文化基因遗传的关键,并世代相承。许烺光(Francis,1983)认为人类的行为受情感模式的影响和塑造。曹紫佳(2007)从文化基因的视角出发,梳理宗族型传统村落的文化基因,为传统村落的保护和传承提供最基本的要素和依据。乌再荣(2009)从文化整体观的基础上,以基因的视角来看待城市空间的起源与演化。

本研究以文化基因为理论基础,尝试分析中国文化背景下的传统村落旅游地乡愁载体所体现的家乡文化、地方文化、乡村文化和传统文化特征,以及是否在代际之间进行了传承。

2.4.4 记忆相关理论

《辞海》中将"记忆"定义为"人脑对经验过的事物的识记、保持、再现或再认"。在社会心理学中,记忆被解读为"符合人们经验的生活历史及自身的观点,是人脑对外界输入的信息进行编码、存储和提取的过程"(Wertsch,2002)。生活在不同地区的城市居民对历史地段有着显著差异的记忆(汪芳,2017)。就乡愁记忆而言,与其相关的概念包括集体记忆、文化记忆及乡村记忆等内容。

2.4.4.1 集体记忆

法国社会心理学家莫里斯·哈布瓦赫在1925年首次提出"集体记忆"概念,认为记忆既是个人的,也是集体的,记忆是重构,可以把过去带到现在,记忆需要物质载体。记忆的社会意义在于它整合了个体与群体的关系。李凡等(2010)提出个人情感和社会文化环境构成了集体记忆的组织机制。汪芳等(2015)等借助大型纪录片《记住乡愁》,采用内容分析法构建传统村落集体记忆三要素的研究框架,即主体(记忆者)、客体(记忆对象)和时间。钱莉莉等(2015)认为集体记忆植根于人、空间(地方、景观)、时间,是地理学研究人地关系的重要视角与手段,对国内集体记忆进行文献述评。

2.4.4.2 文化记忆

"文化记忆"由扬·阿斯曼首次提出,指出一个国家或民族的集体记忆,主要包含仪式和文化两种类型传承媒介(扬·阿斯曼,2015)。王霄冰(2007)总结了文化记忆的内涵及外延。樊友猛等(2015)依托文化记忆理论建立起乡村遗产的"文化记忆—展示—凝视"模型。吕龙等(2018)在文化记忆视角下构建了乡村旅游地的文化研究进展及框架,并以苏州金庭镇为例,对乡村文化记忆空间的类型、格局及影响因素进行了研究。

2.4.4.3　乡村记忆

乡村记忆以往是文学的题材和研究,近年来成为社会学的关注热点,同时推动了其他学科相关领域的研究。杨同卫(2014)认为乡村记忆是乡民对乡村传统文化和特色的认知和观念,体现了乡村文化,进而形成乡村认同。

传统意义上的乡愁,是对过去家乡时光的回忆。记忆既是个人的,在同样程度上也是集体的,乡愁之情落在具体的乡村地理或特定地方,便带有这个村落或这一代人的集体记忆、文化记忆和乡村记忆。本研究将集体记忆、文化记忆和乡村记忆作为理论基础,探求针对特定的传统村落,居民和游客的乡愁所呈现的记忆特征。

2.4.5　社会交换理论

社会交换理论产生于20世纪60年代的美国,借鉴吸收各学科思想,认为人类之间会计算得失,目的是获得和满足最大利益。该理论认为人类最基本的社会行为是交换。人类情感中存在本能的追求幸福或回避痛苦,进而影响行为(孙庆民,1995)。因此,人们不仅进行经济交换,还进行社会交换,如爱等。社会交换理论于20世纪末开始在旅游研究领域中运用。1992年,艾普(Ap)借用社会学的社会交换理论解释了社区居民形成旅游影响正面和负面感知的原因,并解释了感知和态度之间的关系,被认为是解释居民对发展旅游态度最合适的理论体系。刘赵平(1996)分析了旅游社会文化影响研究中社会交换理论的应用。居民对旅游的态度会受环境、社会文化以及经济等因素认知影响。情感产生的前因和后果分别是认知比较及记忆、行为倾向(彭聃龄,2004)。国外学者Homans阐述了参与交换的人会根据自身行动和期望之间的比较和满足,来表达积极的或愤怒的情感行为。社会交换理论虽然已运用到旅游研究中,但主要与旅游态度和旅游行为结合较多,与情感尤其乡愁结合的研究还很少,研究试图将社会交换理论与乡愁情感相结合作为一个切入点,探索传统村落旅游地居民因在旅游开发中的受益感知对其乡愁的影响。

2.4.6 代际理论

2.4.6.1 代际理论的内涵

代际理论是描述和研究不同代的人之间思想和行为方式上的差异和冲突的理论。代际差异理论是在20世纪50年代由德国社会学家卡尔·曼海姆(Mannheim,1952)提出的,体现的是由于出生年代和成长背景不同而造成的各方面的差异,具有鲜明的群体特征,主要是价值观、行为态度等方面的不同。曼海姆认为"代"是在社会进程中具有共同时代背景的一群人,这种共同的背景使这些人的经历有着相似性,体现在思考方式和行为模式等方面的趋同。之后有学者对其观点进行了补充,Kupperschmidt(2000)将"代"定义为出生年代和年龄阶段,并且在成长的关键时期经历过重大事件的可识别的群体。Parry和Urwin(2011)在参考之前的研究后发现,以下一系列历史事件对代际形成存在影响:战争以及战争后的变化;科学技术引起的工作生活的变迁;政治格局的变化;社会经济变化。此外,社会学家认为文化因素也会对代际差异产生影响。

2.4.6.2 代际的划分

曼海姆的理论认为代际差异产生的条件是发生了重大的社会历史事件。根据这一理论对代群进行划分的依据是历史事件发挥作用的时间和空间。现有的研究主要有两种划分体系,一是基于人口学的标准,以十年的间隔为一个固定单位来划分代群,比如70后、80后、90后就是以此来划分的。二是利用代际差异理论的社会学划分,就是上文提到的根据重大历史事件发生的先后来划分代群,研究社会环境对不同代群的影响。中国对代际的研究开始较晚,借鉴国外的研究,由于中西方的历史进程不同,进行了本土化研究,主要体现在代际的划分上。主要有以下几种划分方式,张永杰和程远忠(1988)根据重大经济事件和政治文化背景的不同,将代际划分为以下几类:1921—1949年第一代人,1949—1956年第二代人,1957—1964年第三代人,1964年后第四代人。杨雄(1989)根据重大经济政治事件进行了划分:1910—1929年开国建勋的一代,1930—1949年迎接胜利的一代,1950—

1959年"红卫兵"的一代，1960—1978年经济开放时期的一代，1979—1989年新新人类的一代。王海忠(2002)根据"文化大革命"这一历史事件进行了代际划分：1949年前为红色革命的一代，1950—1964年为"文化大革命"之前的一代，1965—1973年为"文化大革命"之后的一代，1974—1984年为X世代。

2.4.6.3 代际理论的运用

代际理论的应用范围十分广泛，有学者将其与中国近代思想结合进行史学研究，与城乡建设相结合研究城乡迁移问题，与全球化结合研究代际关系，与心理学相结合研究心理契约，与旅游相结合研究旅游行为的差异。此外，代际理论与旅游结合的相关研究还很少，而且更多局限在旅游行为决策方面：唐代剑等(2008)研究了不同年龄层次的旅游者对乡村旅游选择行为的差异。崔丽敏等(2012)运用代际理论对"80后""90后"的旅游行为进行了对比研究。姚小云等(2013)研究了国内山岳旅游地的游客在旅游行为方面存在的代际差异。张高军等(2017)选择国内典型旅游目的地杭州为对象，以一手调查数据对不同代际的目的地形象进行比较。王兴等(2017)探讨了工作价值观影响工作投入和工作满意度中代际差异的调节作用。黄群芳等(2018)从代际理论内涵、代际划分和代际理论在旅游研究中的应用三方面综述了国内外代际理论在旅游研究中应用的最新研究进展。罗秋菊等(2018)研究了外来饮食文化影响下广州本地居民地方身份建构过程的代际差异。

综上所述，国外对代际的研究开始得较早，研究范围也较广泛，应用领域多见于经济营销领域，划分依据也多种多样，没有统一的标准。尽管国内外在代际的界定和划分上没有统一的认识，但是都认同划分不仅仅是一个年龄问题，同时也应具有社会的属性。代际理论的运用虽然遍及许多领域，但代际理论与乡愁结合的研究几乎没有看到。本研究试图将代际理论与乡愁文化相结合作为一个切入点，从情感的维度为乡村旅游地的发展提出建设性的建议。

第 3 章　传统村落旅游地乡愁理论构建

乡愁到底是什么？在中国文化语境下，在城镇化背景下的传统村落里，除了离家的游子有乡愁，是否和前文有的学者观点一样，在地居民也会有乡愁呢？产生乡愁的条件是什么？乡愁产生后都会回忆起什么？情感特征是什么？乡愁的能动性是什么？前去传统村落旅游的游客是否会触景生情，产生乡愁情感呢？基于前文对乡愁研究的新进展和新情境下的研究，本章拟用经典扎根方法论以苏南（苏锡常）三市六个传统村落作为研究区域，对居民（在地居民和离地居民）以及游客进行深度访谈，利用扎根精神尝试构建传统村落旅游地乡愁理论模型。

3.1　研究设计

3.1.1　资料收集

本章主要通过质性方法发现乡愁这一古老的话题，在新时代新背景下在传统村落旅游地较新的研究视角下所未能触及的问题。深度访谈从 2016 年 7 月开始到 2017 年 10 月，利用周末和暑假，先后去焦溪村 4 次、陆巷村 3 次、明月湾村 2 次、杨桥村 2 次、礼社村 1 次、严家桥村 1 次。通过便利抽样和滚雪球抽样，同时兼顾不同代际特征，共访谈了居民 32 人（在地居民 25 人，离地居民 7 人），游客 21 人，其中在地居民目前都生活在各自的村落，离地居民从小在村落长大，后因上大学和工作已大部分时间生活在城市里，只有在节假日返乡探亲。游客是有去往这六个村落旅游经历的人。访谈方式包括面对面访谈和微信视频访谈。访谈大多数采用的是在传统村落进行面对面访谈,只有与2—3个在外地工作的离地居民进行了微信视频访谈,这样能观察访谈者感情的起伏和流露(如泛起泪花)。

在访谈前会询问一些基本问题,如您在哪个村落出生和长大的,描述一下您的家乡,您什么时候离开家乡的(针对离地居民和游客)等问题,一方面可以了解访谈对象的基本情况,增进了解;同时也通过这些基本问题使访谈对象进入关于家乡和过去的话题中去,唤起回忆。在获得上述信息后,在访谈中按照访谈提纲针对"您理解的乡愁是什么?""您有过乡愁吗?""当您涌起乡愁时,都会想到什么?""哪些形容词可以来描述您的乡愁?"等问题(见附录A和B)。针对不同文化层次的访谈者,会使用不同的措辞,力求让访谈者能明白问题含义,尤其针对传统村落的老年人,使用口语化措辞,力求简单易懂。访谈时间一般为30分钟左右,个别游客因行程紧急,时间大概为15分钟左右。在征得访谈者的同意后,对访谈内容进行了录音,并在后期对录音进行了整理,同时进行了访谈笔录的写作,把访谈过程中的观察和思考进行了记录,作为扎根理论的资料来源。这遵循了扎根理论的原则之一,即一切都是数据(All is data)(Glaser,1998)。

3.1.2 研究方法

定性研究适合在微观层面对自然情境下的问题进行描述和分析,发展出一套操作程序及检测方法(陈向明,1996)。本章主要使用扎根理论方法。扎根理论通过系统性地获得与分析资料来发现理论,符合一定的情境(Glaser & Strauss,1967)。扎根理论适于进行理论建构,在定性领域中被认为是最科学的方法(Denzin & Lincoln,1994)。扎根理论研究过程严格规范,可以进行重复检验,因此有一定的科学性。扎根理论有三大学派,即Glaser的经典扎根理论、Strauss & Corbin的程序化扎根理论和Charmaz的建构型扎根理论(贾旭东,2010)。本研究使用经典扎根理论方法,因为其以开放的心灵,可以去发现更为丰富的理论形态(贾旭东,2010)。经典扎根理论包括两个阶段:实质性编码和理论性编码,实质性编码包含两个步骤:开放性编码和选择性编码。开放性编码是指对数据进行逐行编码将其逐层概念化和抽象化的过程,选择型编码是指研究者将核心范畴关联的材料和数据进行的编码工作(Glaser,1992)。核心范畴可以指导数据的进一步收集以及理论性抽样(Glaser,1978),理论性编码是将实质性编码形成的概念或范畴按照一定的关系如并列、递进构建理论(Glaser,1998)。在访谈时,研究者应避免引导和提示,使用开放性问题鼓励被访者畅所欲言。

3.2 居民乡愁产生条件及核心范畴

城镇化背景下的苏南传统村落旅游地乡愁理论是本研究的研究问题之一,对深度访谈材料进行扎根理论分析,通过开放性编码和选择性编码的实质性编码阶段,得到6个核心范畴,分别为乡愁产生的条件、乡愁情感的触点、乡愁的主体、乡愁的载体、乡愁的情感反应、乡愁的愿景。

3.2.1 居民乡愁产生的条件

3.2.1.1 空间的转移:离开家乡

古今中外,乡愁被公认为是"怀念家乡忧伤的心情"(《新华字典》),乡愁是"远离家乡或思念亲人和朋友而来的悲伤"(《牛津英语词典》)。可以确认的是乡愁产生的前提条件之一即离开家乡,支持核心范畴的数据和编码多次出现在对离地居民和有过离开家乡经历的在地居民的访谈中。例如,在外工作的受访者 R-14、R-12、R-11 在谈到乡愁理解时分别提到(见表 3-1):

表 3-1 乡愁产生的条件访谈文本数据(1)

数　　据	编　　码
R-14:乡愁就是对家乡的思念,出去读书再到工作,离家越来越远,回家的次数越来越少,这种感觉就越浓。一般都是工作遇到不顺的时候会想家,一开始肯定就是想父母,想和他们在一起的时光。然后就是想以前住在家里的时候,经常玩的一些地方,一些朋友。	异地上学或工作;回家次数少;离家的距离;工作不顺时想家;思念父母;思念玩耍过的地方;思念小伙伴儿。

表3-2 乡愁产生的条件访谈文本数据(2)

数据	编码
R-19:乡愁就是看到古村落改变,对过去的怀旧,尤其见到古建筑年久失修,巷子不再热闹时,好多桥也不见了,心里会伤感。	家乡变化大;老房子年久失修;有的桥损坏消失
R-8:觉得家乡变化大,主要因为旅游开发,但年轻人变少,主要怀念家乡过去时光时主要怀念河水,十几岁在古码头洗澡时,下面的沙子是金黄色的,后来建房子运材料时,砖块乱扔。怀念民风淳朴,现在邻里乡亲淡了,2005年开始开发旅游,桔林都变成了新建的房子。	家乡变化大;年轻人变少;桔林消失变成房子;水没有以前好了
R-15:老房子所剩无几了,原先旁边的这个房子是邮电局,对面是菜市场,卖菜的、卖鱼的,非常热闹,每家都是店,二十年前还是非常热闹的,现在冷冷清清,前黄那边宜兴的后角都来这边上街,有个大河,再换成小船过来赶集。总共杨桥老街上有11家豆腐店,非常热闹,因为那时人特别多。	老房子所剩无几;家家都是店;街上冷冷清清;
R-5:2010年陆巷开始收门票,65元。王鏊故居以前是小学、初中、高中,现在自己作为居民还要半票进王鏊故居。	以前免费进现在半票进去;
R-6:觉得家乡变化大,主要体现在道路房屋,老街布局,从2000年开始觉得家乡变化大,新建了很多,不能进去的地方也很多了,主要由旅游原因引起的。会怀念过去的时光,如打弹珠、抓鱼、游泳。	家乡变化大;很多地方都不能进去;
……	……

居民对"家乡变化大"的感知主要体现在物质环境变化和人文环境变化两个方面。

(1) 物质环境变化

物质环境的变化主要体现在传统村落的自然景观变化、建筑景观消失以及建筑功能改变三个方面。首先,由于村落随着水运优势不再,失去商业集散地优势,苏南较多村落开始填河成路,同时开始发展其他产业,尤其是工业的发展。如焦溪村采石业破坏了鹤山,杨桥村味精厂污染了当地的河水,虽后期停止开采,但山体景观难以恢复,水源进行治理,但再也不可口,也不能淘米洗菜了。明月湾村和陆巷古村因依傍在太湖边,自然条件得天独厚,很多村民舍弃了当地出名的特产老桔子——红桔子,种上了更赚钱的经济作物——枇杷,桔子林的那一抹红色只停留在大多数人的记忆中。

第 3 章 传统村落旅游地乡愁理论构建

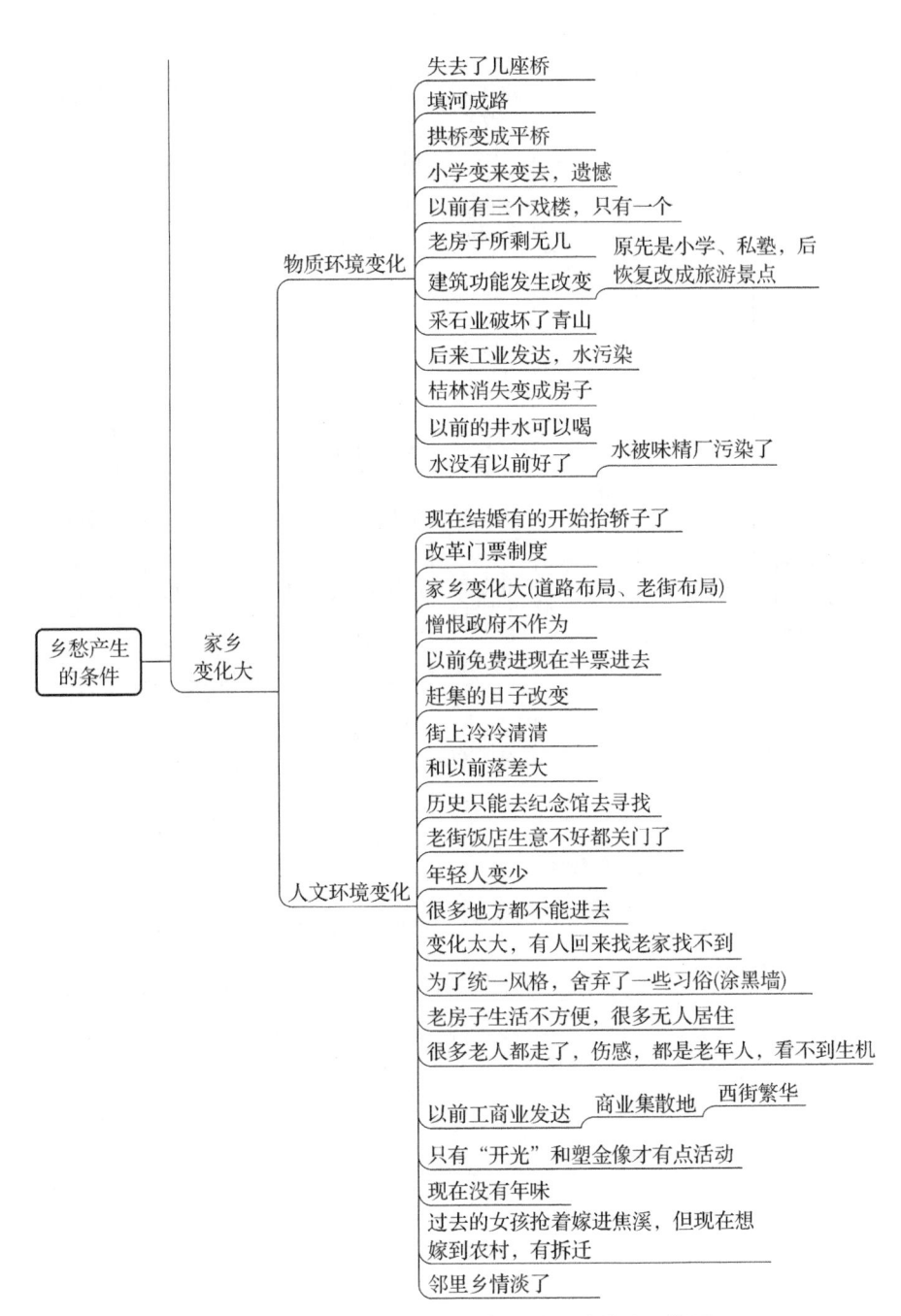

```
乡愁产生
的条件
├── 家乡变化大
│   ├── 物质环境变化
│   │   ├── 失去了几座桥
│   │   ├── 填河成路
│   │   ├── 拱桥变成平桥
│   │   ├── 小学变来变去，遗憾
│   │   ├── 以前有三个戏楼，只有一个
│   │   ├── 老房子所剩无几
│   │   ├── 建筑功能发生改变 —— 原先是小学、私塾，后恢复改成旅游景点
│   │   ├── 采石业破坏了青山
│   │   ├── 后来工业发达，水污染
│   │   ├── 桔林消失变成房子
│   │   ├── 以前的井水可以喝
│   │   └── 水没有以前好了 —— 水被味精厂污染了
│   └── 人文环境变化
│       ├── 现在结婚有的开始抬轿子了
│       ├── 改革门票制度
│       ├── 家乡变化大(道路布局、老街布局)
│       ├── 憎恨政府不作为
│       ├── 以前免费进现在半票进去
│       ├── 赶集的日子改变
│       ├── 街上冷冷清清
│       ├── 和以前落差大
│       ├── 历史只能去纪念馆去寻找
│       ├── 老街饭店生意不好都关门了
│       ├── 年轻人变少
│       ├── 很多地方都不能进去
│       ├── 变化太大，有人回来找老家找不到
│       ├── 为了统一风格，舍弃了一些习俗(涂黑墙)
│       ├── 老房子生活不方便，很多无人居住
│       ├── 很多老人都走了，伤感，都是老年人，看不到生机
│       ├── 以前工商业发达 —— 商业集散地  西街繁华
│       ├── 只有"开光"和塑金像才有点活动
│       ├── 现在没有年味
│       ├── 过去的女孩抢着嫁进焦溪，但现在想嫁到农村，有拆迁
│       └── 邻里乡情淡了
```

图 3-3　发现"家乡变化大"范畴的开放性编码截图

何处解乡愁——传统村落旅游地乡愁的时空特征及影响机理

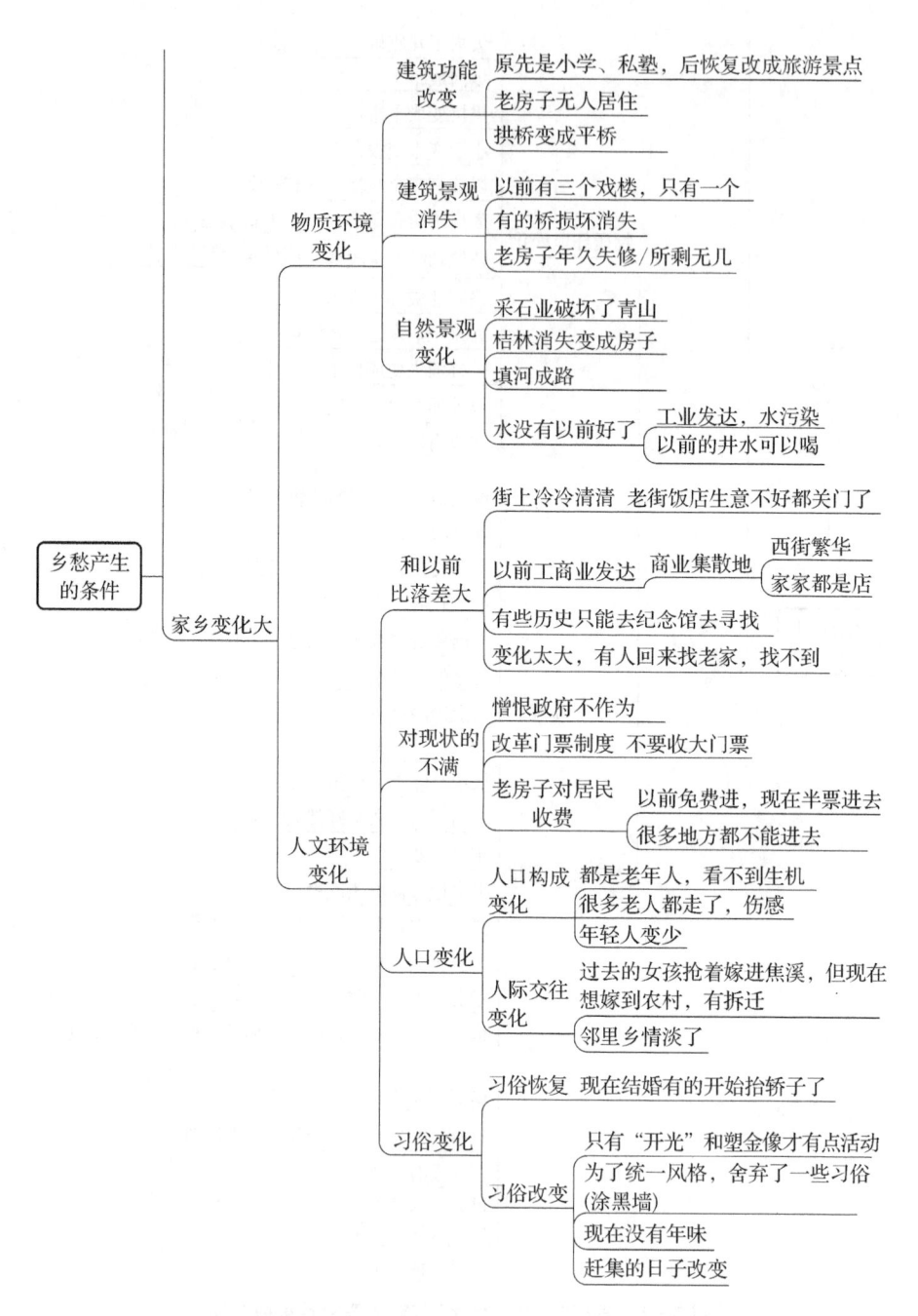

```
                                        ┌─ 建筑功能   ┌─ 原先是小学、私塾，后恢复改成旅游景点
                                        │  改变      ├─ 老房子无人居住
                                        │            └─ 拱桥变成平桥
                              ┌─ 物质环境 ─┤  建筑景观   ┌─ 以前有三个戏楼，只有一个
                              │   变化    │  消失      ├─ 有的桥损坏消失
                              │          │            └─ 老房子年久失修/所剩无几
                              │          │  自然景观   ┌─ 采石业破坏了青山
                              │          │  变化      ├─ 桔林消失变成房子
                              │          │            └─ 填河成路
                              │          └─ 水没有以前好了 ┌─ 工业发达，水污染
                              │                          └─ 以前的井水可以喝
                              │
                              │          ┌─ 和以前    ┌─ 街上冷冷清清 老街饭店生意不好都关门了
                              │          │  比落差大  │  以前工商业发达 商业集散地 ┌─ 西街繁华
                              │          │            │                           └─ 家家都是店
  ┌─ 乡愁产生 ─┐              │          │            ├─ 有些历史只能去纪念馆去寻找
  │  的条件   │ ─ 家乡变化大 ─┤          │            └─ 变化太大，有人回来找老家，找不到
  └──────────┘              │          │  对现状的   ┌─ 憎恨政府不作为
                              │          │  不满      ├─ 改革门票制度 不要收大门票
                              │          │            └─ 老房子对居民 ┌─ 以前免费进，现在半票进去
                              └─ 人文环境 ─┤              收费       └─ 很多地方都不能进去
                                 变化    │  人口变化   ┌─ 人口构成 ┌─ 都是老年人，看不到生机
                                        │            │  变化    ├─ 很多老人都走了，伤感
                                        │            │          └─ 年轻人变少
                                        │            │  人际交往 ┌─ 过去的女孩抢着嫁进焦溪，但现在
                                        │            │  变化    │  想嫁到农村，有拆迁
                                        │            │          └─ 邻里乡情淡了
                                        │
                                        └─ 习俗变化  ┌─ 习俗恢复 现在结婚有的开始抬轿子了
                                                    │  习俗改变 ┌─ 只有"开光"和塑金像才有点活动
                                                    │          ├─ 为了统一风格，舍弃了一些习俗
                                                    │          │  (涂黑墙)
                                                    │          ├─ 现在没有年味
                                                    │          └─ 赶集的日子改变
```

图 3-4 发现"家乡变化大"范畴的选择性编码截图

其次，因为村庄的落败，繁华不再，年轻人外出打工，造成老房子年久失修，甚至被拆掉盖新房，所剩无几。因为村庄为了交通便利，填河成路，有的古桥就成了牺牲品，被拆掉。杨桥在过去繁华时曾经有三个戏楼，而现在只剩下一个。最后，传统村落的建筑功能发生改变，如有的村落为了方便通车，把拱桥改成平桥，杨桥因老房子里没有自来水和下水道，很多老房子无人居住，遭到闲弃，成为摆设。而陆巷村的王鏊故居过去一直充当当地居民的小学，之后开发旅游后，变成旅游景点，居民再想进去还要花半价门票。明月湾的秦家祠堂原先是石公山小学，后来村里租给外地人做财神殿，成了景点。

(2) 人文环境变化

人文环境的变化主要体现在人口变化、习俗变化、和以前比落差大以及对现状不满四个方面。

① 人口变化。首先，人口变化体现在传统村落人口构成的变化，调研的六个传统村落人口构成大多数以老年人为主，很多年轻人都外出求学或者工作，最后在城镇买房安家，传统村落成为他们逢年过节才会回去的地方。访谈时碰到一位端午节回来看望妈妈的大姐(R-17)，她谈到"看到和妈妈同龄的这批老人一个一个走了，很伤感"，这不仅引起我们的深思，如果最后留守在传统村落的老人们都离开了，年轻人也未再回归，那这个传统村落的文化、记忆由谁来传承？这是每一个思考这个问题的在地居民和离地居民深深的哀愁。同时，让人唏嘘不已的是邻里乡亲的感情变淡了。"过去的女孩都抢着嫁进焦溪，但现在想嫁到农村去，因为有拆迁"，这赤裸地看到有些小农重利的思想愈演愈烈。

② 习俗变化。主要体现在习俗改变和习俗恢复两个方面。习俗改变体现在如焦溪原先传承很多年的赶集的日子为农历四月初一，后来改成10月1日；杨桥二月初八的庙会因历史原因中断过很多年，现在又重新恢复，但已没有往日壮观。很多居民都表示现在没有年味，一到过年就想起以前热闹的场面，有些村落有禁止鞭炮的规定。陆巷古村原先有涂黑墙的习俗，现在为了村容村貌的统一，也摒弃了这一习俗。但随着经济的发展和旅游的带动，有些习俗得到恢复，如陆巷古村近年来有经济实力的人家娶亲嫁

女,开始恢复轿子抬新娘等传统形式。杨桥村这两年在二月初八庙会时也开始有很多新人采用抬轿形式去娶亲。当居民和游客看到轿子娶亲这一情景时,不禁泛起了对过去时光的美好回忆,乡愁涌入心间。

③ 和以前比落差大。调研的六个传统村落,过去村里的河不是连通太湖,就是长江或大运河,水系发达使得村落历史上都曾有商业重镇、商品集散地的盛名。但由于交通方式的发展,商业中心的转移,大多数传统村落变得衰落。在访谈时,焦溪、杨桥等地居民多次强调以前村子里多繁华热闹,如 R-15 提到"老房子所剩无几了,原先旁边的这个房子是邮电局,对面是菜市场,卖菜的、卖鱼的,非常热闹,每家都是店,二十年前还是非常热闹的,前黄那边宜兴的后角都来这边来上街,有个大河,再换成小船过来赶集。总共杨桥老街上有 11 家豆腐店,非常热闹,因为那时人特别多。前两天,有个常州本地人,丁永博回来找不到自己的老宅,原先的街巷,向北的那一条街上姓朱,那条街上姓丁……"。除了繁华热闹到冷清衰败的落差大,还反映在很多年轻人当试图回忆起怀念的家乡岁月时,除了非常著名的历史建筑或者历史名人非常肯定地提起,如王鳌故居、薛暮桥、孙冶方等,其他很多历史都以不确定的口吻来叙述,或者是听说,如"听我奶奶说……",礼社村的受访者 R-27 直言"有些历史只能去纪念馆寻找"。礼社村因为有孙冶方纪念馆等多处名人纪念馆和故居,还能寄托村民的乡愁和回忆,但如杨桥村缺乏这类记忆传承宣传和场所,受访的两个年轻人在访谈过程中口气充满不确定,或者要和家里老人再度求证。

④ 对现状不满。这个主要体现在旅游开发的两个村落明月湾村和陆巷古村,因为两个村落自开发旅游后开始收门票。除了大门票,村里的小景点也有小门票,以前当地居民可以自由出入的地方现在都不能进去,有些地方还要收取半价门票才能进去,如王鳌故居。村民纷纷表示愤慨,认为明明以前是自己的小学,现在想再去看看自己的小学还要交钱。未开农家乐的当地村民很多觉得自己没有沾到旅游的光,大门票还阻碍了更多人进来购买茶叶和枇杷等特产,建议改革门票制度。

因此,乡愁不仅只发生在离乡人群中,从未离乡之人也会因为时间逝去怀念家乡过去场景,或因环境发生巨大变化对家乡产生陌生感而产生乡愁

(Albrecht,2005,陈觐恺,2015,孙璐,2017)。

因此,我们可以看到居民乡愁的产生主要有离开故乡和家乡变化大两个前提条件(图3-5),它们蕴含着一定的时空要素,首先离开故乡、家乡变化大都包含着空间的改变,一个是坐标位置的偏移,一个是坐标原点(故乡)原地发生了巨大改变。而二者的发生都是沿着时间长轴在不停地变化,回首凝望过去那个故乡,那段岁月。

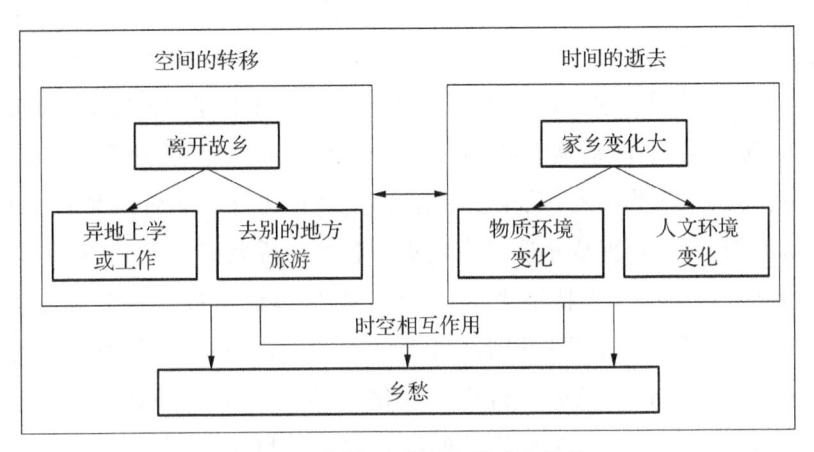

图3-5 居民乡愁产生的时空条件

3.2.2 居民乡愁主体

从乡愁产生的时空前提条件分析中可以看到,乡愁的主体不仅有离地居民,还有在地居民(见图3-6)。离地居民是公认的产生乡愁的群体,无论是古代不得志的被贬官宦,还是全球化浪潮下的海外游子,抑或是中国特殊时代背景下上山下乡的青年,还是改革开放后纷纷进城打工的农民工,作成为城市第一代移民的莘莘农村学子,考学进城定居工都承载了深深的乡愁离思。而针对传统村落的离地居民来说,主要有三种类型:在外工作、在外定居、在外求学。

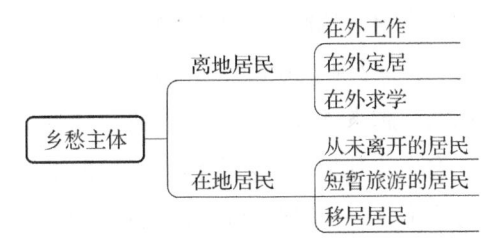

图3-6 乡愁的居民主体构成

在城镇化背景下,传统村落在地居民是承载乡愁的另一个群体(见表3-2)。三代子孙经历着家乡从繁华的商业重镇到冷冷清清街市的衰败,对家乡过去的骄傲和自豪,与对比今昔的悲伤和遗憾,交织心间成为一提起家乡的那抹愁绪,如焦溪、杨桥、礼社等村落。21世纪以来很多传统村落陆续开发旅游,村落又焕发了生机,村落里有些建筑因旅游开发功能发生改变,同时又有些习俗恢复,这些改变也都唤起了在地居民的乡愁。在地居民主要包括以下几种类型:从未离开的居民、短暂旅游的居民、移居居民。从未离开故土的居民经历了家乡的变化,对家乡衰败产出深深悲伤。如85岁的老奶奶R-15所言:"老房子所剩无几了,原先旁边的这个房子是邮电局,对面是菜市场,卖菜的、卖鱼的,非常热闹,每家都是店,二十年前还是非常热闹的,现在冷冷清清,前黄那边宜兴的后角都来这边来上街,有个大河,再换成小船过来赶集。总共杨桥老街上有11家豆腐店,非常热闹,因为那时人特别多"。因多年前村落繁华或因近年村落旅游开发而前去开店打工的移居居民,因多年的居住,也对传统村落产生了地方依恋和认同,并经历了村庄的变化,同样也会产生乡愁情感。有过短暂旅游经历的居民,在看到其他传统村落因城市经济发展带动、旅游开发等机遇发展和保护都进行得不错时,心里也会升起愁绪,自问家乡也是江南水乡,街巷有特色,有历史,有文化,为什么现在连有些老房子都快所剩无几了,桥也拆了,原先热热闹闹的街市现在冷冷清清,让人唏嘘不已。

3.2.3 居民乡愁触点

在本研究中发现了一个极为有趣的现象,对大多数被访者而言,在访谈中都会提及他们什么时候会想家,会有乡愁的感受,有的提到周末自己独处时,有的提到下雨天时,有的提到逢年过节,或是对自己来说很特别的日子。访谈中越来越多的数据及编码体现这一现象,因此自然涌现转向研究该现象发生及其规律。乡愁作为一种情感,情感的产生有其触发时机和原因,即总有那么一个时刻会泛起乡愁,弥漫心间。

经过数据分析和整理(表3-3),本研究发现,不管是针对在地居民还是离地居民,当他们泛起乡愁前,都会有一个触点,而这个触点可能是时间要素,也可能是场合要素,也可能是个人要素。在开放性编码阶段,分别有 3 级共 30 个编码或范畴支持"乡愁的触点"为核心范畴,在选择性编码阶段 4 级共 40 个编码或范畴支持其判定饱和。图 3-7、图 3-8 分别为开放性编码和选择性编码获得"乡愁的触点"范畴的截图。

表 3-3　乡愁的触点访谈文本数据

数　　据	编　　码
R-5:晚上乘凉时谈起小时候的事,下雨天也会,情绪低落时。	晚上乘凉时;下雨天;情绪低落时
R-8:下雨时容易怀念,逢年过节时,还有与女儿或小伙伴儿分享。	下雨时;逢年过节时;与人分享时;
R-11:肚子饿的时候想家,周末放假还有过节时想家,下雨天也会想家。	肚子饿时;周末;过节时;下雨天;
R-19:夜深人静时,会想起家乡的过去,想到这些老建筑未来该怎么办,尤其自己又是负责这块工作。	夜深人静
R-6:想孩子时,还有过年时,会忆苦思甜。	想孩子时;过年时;
R-28:过年时,和老人家吃饭时,清明节祭祖(会在祠堂,修族谱,吕、唐)、中秋节团圆时会想起以前。	过年时;和老人家吃饭时会怀念过去;清明节;中秋节
R-14:在我初中的时候开始,每年农历二月初八也就是杨桥赶集的那天会有庙会,那时候是古镇人最多的时候,那一天每家在外面的子女、亲戚什么都会过来看庙会赶集,我每年的这天都会回家和爸妈在一起,即使上白班,晚上也会回家和他们一起去古镇走走,去集市逛逛。如果赶不回来,心里也总想着庙会热闹的场景,遗憾没有和父母一起去感受。	庙会
……	……

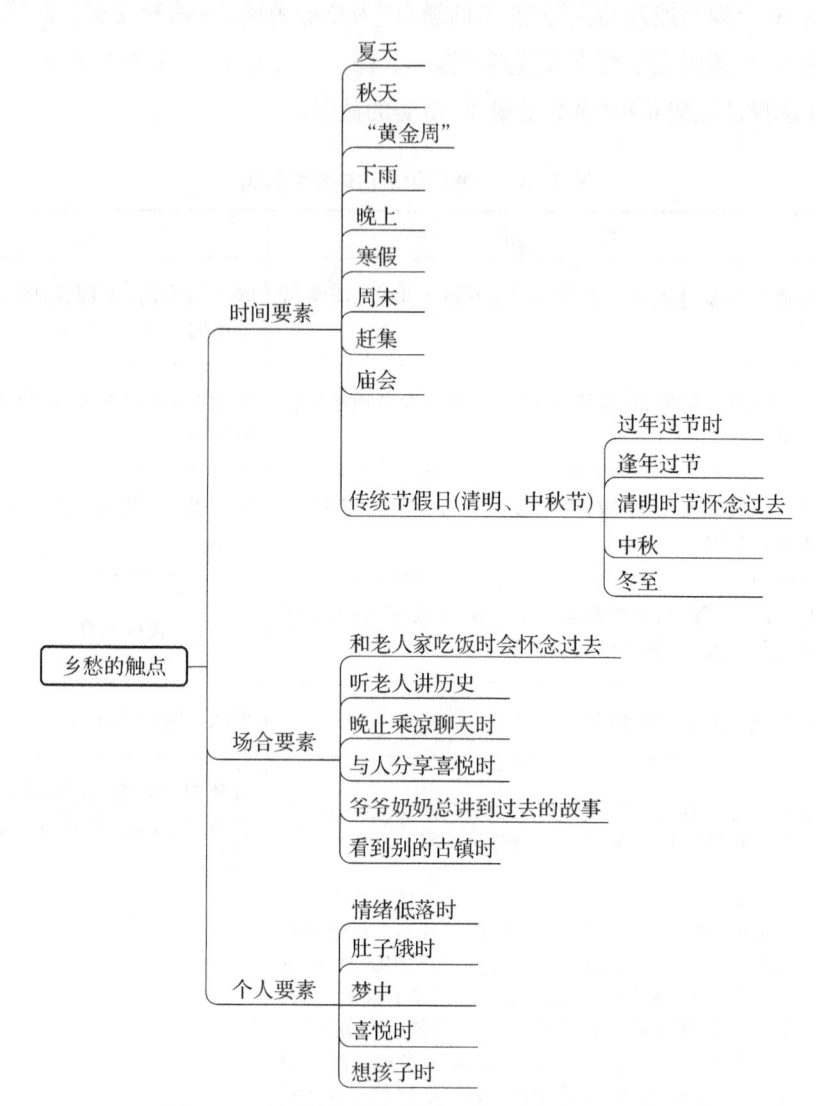

```
                            ┌─ 夏天
                            ├─ 秋天
                            ├─ "黄金周"
                            ├─ 下雨
                            ├─ 晚上
                            ├─ 寒假
                时间要素 ────┤
                            ├─ 周末
                            ├─ 赶集
                            ├─ 庙会
                            │                           ┌─ 过年过节时
                            │                           ├─ 逢年过节
                            └─ 传统节假日(清明、中秋节)──┼─ 清明时节怀念过去
                                                        ├─ 中秋
                                                        └─ 冬至

                            ┌─ 和老人家吃饭时会怀念过去
                            ├─ 听老人讲历史
乡愁的触点 ─────  场合要素 ──┼─ 晚止乘凉聊天时
                            ├─ 与人分享喜悦时
                            ├─ 爷爷奶奶总讲到过去的故事
                            └─ 看到别的古镇时

                            ┌─ 情绪低落时
                            ├─ 肚子饿时
                个人要素 ────┼─ 梦中
                            ├─ 喜悦时
                            └─ 想孩子时
```

图3-7 发现"乡愁触点"范畴的开放性编码截图

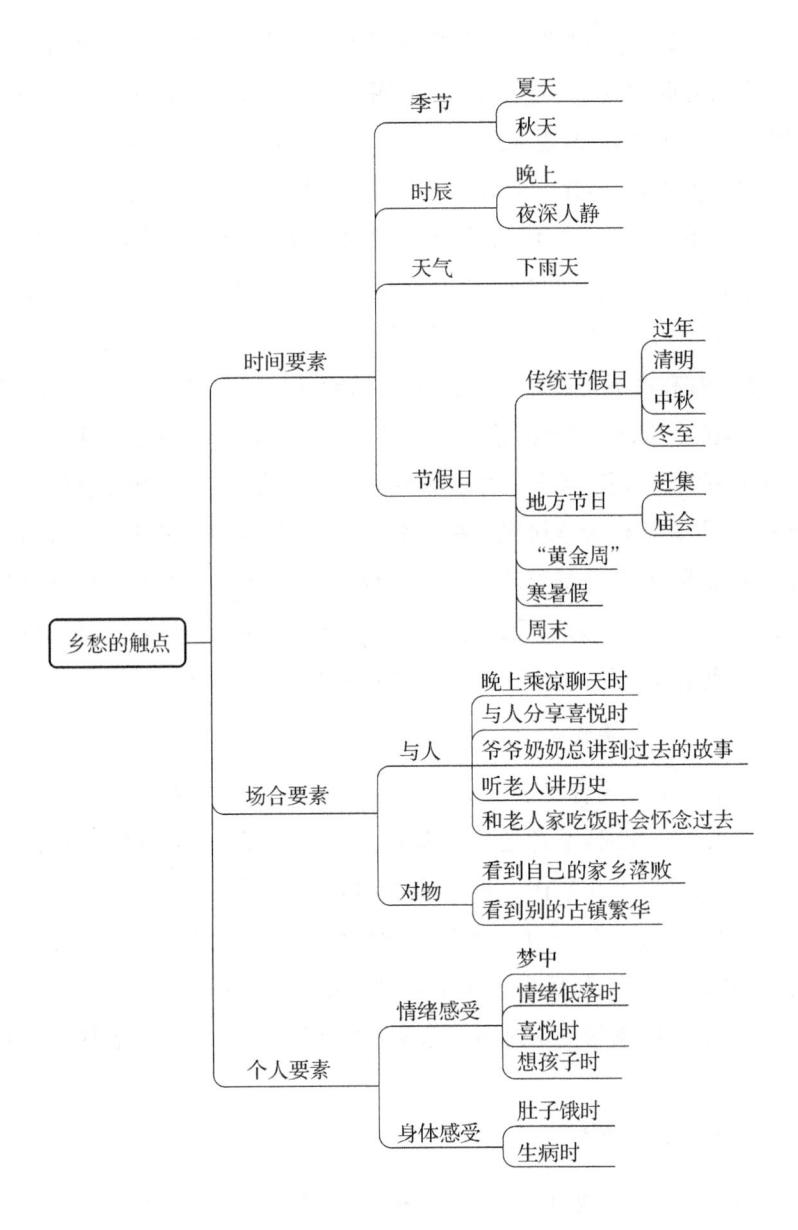

第3章 传统村落旅游地乡愁理论构建

```
                              ┌─ 季节 ─┬─ 夏天
                              │        └─ 秋天
                              │
                              ├─ 时辰 ─┬─ 晚上
                              │        └─ 夜深人静
                              │
                              ├─ 天气 ── 下雨天
                              │
                  ┌─ 时间要素 ─┤                    ┌─ 过年
                  │           │        ┌─ 传统节假日 ┼─ 清明
                  │           │        │            ├─ 中秋
                  │           │        │            └─ 冬至
                  │           └─ 节假日 ┤
                  │                    │            ┌─ 赶集
                  │                    ├─ 地方节日 ─┤
                  │                    │            └─ 庙会
                  │                    ├─ "黄金周"
                  │                    ├─ 寒暑假
                  │                    └─ 周末
                  │
                  │                    ┌─ 晚上乘凉聊天时
                  │                    ├─ 与人分享喜悦时
乡愁的触点 ───────┤           ┌─ 与人 ─┼─ 爷爷奶奶总讲到过去的故事
                  │           │        ├─ 听老人讲历史
                  │           │        └─ 和老人家吃饭时会怀念过去
                  ├─ 场合要素 ─┤
                  │           │        ┌─ 看到自己的家乡落败
                  │           └─ 对物 ─┤
                  │                    └─ 看到别的古镇繁华
                  │
                  │                    ┌─ 梦中
                  │                    ├─ 情绪低落时
                  │           ┌─ 情绪感受 ┼─ 喜悦时
                  │           │        └─ 想孩子时
                  └─ 个人要素 ─┤
                              │        ┌─ 肚子饿时
                              └─ 身体感受 ┤
                                       └─ 生病时
```

图 3-8 发现"乡愁触点"范畴的选择性编码截图

3.2.3.1 时间要素

"每逢佳节倍思亲""举头望明月,低头思故乡"……千百年来,传诵乡愁的诗句中蕴含着时间要素。除夕春节、清明节和中秋节这些传统节日比较容易唤起对故人的思念,同时也体现了乡愁的中国文化特性;庙会或赶集等地方特色的节日举办时,大多数人会对比过去,怀念过去,外地工作或求学的村民在这一天也会特意赶回来参加,如杨桥村的 R-14 提及每年二月初八的庙会,都会让她想起家乡,都希望能赶回来陪父母一起走走,一起参加(见表 3-3);同时,"黄金周"这一中国特色的假日制度,使得人有充裕的时间千里迢迢举家团圆;寒暑假是有假却有事不能回的在外游子思乡情绪爆发的一个时间段。这与哈布瓦赫(2002)强调重大的社会性纪念日会通过集体情景唤起人类的记忆观点一致。

除了节假日,还有季节、时辰、天气等时间要素,容易引起乡愁情感。从季节来看,夏天和秋天是村民们提及较多的季节;从昼夜时辰来看,居民提及晚上的次数较多,尤其夜深人静的时候是最容易让人心中涌起难名的乡愁思绪;从天气来看,雨季是容易唤起乡愁的高发期,如果结合时辰来说,下雨天的夜晚尤其更甚,这与陆邵明(2016)的观点较为一致。

3.2.3.2 场合要素

乡愁触点中的场合要素主要分为两个方面:与人和对物。"与人"指的是当和别人在一起时,不管是分享你的喜悦,与家人邻居夜晚乘凉聊天时,还是与爷爷、奶奶等长辈在一起吃饭,听他们讲村子里的故事。"对物"指的是当村民看到自己家乡老房子年久失修,面临消失的窘境时,不仅乡愁涌起,悲伤涌上心头,当村民出去旅游看到西塘、周庄这类与自己家乡同类型的村落时,对方的繁华更映衬出自己家乡的落败,对自己家乡的热爱和悲伤交织心间。

3.2.3.3 个人要素

乡愁触点中的人物因素主要指身体感受和情绪感受。人的身体是最诚实的,当个人感觉肚子饿时,都会想到回家吃饭,尤其是独自在外工作不会做饭的男孩子,当肚子饿的时候首先就想到要是在家就好了,要是妈妈在身边就好了(R-11)。同样,当身体遭遇病痛时,都会想起温暖家的港湾。这与 Davidson

(2005)等认为的情感定位于身体和地方观点有一定的一致。情绪感受体现在当情绪低落时,如离地居民工作不顺时,会升起思乡想家的情绪;当工作或学习有好消息时,也是有立刻将这份喜悦和家人分享的念头;当在地居民处于"空巢"阶段时,常常在想孩子的时候,就回想起了过去;日所思,梦所想,过去时光只能追忆,由于各种客观原因不能经常回故乡的儿女,不能经常见到儿女的老妈妈,一切美好时光在梦中重演。

因此,可见居民乡愁的触点主要有时间要素、场合要素和个人要素(见图3-9)。"天"主要指的是时间,如季节、天气、节假日以及时辰等,"地"主要指的场合要素,主要有与人和对物两种场合,"人"主要指的是居民自身,当其身体和情绪感受出现变化时,都会成为乡愁的触点,引发乡愁。

图3-9 居民乡愁的触点

3.2.4 居民乡愁载体

当人们离开家乡或者经历了家乡的变化,因情感触点(时间、场合、个人因素)勾起了对家乡过去岁月的回忆。这种记忆有个人记忆和集体记忆,个人记忆虽然嵌入于普通人及其日常事情,具有高度的主观性,但是他们在人与人之间,人与地方场所之间的关系建立中起着关键的作用(Kong,1999)。莫里斯·哈布瓦赫(2002)指出群体所支持的集体记忆,具有时空边界特征。Stedman(2004)认为乡恋的最主要影响因素是物质载体,并对其情感的延续有一定的影响。Knez(2006)认为人们乡恋记忆和乡愁情感的有效载体是容易引起愉快回忆的物质环境。因此,乡愁载体是指当乡愁主体回忆起家乡过去岁月时,在头脑中涌起的主要回忆对象,是乡愁情感的寄托载体。为了使居民不囿于理解只限物体的东西,访谈时会根据访谈情况友善询问一下有没有其他东西。居民在访谈时不断地提及自己的家人、亲戚和同学以及家乡名人等人物,树木、山河、田间等自然景观,名人故居、戏台、古桥等建筑,妈妈的吆喝、家人迎送,夏天睡门板、掏知了、喂鸭子等场景,还有捏糖人、鸡头米等食物(见表3-4)。当与此现象相关的数据及编码不断重复出现时,本研究根据访谈内容构建了乡愁载体的两个核心范畴。

表 3-4　乡愁物质文化载体的访谈文本数据

数　　据	编　　码
R-3：会想起有一年一大堆枇杷树死掉，还会想起橘子树。	枇杷树；橘子树
R-7：男孩子去太湖游泳，怀念太湖游泳，井水可以直接喝。	太湖；太湖游泳；井水
R-8：主要怀念河水，十几岁在古码头洗澡时，下面的沙子是金黄色的，后来建房子运材料时，砖块乱扔。……怀念一片桔子红了的场景，老桔子，红桔子。	河水，沙子金黄色，橘子红了场景
R-9：火烧掉过一幢老房子，古香樟树、古码头保护较好。明月寺保存较好。……会想起爬香樟树、岭山上玩，偷生产队果子，古码头游泳。	古香樟树；古码头；明月寺；爬香樟树；岭山；偷生产队果子；古码头游泳
R-11：想到乡愁，觉得和城里生活不一样，家里有田、有河，虽然老房子倒了，但路还在，还记得捏糖人儿。	田；河；捏糖人儿
R-15：(杨桥)老房子所剩无几了，原先旁边的这个房子是邮电局，对面是菜市场，卖菜的、卖鱼的，非常热闹，每家都是店，二十年前还是非常热闹的，前黄那边宜兴的后角来这边上街，有个大河，再换成小船过来赶集。总共杨桥老街上有 11 家豆腐店，非常热闹，因为那时人特别多。	老房子；邮电局；菜市场；每家都是店、11 家豆腐店；很多前黄和宜兴的人都来赶集；繁华热闹；
R-19：焦溪的黄石半墙非常有特色，门是木的，二进的门也是木的。……还有砖雕非常细致，以后开发应该是修旧如旧。每个巷子口都有圈门，起到保护安全的作用。	黄石半墙特色；圈门；门是木门；砖雕细致；
R-21：到了 60 年代，桥还很多，"文化大革命"时，失去了很多文物，把宝善桥拆掉，青龙桥解放后变成了活动中心，曹阳庵变成了厂房，白果树上千年，"文化大革命"时被破坏掉了，还有两个白果树也在解放时被砍掉了。	宝善桥；青龙桥；曹阳庵；白果树；
R-22：想起大家以前聊天时，会拿着扇子，把门板拿出来，聊天过夜数星星，那时蚊香算是高档的，都用烘干的蒲花点火，用来驱逐蚊子，老舜河上有四座桥，水很大，与长江通着，潮水上涨，船进来，大家都在河里逮鱼，男孩子在古桥上跳水。	在门板上睡觉聊天；老舜河；蒲花点火；与长江相通；河里逮鱼；古桥跳水
R-26：鹤山出产的黄石块做墙脚，……龙溪河蜿蜒东流，明清所建的青龙、咸安、中市、三元古桥现在保存的还可以。	鹤山；黄石半墙；龙溪河；青龙桥；咸安桥；中市桥；三元桥
R-28：义庄保存挺好的，是薛氏祖宗留给后人的，可以提供最低生活费用。以前当过小学、幼儿园，现在空在那里，连门匾都不在，……水龙宫就是老街的救火会，在西街街口，现在是老年之家。	义庄；水龙宫
……	……

第3章 传统村落旅游地乡愁理论构建

经过数据分析和整理(表3-4),在对乡愁载体的研究中,得到"物质文化载体"核心范畴。在开放性编码和选择型编码阶段,分别有3级共123个编码或范畴支持判定为核心范畴,5级共129个编码或范畴支持判定饱和。"非物质文化载体"在开放性编码获得3级共164个编码或范畴支持判定为核心范畴,在选择性编码阶段5级共189个编码或范畴支持判定饱和。

图3-10、图3-11分别为使用思维导图软件进行选择性编码获得"物质文化载体"范畴和"非物质文化载体"的截图。鉴于编码过多,图片篇幅过大,开放性编码请见附录C。

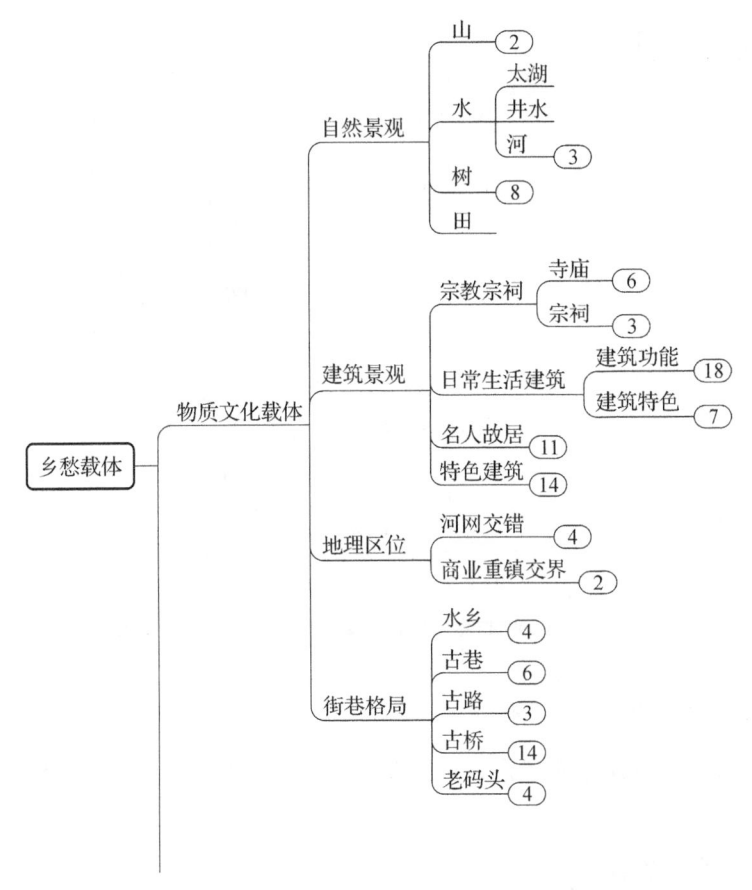

乡愁载体
- 物质文化载体
  - 自然景观
    - 山 (2)
    - 水
      - 太湖
      - 井水
      - 河 (3)
    - 树 (8)
    - 田
  - 建筑景观
    - 宗教宗祠
      - 寺庙 (6)
      - 宗祠 (3)
    - 日常生活建筑
      - 建筑功能 (18)
      - 建筑特色 (7)
    - 名人故居 (11)
    - 特色建筑 (14)
  - 地理区位
    - 河网交错 (4)
    - 商业重镇交界 (2)
  - 街巷格局
    - 水乡 (4)
    - 古巷 (6)
    - 古路 (3)
    - 古桥 (14)
    - 老码头 (4)

图3-10 发现"物质文化载体"范畴的选择性编码截图

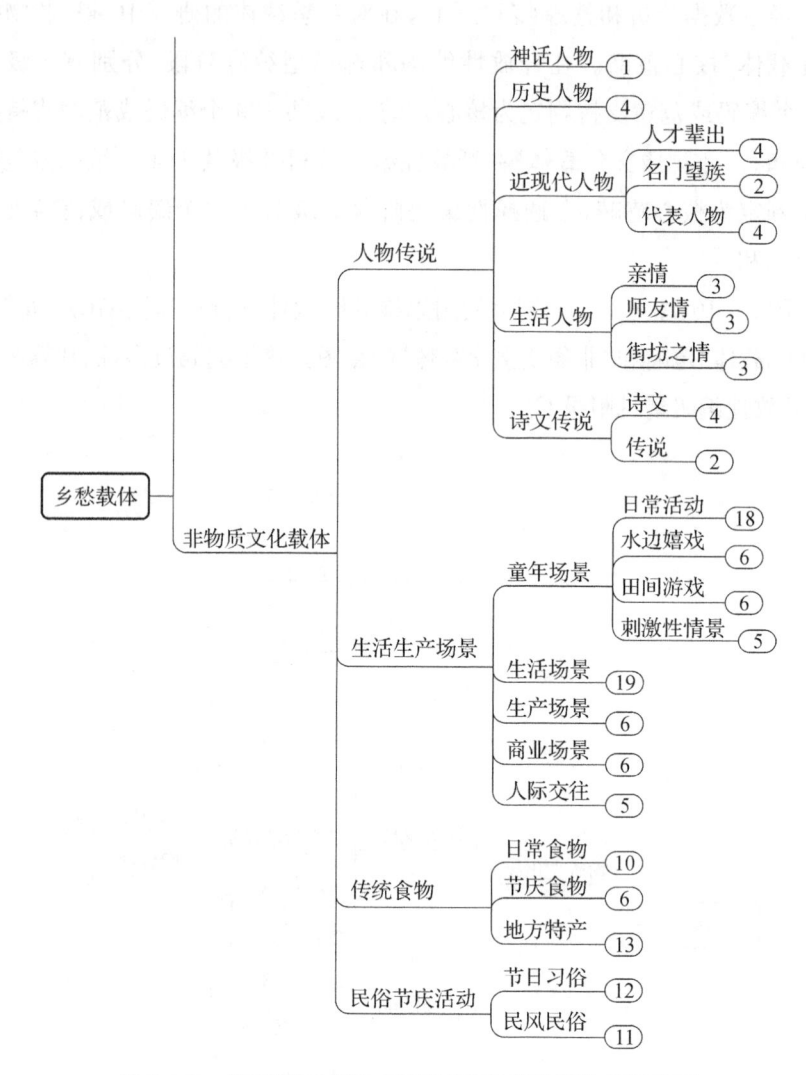

```
                                              神话人物 ①
                                              历史人物 ④
                                                       人才辈出 ④
                                              近现代人物 名门望族 ②
                                                       代表人物 ④
                              人物传说                    亲情 ③
                                              生活人物   师友情 ③
                                                       街坊之情 ③
                                              诗文传说   诗文 ④
                                                       传说 ②
                                                       日常活动 ⑱
                                                       水边嬉戏 ⑥
                                              童年场景   田间游戏 ⑥
                                                       刺激性情景 ⑤
乡愁载体   非物质文化载体  生活生产场景   生活场景 ⑲
                                              生产场景 ⑥
                                              商业场景 ⑥
                                              人际交往 ⑤
                                              日常食物 ⑩
                              传统食物         节庆食物 ⑥
                                              地方特产 ⑬
                              民俗节庆活动     节日习俗 ⑫
                                              民风民俗 ⑪
```

图 3-11　发现"非物质文化载体"范畴的选择性编码截图

3.2.4.1　物质文化载体

物质文化载体主要包括自然景观、建筑景观、地理区位、街巷格局四个范畴。

(1) 自然景观

从表 3-4 访谈数据中可以看到,当居民提到家乡的过去岁月时,往往会提到家乡的山山水水。在对苏南六个传统村落的访谈中发现,居民们经常提及山、水、树、田四类自然景观。六个传统村落都具有江南水乡特点,水网交错,有的村落如明月湾村、陆巷村依傍在太湖边,村内还有水井,这些有关水的景观成为乡愁的载体之一。明月湾村、焦溪村等背依岭山、鹤山,岭山曾承载了很多明月湾村居民儿时玩耍的快乐,而鹤山因为采石业破坏严重,成为焦溪居民心中的痛。一棵有年头的树,陪伴了传统村落几代居民的成长岁月,所以居民都不约而同提起村前或村中那棵古香樟树、白果树等。同时,如明月湾村和陆巷村因为得天独厚的地理环境,碧螺春茶树数百年来也成为村里的重要种植物。近年来很多村落开始种植经济作物,所以脑海中浮起桔子红了的场景,想起给家里带来经济收入的枇杷树。

(2) 建筑景观

传统村落历史悠久,在文化、科学、社会等方面有着极高的价值,其中各方面价值都较高的传统建筑景观是很多传统村落几乎必备的要素。本研究涉及的苏南传统村落都保存有较完好的建筑风貌,以及建筑特色。本研究根据访谈内容将建筑景观分为以下四类:宗教宗祠、日常生活建筑、名人故居、特色建筑。

宗教宗祠:随着外来人口的增多和文化的相互融合,许多传统村落兴建了一批能够体现地方民间信仰的佛教和道教朝拜场所,如明月湾村的明月寺体现了当地原始的乡土信仰。杨桥人会去太平庵拜观音,焦溪村的"曹阳庵变成了厂房,白果树上千年,范围很大,'文化大革命'时被破坏掉了,还有两个白果树也在解放时被砍掉了,清朝初期的庙堂在三元桥下,抗日战争被拆掉,'破四旧'时改成小学"。这些不管是至今仍保存,或重修,或已消失的宗教庙宇成为人们乡愁记忆的载体。传统村落还存有多处宗祠建筑,是古村多家姓氏和睦相处、世代传承的文化载体。如明月湾村姓氏以邓、秦、黄、吴为多,多为南宋退隐贵族的后裔,现仍保存多处宗祠,如黄氏宗祠、邓氏宗祠等。黄氏宗祠始建于清乾隆年间,砖木结构四合院落,占地面积1 000平方米,是乡村祠堂代表建筑,现成为古村史馆。这些宗祠现在都成为村落里历史悠久、保存较完整、体量较大的建筑,所以当居民回忆起家乡,都会提到这些庙宇和宗祠。

日常生活建筑：主要包含建筑功能和建筑特色。当居民在回忆过去时，关于建筑景观较多都最先提及的都是自己经历过的建筑，或是听爷爷奶奶和父辈提及过的建筑。而这些建筑有个共同点即都是居民日常生活中的建筑，如茶馆、裁缝店、桥头的剃头店、渔行、戏台、当铺、邮电局、豆腐店、布店、供销社、药店、菜市场等日常功能性建筑。如 R-15 提到"（杨桥）老房子所剩无几了，原先旁边的这个房子是邮电局，对面是菜市场，卖菜的，卖鱼的，非常热闹，每家都是店，二十年前还是非常热闹的，前黄那边宜兴的后角都来这边来上街，有个大河，再换成小船过来赶集。总共杨桥老街上有 11 家豆腐店，非常热闹，因为那时人特别多"。同时，也有很多人提到自己村落的建筑特色，如以明清建筑为主、黄石半墙特色、青板石路、人字形青砖等。R-19 提到"焦溪的黄石半墙非常有特色，门是木的，二进的门也是木的，……还有砖雕非常细致，以后开发应该修旧如旧。每个巷子口都有圈门，起到防护安全的作用"。

名人故居：苏南的传统村落人杰地灵，人才辈出。当地居民都对自己本村落的名人故居耳熟能详，如陆巷古村明代正德年间宰相王鏊故居、焦溪村朱元璋老师的故居焦丙草堂遗址，还有无锡礼社的薛暮桥故居、孙冶方故居和秦古柳故居秦家大院等。

特色建筑：苏南村落因历史文化的积淀，在不同年代留下了各具特色的建筑景观。陆巷古村因明代正德年间宰相王鏊曾连中解元、会元、探花，给自己的故里留下了三座牌坊，成为村里几代人传承的自豪。无锡礼社村的义庄即薛氏义塾，是薛氏家族薛景达仰慕范仲淹在建范氏义庄的善举，仿置义田数百亩，立规伟子，善继此志，后扩大为永善堂，成为救济贫民的所在。R-28 提及"义庄保存挺好的，是薛氏祖宗留给后人的，可以提供最低生活费用。以前当过小学、幼儿园，现在空在那里，连门匾都不在"。杨桥的"中共太滆地委新四军南杨桥地下交通站旧址"正是当地居民怀念烈士戴荣坤英雄的最好载体。

同时，杨桥、礼社、陆巷等村也都有救火会这类建筑，因为村里的建筑历史久远，又多是木头结构，而烧火主要用草，因此容易引起火灾，村里商家和居民自发建立民间的消防组织火烛社,如杨桥的救火会在清末民初时成立,如礼社还存有当年的救火会遗址水龙宫,但随着社会的发展用途已改变。如 R-28"水龙宫就是老街的救火会,在西街街口,现在是老年之家。"

(3) 地理区位

在访谈中,很多居民谈及自己村落过去的繁华时,都会提到村落特殊的地理位置,在过去以水运为主的年代,苏南这几个传统村落水系都很发达。如苏州东山的陆巷古村和西山的明月湾村,都以太湖水系作为主要对外的交通工具,很多居民有渔船,他们或是打鱼,或是捉虾,古码头与太湖相连接,据说当时一方面是为了方便进出的商贾船只停港靠岸,另一方面是为了送那些寒窗苦读的书生们进京赶考。如 R-28 提及"(礼社)古街布局无大的变化,但有河塘被填埋,或者无水,以前的运河连着村里的河"。如 R-22 提及"(焦溪)老舜河上有四座桥,水很大,与长江通着,潮水上涨,船进来,大家都在河里逮鱼,男孩子在古桥上跳水"。

同时苏南较多传统村落位于当年几个重镇的交界处,加上水运发达,给村落带来了很多商机,带来了繁华。如 R-23 提到"焦溪地处江阴、无锡、江阴三界,非常繁华。这也成为后来制约焦溪发展的原因之一,因为地处三河口"。如常州杨桥地处太湖、西太湖、武进、宜兴的中心地带,是重要的交通枢纽。杨桥居民 R-11 认为"家乡与城里不一样,有历史,有文化,据爸妈说起以前赶集时,附近的宜兴还有万福的人也来赶集,非常热闹。但也有哀愁,就是(现在)交通不方便了"。

(4) 街巷格局

首先,形成了前街后河,前店后屋,依河而筑,临水而屋的江南水乡特点。六个传统村落因早期的水系发达,村内水网密布,因此具有独特的街巷格局。如焦溪因"一河、四桥、五街、十三弄"村落布局被称为"常州的周庄"。无锡的礼社村民 R-28 因"九潭十三浜"不复存在而感到惋惜,希望能再恢复如初。

其次,水系的发达给传统村落留下了很多古桥和码头等丰富的遗产。如明月湾村太湖边著名的古码头,以及其他村落村内河流的埠头,码头停靠的老乌船和鱼鹰船都承载着居民的乡愁。各村内都遗存和修复了很多古桥，如焦溪著名的四座古桥，都是石拱桥，如R-21"五几年时九座桥都在，现在只剩四座桥了（文星桥、惠通桥、宝善桥、青龙桥）"。古桥是文化的凝聚，如焦溪的"三元桥"之所以命名"三元桥"，是取自"解元、会元、状元"的总称，代表了居民希望家乡人才辈出。凝固的古桥和流动的河水见证了古村的繁华起落和变化。

再次，传统村落古巷也成为村民寄托乡愁的重要载体。很多传统村落因历史上很多大户人家建有深宅大院，宅深形成长长的弄，两座高门深院之间的露天弄堂只露出了一线天，如杨桥的一线天已作为一般不可移动文物被评为常州市历史建筑进行保护。还有常州焦溪奚家弄是著名的"黑弄堂"，穿越一排楼房底下，大概有30多米长，白天走那条街弄也是漆黑一片。陆巷古村呈"鱼骨"状的街巷空间，主要由紫石街、六条小巷和三个港口构成。

最后，苏南传统村落都有各自特色的古路。如明月湾村、焦溪村和陆巷古村都是石板路，其中明月湾和焦溪都是用金山条石铺就的石板路，陆巷古村是青石板。礼社和杨桥都用人字形青砖路面，如R-16所言"还有我们杨桥的路，你看到没，你出来看看，什么形状？人字形青砖，你再反过来看，什么形状，还是人字形，你知道什么意思嘛？不管哪个方向走，它都是个人字形，寓意步步高升"。无锡严家桥村是弹石路面，大小不规则碎石相间，两侧镶嵌整齐的长条形青砖。

虽然村落在快速发展的过程中变化巨大，但自古以来街巷格局变化并不太大，作为村民生活和娱乐的核心轴线和空间，因寄托了居民情感而被居民认同和依赖。

3.2.4.2 非物质文化载体

非物质文化载体核心范畴主要包括人物传说、生活生产场景、传统食物和民俗节庆活动四个范畴。

（1）人物传说

人物传说主要包括神话人物、历史人物、近代人物、生活人物以及诗文传说。从表3-5访谈数据中可以看到,当村民自豪地提到家乡的过去岁月时,往往会提到生活中的人物,以及家乡著名的名人和诗文传说。

表3-5 乡愁非物质文化载体的访谈文本数据

数据	编码
R-7:会想起老师、同学,年轻时的妈妈,可口的汽水2分钱,杨梅干5分钱,一分钱一盅鸡头米,集中看电影,下午一两点是在晒鱼干场,男孩子去太湖游泳,怀念太湖游泳,井水可以直接吃。还有上梁的传承,撒馒头,涂黑墙不涂了,因为古村要统一风格。……陆巷最特别的是王鏊,而且村里出了很多教授。	老师;同学;年轻时的妈妈;集中看电影;太湖游泳;可口汽水;杨梅干;鸡头米;上梁传承撒馒头;王鏊;人才辈出(很多教授);
R-8:怀念一片桔子红了的场景,老桔子,红桔子。"文革"前有民风民俗,请财神,敬妈祖,过年杀猪杀羊,穿新衣服,现在很少杀猪了,怀念以前的红烧肉,是用木材煨出来的,年糕、冬至团以前都是手工做的,现在是机器做。怀念的人物主要是儿时的小伙伴儿,一起游泳,摸小鱼,掏知了,喂鸭子。还有老妈妈的吆喝。	桔子红了;红桔子;请财神,敬妈祖;过年杀猪杀羊;红烧肉;年糕;冬至团;儿时小伙伴儿;一起游泳,摸小鱼,掏知了,喂鸭子;老妈妈的吆喝
R-9:火烧掉过一幢老房子,古香樟树、古码头保护较好。明月寺保存较好。……会想起爬香樟树,岭山上玩,偷生产队果子,古码头游泳。	古香樟树;古码头;明月寺;爬香樟树;岭山;偷生产队果子;古码头游泳
R-11:想到乡愁,觉得和城里生活不一样,家里有田、有河,虽然老房子倒了,但路还在,还记得捏糖人儿。……在外面是经常想到爸妈、村上的小伙伴儿,回到村里和小伙伴们一见如故,想起小时候一起钓青蛙,骑三轮车摔倒的回忆,小学已经拆掉,一起抄作业,骑自行车上下学。小时候在老街上往井盖下扔鞭炮,认为里面有宝藏。	田;河;捏糖人儿;爸妈;小伙伴儿;钓青蛙;骑三轮车摔倒一起抄作业;一起抄作业;往老街井盖下扔鞭炮;
R-14:一般都是工作遇到不顺的时候会想家,一开始肯定就是想父母,想和他们在一起的时光,再然后就是想以前住在家里的时候,经常玩的一些地方,一些朋友。……有很多儿时的玩车,想念那时候的无忧无虑,还有那时候所有人的纯真,这些是踏上社会之后很少见到的东西。以前小学门口有个吹糖人的老爷爷每天都会在,放学回家买一个可以玩一路,可是现在也不怎么看见了这个手艺,上次去淹城的时候看见了这个,突然就想起来小时候的那个日子了。	父母;小伙伴儿;吹糖人的老爷爷;
R-16:村子里出了很多文人,有书法家,一幅画、一幅字好几千元	人才辈出;

· 065 ·

沈德潜的"人烟鸡犬在花林中"、凌如焕的"水抱青山山抱花,花光深处有人家"等名句。唐代诗人刘长卿在焦溪村留下了"柴门闻犬吠,风雪夜归人"著名诗句。传统村落也有很多古老的传说,如明月湾村名就来自相传2500多年前的春秋时期,吴王夫差和美女西施曾经在此共赏明月的传说。在焦溪世代流传的传说里,舜山脚下的舜河是上古先贤舜帝在4200多年前开凿联通古长江与古太湖的运河。

(2) 生活生产场景

从表3-5访谈数据中可以看到,居民会回忆起很多具体的场景,这些场景和平时的生活、生产息息相关。根据访谈材料,本研究将其分为童年场景、生活场景、生产场景、商业场景和人际交往五个方面。

童年场景: 童年记忆主要是村民们孩提时代无忧无虑的美好记忆,童年记忆对每个人而言都非常珍贵,因为是回不去的时光,充满着无数的欢乐和纯真。因此,村民们乡愁情感最浓厚的场所场景都与他们的童年记忆息息相关,这也部分印证了Knez(2006)的观点。在与村民的访谈中,他们提供了丰富的描述,话匣子很难关上,脸上洋溢着幸福和开心的微笑。通过访谈材料,本研究将童年场景主要分为日常活动、水边嬉戏、田间游戏和刺激性情景四种类型。① 日常活动:如玩铜板、跳皮筋、玩弹珠、爬香樟树、去火车桥洞玩、对鸡、石板街下水道钓小螃蟹,去买捏糖人、捏泥人、听到铜锣声去换糖吃,去看轮船,和小伙伴儿一起骑自行车上学等日常活动;② 水边嬉戏指的是与水有关的活动和游戏,如去太湖边的古码头游泳,去河边与小伙伴儿一起洗澡,在古桥上跳水,还有去河里逮鱼,看鱼鹰捕鱼;③ 田间游戏指的是发生在田间地头的游戏,如在田里或水沟钓田鸡、用土堆烤红薯土豆、割草喂兔子、悠镰刀来赢草、掏知了喂鸭子、买风筝去田里放等游戏;④ 刺激性情景指的是在童年记忆中给自己留下非常深刻和刺激感受的记忆情景,如偷生产队的果子、在老街井盖下扔鞭炮、偷荷花、骑三轮车摔倒、和小伙伴儿一起抄作业等情景。如R-11提到"在外面是经常想到爸妈,村上的小伙伴儿,回到村里和小伙伴们一见如故,想起小时候一起钓青蛙,骑三轮车摔倒的回忆,小学已经拆掉,一起抄作业,骑自行车上下学。小时候在老街上往井盖下扔鞭炮,认为里面有宝藏"。

生活场景：主要包括涉及日常生活场所的点点滴滴和某一特定情景。如居民怀念在河里洗菜洗米、想起下雨穿钉子鞋的苦中作乐、用脚炉焐黄豆、剃头发和掏耳朵、集中看电影、想起过去村里河里鸭子嘎嘎叫的声音、想起夏天把门板冲上水放在青条石街上与家人邻居吃饭聊天睡觉的情景，想到用蒲花点火驱蚊、用蒲草编织包的情景。除了这些日常生活活动，还有与家人相关的某一特定场景，如想到离家求学时，车开时父母仍原地不动的身影、放学时家人的吆喝，以及永远回荡在心中的老妈妈的吆喝，还有爸爸骑摩托车接送时的嘘寒问暖。如 R-11 提及"后来在镇上上学，走到两排树时，就知道快到家了，爸爸会骑摩托车接我回家，一路嘘寒问暖，非常温馨"。

生产场景：主要指与个人劳动、集体劳动和工作有关的场景。如和村里人一起割羊草、锄草、种化肥，在仓库、稻场劳动的情景，还有开社员大会时的场景。

商业场景：主要指商业活动有关的场景。苏南六个传统村落因地理位置原因，过去商业发达，街市店铺林立，很多村民都会提及过去街上热闹的场景，描述村落昔日的繁华。如杨桥家家都是店，外地都来赶集，很多前黄和宜兴的人都来赶集，光豆腐店就有 11 家（R-15）。焦溪也是布店、中药店等店铺林立，在赶集时，附近各地如江阴的人都赶过来，如 R-23 提及"那时每个月农历初二、十二、二十二，一个月三次赶集，人特别多，非常热闹，大家都要把篮子放在头上，过年时才能吃到馒头，买西瓜是一片一片买着吃，在初中时吃过海南椰子糖、马蹄酥，赶集时才能吃到馒头。1941 年解放焦溪村，解放军走到常州东大门大街时，以为焦溪街就是上海了"。

人际交往：在访谈时，很多村民都表达了对过去人情纯真、街坊邻居走动亲密的怀念。过去传统村落里街坊邻居走动频繁，有好吃的会互相分享，如"包饺子和馄饨"，街坊邻居之间人情往来淳朴，现在由于失去地理区位和水运交通优势的村落，如杨桥、礼社等地本地居民已经很少了，村中大多数是老年人，年轻人都外出打工去了，或者搬到新街和镇上了，虽然也有外地人搬来，但都是在附近工厂打工的，流动性较大。

（3）传统食物

在访谈中发现，居民都会提及家乡的美食和特产，其中包括日常食物、节庆食物和地方特产。联合国教科文组织（Unesco）非常重视仪式和民俗文化，美食及其工艺属于非物质文化。

日常食物：日常食物指的是村民在日常生活中经常食用的食物和具体做法。如怀念过去的豆腐花、豆腐特别好吃，丝瓜蛋汤以及洋山芋和南瓜，虽然这些东西现在也都能吃到和买到，但却再也不是过去的味道。还有些是过去经常吃到的如紫云英和鸡头米，现在却很少吃到了。离地居民除了这些，还会怀念家里种的蔬菜如韭菜，既健康，味道又好。还有手工爆米花、自己做臭豆腐、自己在家炒瓜子以及用糠虾熬豆瓣酱等过去经常做的食物，但现在因为生活节奏的加快也很少见了。

节庆食物：指的是在传统节庆时所吃的食物，带有一定的地方文化和特色。如具有中华民族文化的端午节吃粽子，还有具有江南地区特点的夏至吃馄饨，这和北方夏至吃面有所不同。焦溪居民访谈中还提到农历十月十五（下元节）吃团子，用新磨的糯米粉和素菜馅做小团子。江南地区冬至常常吃汤圆、汤团，但也有如常州地区还会吃胡葱烧豆腐（R-12），中秋佳节除了必备的苏式月饼或本地做的月饼，杨桥居民 R-24 提到"中秋时，用菜籽油或生猪油做的油酥饼、韭菜饼非常好吃"。但是苏南六个传统村落都会在过年时蒸团子、吃馄饨，团子象征着团团圆圆，馄饨在江南方言中为"稳屯"，寓意稳稳当当、太太平平。这也是典型的江南特色。

地方特产：地方特产是具有一定地方特色的产品或品种。本研究主要指的是食品和土产品。如焦溪的蜜梨、糟扣肉、脚踏糕、糙米糖和焦溪羊肉等；礼社的大饼、雪梨瓜和小南瓜等；明月湾和陆巷村的"太湖三白"、碧螺春、枇杷、杨梅和红桔等。

（4）民俗节庆活动

从访谈中村民都会提及自己家乡的传统节庆和民俗习俗等活动。

节日习俗：传统节日带有由国家和历史文化特征，在一个国家或地区比较固定，但具体的庆祝活动会带有当地文化的烙印。如传统村落都会庆祝春节、端午节、元宵、冬至和夏至等传统节日，也有一些地域文化，如南方才有的习俗——端午节女儿回娘家，杨桥村等地也有。有些传统村落还有自己独特的庆祝活动，如陆巷的春节抬小孩、常州特有的冬至吃胡葱烧豆腐。

访谈中大多数村民都反映现在的年味节味越来越淡,怀念过去逢年过节时的各种庆祝活动,如耍龙灯和耍狮子等。

民风民俗:风俗简单概括为民间流行的风尚、习俗,为历代人民共同遵守且带有特定区域的文化特征。如杨桥二月初八的庙会,同姓之前不结婚,当地信佛的较多,调犟牛等活动;陆巷上梁撒馒头和杨桥盖房上梁时要吃团子、粽子和圆子;明月湾村以前过年杀猪的习俗。另外,很多村落在逢年过节或者庙会时有抬菩萨、抬财神等活动。

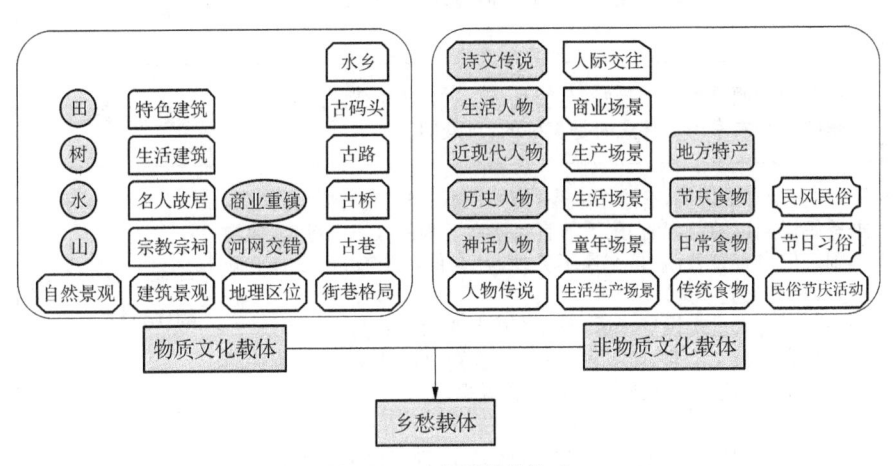

图 3-12 乡愁载体构成

综上所述,乡愁载体主要由物质文化载体和非物质文化载体构成,具体类目分为自然景观、建筑景观、地理区位、街巷格局和人物传说、生活生产场景、传统食物、民宿节庆活动。

3.2.5 居民乡愁情感

加拿大地理学家 Relph(1976)认为,"地方"充满了人们生活的经验和情感。乡愁是人们情感对一个地方的映射(成志芬,2015)。乡愁是一种源自主体"人"的情感(陆邵明,2016),其情感唤起后,具体呈现什么样特征?如 Davis、Sedikides 等学者认为是正面情感。本研究在对六个传统村落居民乡愁进行调研时,发现大家都表露出强烈的情感表征。有童年快乐时光回忆的美好,有上学时被父母记挂的幸福和温馨,有对家乡历史文化悠久、人杰地灵、特产丰富的自豪和骄傲,有想改变现状,保护和开发家乡的责任感等积极情感,也有对回不到过去的淡淡的忧伤,有对故乡现状的悲伤、遗憾、惋惜、焦虑、心痛和失望等消极情感,见表3-6。

表3-6 乡愁情感访谈文本数据

数 据	编 码
R-7:陆巷最特别的是王鳌,而且村里出了很多教授,碧螺春比较好,枇杷。提到乡愁的情感是自豪的,但想到小时候吃冰棒时有点淡淡的忧伤。	自豪;淡淡的忧伤;
R-8:西山中明月湾风水最好,金明月,银东村,依山傍水,能看得见湖州的长兴农家乐。怀念时是美好的,自豪的。	美好;自豪;
R-11:自豪有这块地,有这个家乡,与城里不一样,有历史,有文化,据爸妈说起以前赶集时,附近的宜兴还有万福的人也来赶集,非常热闹。但也有哀愁,就是交通不方便,社会保障未有,也没有五险一金(只有事业单位)。 ……听说有人过来投资杨桥,但没有搞起来,很遗憾。 ……后来在镇上上学,走到两排树时,就知道快到家了,爸爸会骑摩托车接我回家,一路嘘寒问暖,非常温馨。	自豪;哀愁;遗憾;温馨;
R-12:乡愁就是想家,第一个想到的就是家,那时候离家去湖塘读书,每次去学校都要坐车,最痛苦的就是挤车,每次都是人先挤上去,父母再从窗户把东西塞进去,也是最开心的时候,看着父母来送自己,当车子开走的时候父母还在原地不动直到消失,被人记挂很幸福。	幸福;
R-14:现在老街上死气沉沉,自己都不愿去走一圈,希望能看到人间烟火。杨桥觉得令人唏嘘,伤感,期待盼好,名声在外,但都是和西太湖捆绑销售的,当自己的朋友、同事想来,自己都不推荐,无骄傲,无自豪,除了庙戏,自己都不知该推荐什么。	伤感;
R-16:网上还有我的照片,书上也有我的照片。你还看过武进遗韵书啊,上面有我的照片,我在庙会上进行表演,我朋友可多了。	自豪;
R-19:见到古建筑,巷子时,心里会伤感,去其他古镇,如周庄,觉得不如自己的家乡,会触景生情。……夜深人静时,会想起家乡的过去,想到这些老建筑未来该怎么办,尤其自己又是负责这块工作。 ……以前去焦溪街上,有种天堂的感觉。	伤感;责任感;自豪;

第3章　传统村落旅游地乡愁理论构建

续表

数　据	编　码
R-21:看着很多古建筑灰飞烟灭,感到心痛。焦溪真的很好,杨桥人在焦溪划船送菜打工,自己对比,说只有焦溪五分之一,在杨桥没饭吃,在焦溪有饭吃。	心痛;自豪;
R-22:60岁以上的人,有50多个去常州附近考察,去了孟河古镇,大家都觉得比起焦溪差太远了。	自豪;
R-23:1941年解放焦溪村,解放军走到常州东大门大街时,以为焦溪街就是上海了。湟里人划船或者步行半个月来焦溪卖东西,当时商业很发达。因为焦溪地处江阴、无锡、江阴三界,非常繁华。……赶集时,人特别多,非常热闹,大家都要把篮子放在头上……故乡大于父母的情感,谈起故乡时,自豪,现在有点伤感。	自豪;伤感;责任感(故乡大于父母);
R-28:礼社人才比较多,有一门出了4个博士,礼社出3个院士,出了薛暮桥、孙冶方两位中国统计学奠基人。义庄以前当过小学、幼儿园,现在空在那里,连门匾都不在。	骄傲;伤感;
……	……

经过数据分析和整理(表3-6),在开放性编码和选择性编码阶段,3级共43个编码或范畴支持"乡愁情感"核心范畴,5级共43个编码或范畴支持"乡愁情感"判定饱和。图3-13、图3-14分别为使用思维导图软件进行开放性编码和选择性编码获得"乡愁情感"范畴的截图。

3.2.5.1　情感记忆

Urban(1901)对情感记忆做了进一步的界定,认为情感记忆是对过去情感状态(如感知、情绪、心境等)的记忆。

在对居民访谈时发现,有些人会在提及过去某些场景表露出当时的情绪。它是过去情感的一个记忆,而不是当下的情感。如居民R-11提到"后来在镇上上学,走到两排树时,就知道快到家了,爸爸会骑摩托车接我回家,一路嘘寒问暖,非常温馨"。居民R-12认为"认为乡愁就是想家,第一个想到的就是家,那时候离家去湖塘读书,每次去学校都要坐车,最痛苦的就是挤车,每次都是人先挤上去,父母再从窗户把东西塞进去,也是最开心的时候,看着父母来送自己,当车子开走的时候父母还在原地不动直到消失,被人记挂很幸福"。被家人关心和爱护的温馨和幸福都是居民R-11和

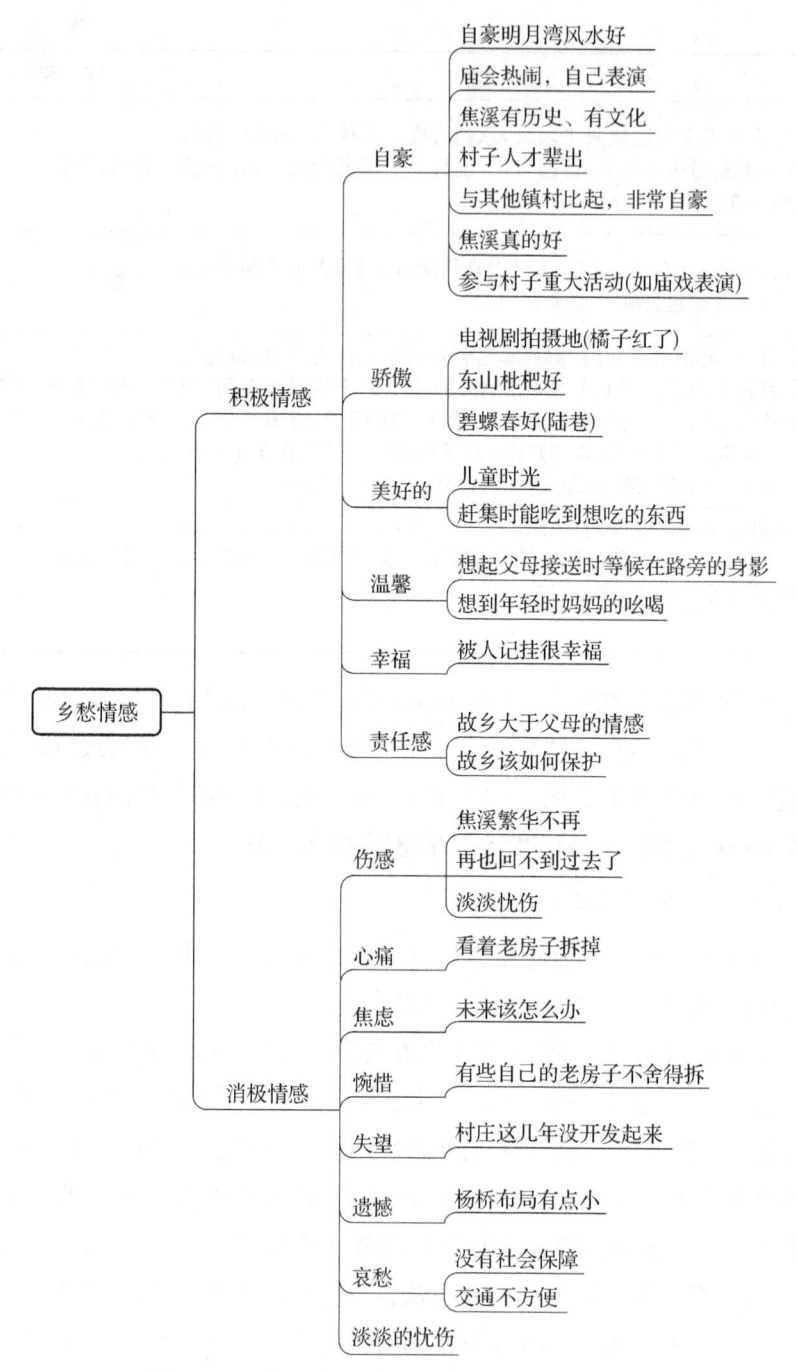

```
                            ┌─ 自豪明月湾风水好
                            ├─ 庙会热闹，自己表演
                            ├─ 焦溪有历史、有文化
                  ┌─ 自豪 ──┼─ 村子人才辈出
                  │         ├─ 与其他镇村比起，非常自豪
                  │         ├─ 焦溪真的好
                  │         └─ 参与村子重大活动(如庙戏表演)
                  │
                  │         ┌─ 电视剧拍摄地(橘子红了)
                  │─ 骄傲 ──┼─ 东山枇杷好
                  │         └─ 碧螺春好(陆巷)
       ┌─积极情感─┤
       │          │─ 美好的 ┬─ 儿童时光
       │          │         └─ 赶集时能吃到想吃的东西
       │          │
       │          │─ 温馨 ──┬─ 想起父母接送时等候在路旁的身影
       │          │         └─ 想到年轻时妈妈的吆喝
       │          │
       │          │─ 幸福 ─── 被人记挂很幸福
       │          │
       │          └─ 责任感 ┬─ 故乡大于父母的情感
乡愁情感─┤                    └─ 故乡该如何保护
       │
       │          ┌─ 伤感 ──┬─ 焦溪繁华不再
       │          │         ├─ 再也回不到过去了
       │          │         └─ 淡淡忧伤
       │          │
       │          │─ 心痛 ─── 看着老房子拆掉
       │          │
       │          │─ 焦虑 ─── 未来该怎么办
       └─消极情感─┤
                  │─ 惋惜 ─── 有些自己的老房子不舍得拆
                  │
                  │─ 失望 ─── 村庄这几年没开发起来
                  │
                  │─ 遗憾 ─── 杨桥布局有点小
                  │
                  │─ 哀愁 ──┬─ 没有社会保障
                  │         └─ 交通不方便
                  │
                  └─ 淡淡的忧伤
```

图 3-13　发现"乡愁情感"范畴的开放性编码截图

```
                                            ┌ 美好的 ─ 儿童时光
                                            │
                                            │         ┌ 赶集时能吃到想吃的东西
                                            ├ 幸福 ───┤
                                            │         └ 被人记挂很幸福
                  ┌ 情感记忆 ─ 积极情感 ─────┤
                  │                          │         ┌ 想起父母接送时等候在路旁的身影
                  │                          ├ 温馨 ───┤
                  │                          │         └ 想到年轻时妈妈的吆喝
                  │                          │
                  │                          │         ┌ 电视剧拍摄地(橘子红了)
                  │                          └ 骄傲 ───┤
                  │                                    └ 参与村子重大活动(如庙戏表演)
                  │
                  │                                    ┌ 故乡大于父母的情感
                  │                          ┌ 责任感 ─┤
                  │                          │         └ 故乡该如何保护
                  │                          │
                  │                          │         ┌ 自豪明月湾风水好
                  │              积极情感 ───┤         │ 焦溪有历史、有文化
乡愁情感 ─────────┤                          │         │ 东山枇杷好
                  │                          └ 自豪 ───┤ 碧螺春好(陆巷)
                  │                                    │ 村子人才辈出
                  │                                    └ 与其他镇村比起，非常自豪
                  │
                  │                          ┌ 惋惜 ─── 有些自己的老房子不舍得拆
                  │                          │
                  │                          │         ┌ 再也回不到过去了
                  │                          ├ 伤感 ─ 淡淡地忧伤
                  │                          │         └ 焦溪繁华不再
                  │                          │
                  │                          ├ 失望 ─── 村庄这几年没开发起来
                  │                          │
                  └ 情感现实 ─── 消极情感 ───┼ 遗憾 ─── 杨桥布局有点小
                                              │
                                              │         ┌ 没有社会保障
                                              ├ 哀愁 ───┤
                                              │         └ 交通不方便
                                              │
                                              ├ 心痛 ─── 看着老房子拆掉
                                              │
                                              └ 焦虑 ─── 未来该怎么办
```

图 3-14　发现"乡愁情感"范畴的选择性编码截图

R-12在那些情景发生时当下产生的情感。这种情感成为一种美好的记忆一直在心间,当回望过去时,还是会立刻得到温馨、幸福的感受。

3.2.5.2 情感现实

乡愁中的情感不仅包括情感记忆,也包括过去与现在感知评价后的当下情感,即情感现实。如R-23提到"1941年解放焦溪村,解放军走到常州东大门大街时,以为焦溪街就是上海了。湟里人划船或者步行半个月来焦溪卖东西,当时商业很发达"。R-21提到"焦溪真的很好,杨桥人在焦溪划船送菜打工,自己对比,说只有焦溪五分之一,在杨桥没饭吃,在焦溪有饭吃"。这种对家乡繁华的自豪,到现今却变成了悲伤和失望。而居民R-7认为"陆巷最特别的是王鏊,而且村里出了很多教授,碧螺春和枇杷都比较好"。同时,R-8认为"西山中明月湾风水最好,金明月,银东村,依山傍水,能看得见湖州的长兴农家乐"。这种对家乡的自豪从过去一直延续到现在,没有发生变化。因此,乡愁情感中有些情感只是过去的情感记忆,而有些情感既是过去的情感记忆,也是当下的情感现实。

对于怀旧的研究而言,学者都公认其是一种bittersweet的情感,即苦乐参半,又苦又甜。乡愁也是如此,但乡愁在情感记忆和情感现实阶段有其显著的情感特征。从图3-14可以看到,情感记忆几乎是美好、幸福、温馨和骄傲等积极情感(过去因时间的不可逆,又大多数处于个人的童年和青少年期,同时对于大多数上年纪的老人来说,那时经历着传统村落的繁华时期,因此留下的或者回忆的都是美好的记忆和情感)。而将过去与现在感知进行评价后所处的当下情感,情感现实则喜忧参半,积极情感和消极情感都有,积极情感除了拥有对家乡历史等的自豪之外,又多了一份责任感,如家乡的历史建筑如何保护,家乡的传统文化如何传承。而消极情感在访谈中更加强烈,回想家乡过去的繁华,面对今日的凋敝和冷清,心中更多充满的是惋惜、伤感、遗憾、失望、心痛和焦虑等情绪。

3.2.6 居民乡愁愿景

在访谈村民的过程中,居民描述了对过去家乡的回忆,表达了自己的情感后,不管是唏嘘不已,是自豪还是悲伤,并未戛然而止,他们会继续表达对家乡未来的期盼、建议和态度。情感的行为冲动表现在恐惧时想要逃避(Fredrickson,1998),喜悦时展现了自我创造性(Fredrickson & Branigan,2005)。Cass等(2009)研究表明个人或群体的态度和行为显著地受到他们赋予特定地方的情感、意义和价值的影响。因此,可以理解当村民面对家乡的巨大变化产生乡愁情感后会产生什么的意愿和行为,除了对村落以后发展的期望,村民们还会表达对传统村落开发旅游的态度和建议。乡愁不只聚焦于过去,也有对美好"未来"的期盼和愿景。乡愁不仅仅是对家乡过去的记忆,也包含居民、游客对家园"未来"的期望,也是城市居民对"未来"乡村生活本真性和稀缺性的珍惜和向往。王欣欣(2018)认为乡愁是横跨过去、现今、未来的时间长河的情感。

经过数据分析和整理(表3-7),"乡愁愿景"核心范畴在开放性编码阶段获得了4级共63个编码或范畴的支持,在选择性编码阶段,有4级共65个编码或范畴支持判定饱和。

图3-15、图3-16分别为使用思维导图软件进行开放性编码和选择性编码获得"乡愁愿景"范畴的截图。

表3-7 乡愁愿景访谈文本数据

数 据	编 码
R-4:总的来说,开发旅游还是给当地居民带来益处,但渔民并不认为从旅游中受益了	旅游有利有弊;不同职业的居民认为受益程度不同;
R-5:王鏊故居功能发生了变化,以前是小学、初中、高中,现在自己居民半票进王鏊故居。建议旅游开发受益中每人1股。	很多老房子开始收费;希望旅游开发利益平均分配;
R-7:建议不要卖大门票,卖小门票即可。提及杨湾古村,开发旅游后,台商的咖啡店里咖啡38元一杯。	取消捆绑销售;旅游还有上升空间;
R-8:不开饭店的人不受欢迎,游客乱采枇杷,伤邻里关系,枇杷树高,游客受伤风险,且损坏枇杷。	未开农家乐直接参与到旅游的人,不支持旅游;不同职业的居民认为受益程度不同;

续　表

数　据	编　码
R-9：承认自己在旅游中获益。门票过高,绑在一起销售不合理,应该降低台阶,觉得把老祖宗的东西拿出来卖,但是自己没得到益处,有些伤感。	在旅游中获益；取消捆绑销售；门票高；希望旅游开发利益平均分配；
R-11：期待杨桥发展旅游,希望爷爷奶奶经常说的热闹的场景恢复,有商铺,水变清,工厂变少,经营商铺的希望是本地人,这样可以原汁原味。	期待发展旅游；恢复爷爷奶奶口中的热闹场景；有商铺,有人气；水变清；工厂变少；原地人多一些,原汁原味
R-13：希望(开发旅游),对于恢复原状表示担忧,但还是希望能恢复原样,希望古镇发展起来。	虽有担忧,但还是希望古镇能恢复和发展；
R-14：希望开发旅游,希望店铺林立,听到小贩子吆喝的声音,现在老街上死气沉沉,自己都不愿去走一圈,希望能看到人间烟火。 ……希望开发旅游,雷声大,雨点小,这几年有动静,却没搞起来。	支持开发旅游；店铺林立；生机勃勃；对旅游开发没有搞起来失望；
R-19：如果旅游开发,应该恢复四进房子,三个院落的格局,这样比较有气势,焦溪的黄石半墙非常有特色,门是木的,二进的门也是木的。如果能把商铺都恢复,非常有气势,还有砖雕非常细致,以后开发应该修旧如旧。	支持旅游开发；期望恢复四进三院落格局；黄石半墙特色；门都是木门；恢复商铺；砖雕细致；圈门；知道修旧如旧；
R-23：希望恢复那条河,再听到鸭子嘎嘎叫的声音。	希望恢复河道,听到鸭子嘎嘎叫；
R-27：希望复原外公外婆提起过的九十九间半,这是个大户人家,不输于故宫,被称为当地的故宫,现在租给玻璃厂,目前还在经营。	恢复九十九间半——当地的故宫(现为玻璃厂)；
R-28：支持开发旅游,恢复名人故居。有九潭十三浜,希望能恢复出来,这样比较有特色的。	支持开发旅游,恢复名人故居；恢复九潭十三浜；
R-29：不是特别希望开发旅游,对政府失去信心,前几年政府花了几十万,自己也要出钱修房子,但现在还是漏雨。	不支持开发旅游；对政府失去信心；
……	……

第3章 传统村落旅游地乡愁理论构建

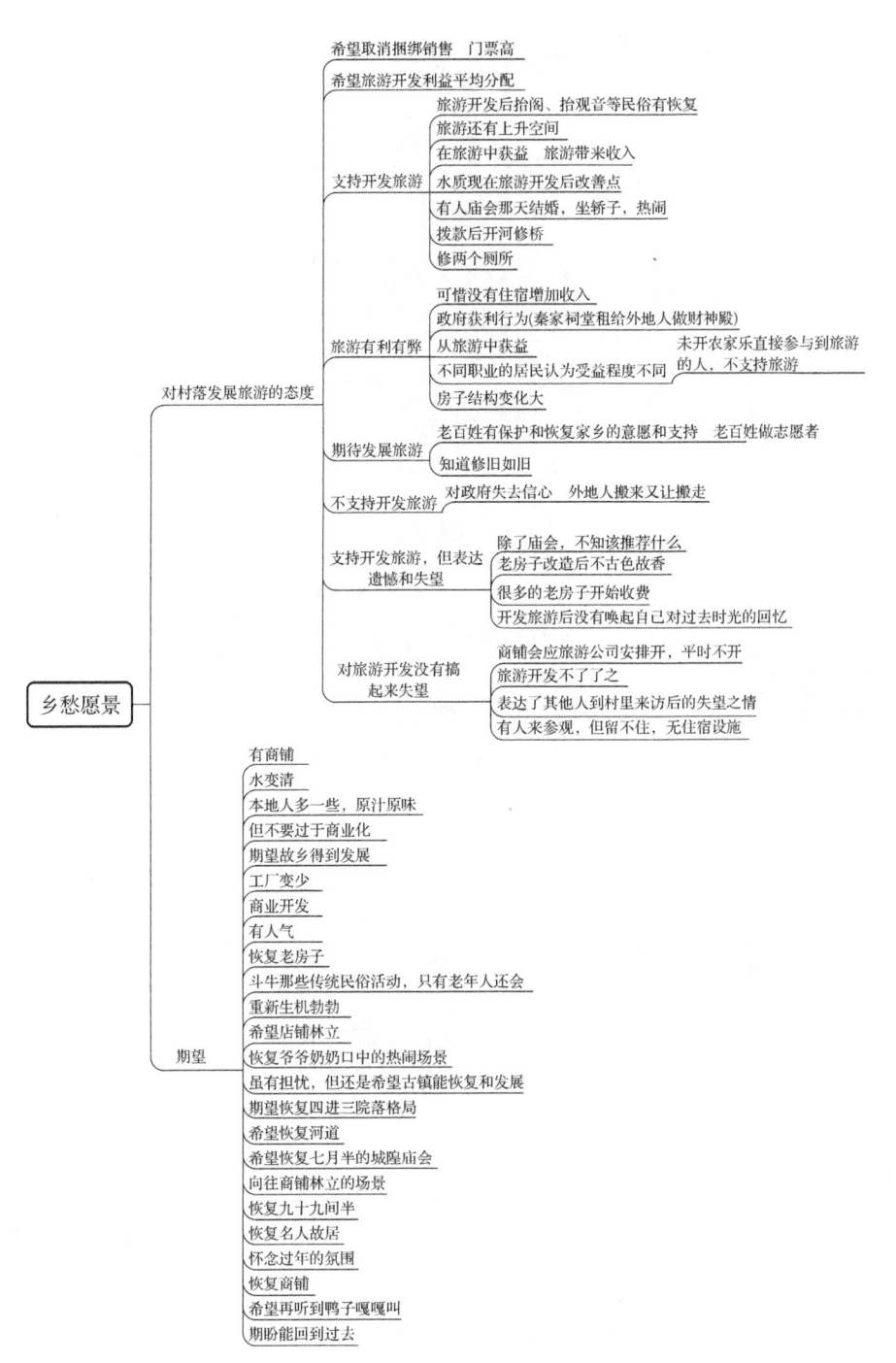

```
                        ┌ 希望取消捆绑销售  门票高
                        │ 希望旅游开发利益平均分配
                        │         ┌ 旅游开发后抬阁、抬观音等民俗有恢复
                        │         │ 旅游还有上升空间
                        │ 支持    │ 在旅游中获益  旅游带来收入
                        │ 开发    │ 水质现在旅游开发后改善点
                        │ 旅游    │ 有人庙会那天结婚，坐轿子，热闹
                        │         │ 拨款后开河修桥
                        │         └ 修两个厕所
                        │         ┌ 可惜没有住宿增加收入
                        │         │ 政府获利行为(秦家祠堂租给外地人做财神殿)
                        │ 旅游    │ 从旅游中获益          未开农家乐直接参与到旅游
           对村落发展   │ 有利有弊│ 不同职业的居民认为受益程度不同   的人，不支持旅游
           旅游的态度   │         └ 房子结构变化大
                        │ 期待    ┌ 老百姓有保护和恢复家乡的意愿和支持  老百姓做志愿者
                        │ 发展旅游└ 知道修旧如旧
                        │ 不支持开发旅游 ┌ 对政府失去信心  外地人搬来又让搬走
                        │ 支持开发旅游，但表达 ┌ 除了庙会，不知该推荐什么
                        │ 遗憾和失望          │ 老房子改造后不古色故香
                        │                     │ 很多的老房子开始收费
                        │                     └ 开发旅游后没有唤起自己对过去时光的回忆
                        │ 对旅游开发没有搞     ┌ 商铺会应旅游公司安排开，平时不开
                        │ 起来失望             │ 旅游开发不了了
  乡愁愿景                                      │ 表达了其他人到村里来访后的失望之情
                                               └ 有人来参观，但留不住，无住宿设施
                        ┌ 有商铺
                        │ 水变清
                        │ 本地人多一些，原汁原味
                        │ 但不要过于商业化
                        │ 期望故乡得到发展
                        │ 工厂变少
                        │ 商业开发
                        │ 有人气
                        │ 恢复老房子
                        │ 斗牛那些传统民俗活动，只有老年人还会
           期望         │ 重新生机勃勃
                        │ 希望店铺林立
                        │ 恢复爷爷奶奶口中的热闹场景
                        │ 虽有担忧，但还是希望古镇能恢复和发展
                        │ 期望恢复四进三院落格局
                        │ 希望恢复河道
                        │ 希望恢复七月半的城隍庙会
                        │ 向往商铺林立的场景
                        │ 恢复九十九间半
                        │ 恢复名人故居
                        │ 怀念过年的氛围
                        │ 恢复商铺
                        │ 希望再听到鸭子嘎嘎叫
                        └ 期盼能回到过去
```

图 3-15 发现"乡愁愿景"范畴的开放性编码截图

· 079 ·

何处解乡愁——传统村落旅游地乡愁的时空特征及影响机理

```
                            ┌─自然景观─┬─水变清
                            │          └─希望恢复河道
                ┌─物质环境──┤
                │          │          ┌─恢复老房子
                │          │          ├─恢复名人故居
                │          └─建筑景观─┼─期望恢复四进三院落格局
                │                     ├─恢复九十九间半
                │                     └─工厂变少
                │
        ┌─期望──┤          ┌─斗牛那些传统民俗活动，只有老年人还会
        │      │          ├─希望恢复七月半的城隍庙会
        │      │          ├─恢复爷爷奶奶口中的热闹场景
        │      │          ├─希望再听到鸭子嘎嘎叫
        │      │          ├─重新生机勃勃
        │      │          │                  ┌─向往商铺林立的场景
        │      └─非物质环境┼─希望店铺林立───┼─有商铺
        │                  │                  └─恢复商铺
        │                  ├─商业开发──但不要过于商业化
        │                  ├─怀念过年的氛围
        │                  ├─本地人多一些，原汁原味
        │                  └─有人气
        │
        │                  ┌─老百姓有保护和恢复家乡的意愿和支持──老百姓做志愿者
        │                  ├─知道修旧如旧
        │      ┌─期待发展旅游┤虽有担忧，但还是希望古镇能恢复和发展
        │      │          └─期望故乡得到发展
        │      │
        │      │          ┌─旅游开发后抬阁、抬观音等民俗有恢复
        │      │          ├─旅游还有上升空间
        │      │          ├─在旅游中获益──旅游带来收入
乡愁愿景┤      ├─支持发展旅游┤水质在旅游开发后改善点
        │      │          ├─有人庙会那天结婚，坐轿子，热闹
        │      │          ├─拨款后开河修桥
        │      │          └─修两个厕所
        │      │
        │      │          ┌─可惜没有住宿增加收入
        │      │          ├─政府获利行为(秦家祠堂租给外地人做财神殿)
对村落发│      │          ├─从旅游中获益
展旅游的┼──────┤旅游有利有弊┤不同职业的居民认为受益程度不同──未开农家乐直接参与到旅游
态度    │      │          ├─房子结构变化大                      的人，不支持旅游
        │      │          ├─希望取消捆绑销售  门票高
        │      │          └─希望旅游开发利益平均分配
        │      │
        │      │                      ┌─除了庙会，不知该推荐什么
        │      │                      ├─老房子改造后不古色古香
        │      │                      ├─商铺会应旅游公司安排，平时不开
        │      ├─支持开发旅游，但表达遗憾┤旅游开发不了了之
        │      │        和失望         ├─表达了其他人到村里来访后的失望之情
        │      │                      ├─有人来参观，但留不住  无住宿设施
        │      │                      ├─开发旅游后没有唤起自己对过去时光的回忆
        │      │                      └─很多的老房子开始收费
        │      │
        │      └─不支持开发旅游──对政府失去信心  外地人搬来又让搬走
```

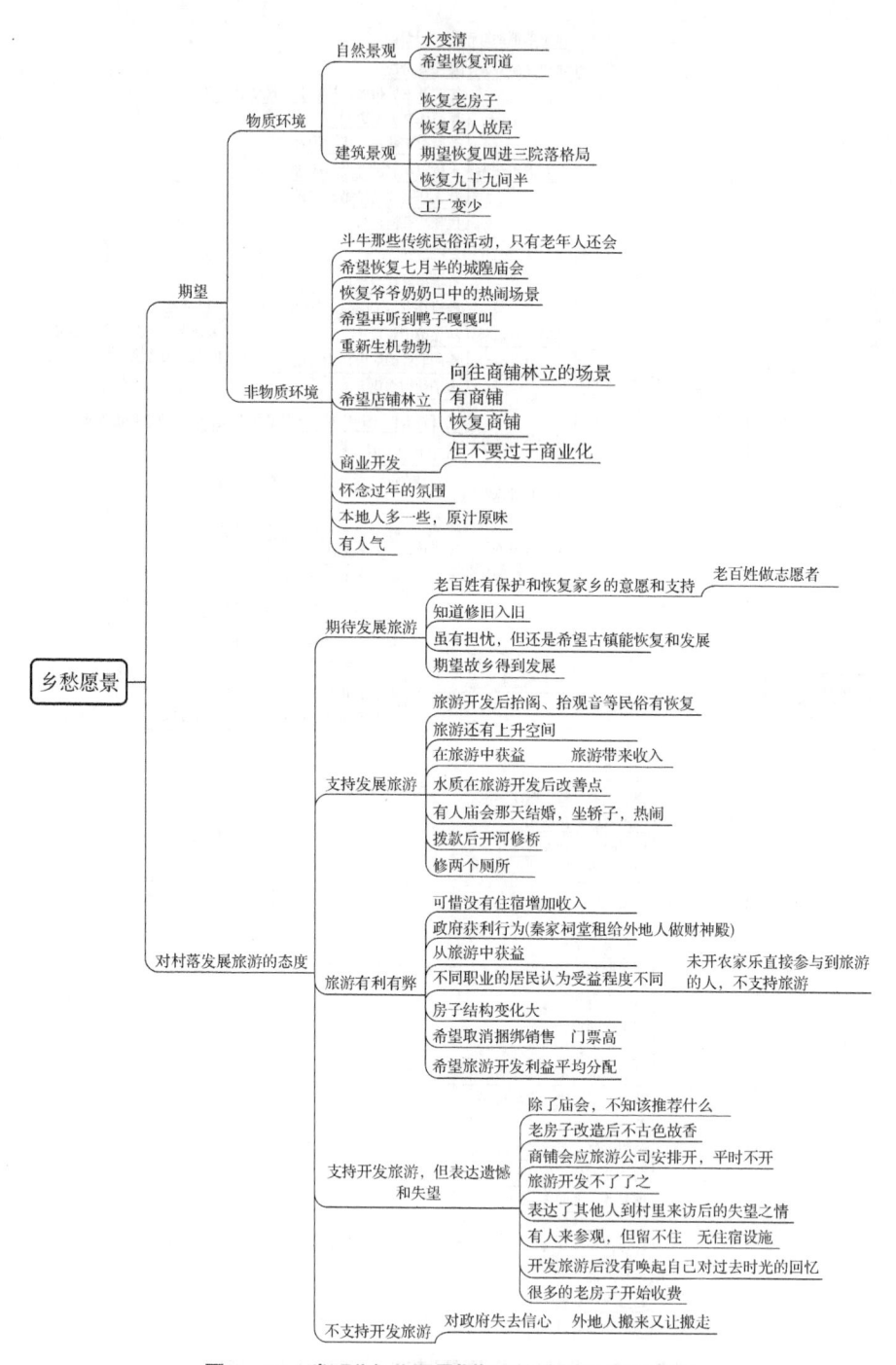

图 3-16 发现"乡愁愿景"范畴的选择性编码截图

3.2.6.1 期望

村民世代生活在传统村落里,胸怀对家乡和故乡的热爱,同时也盼望着家乡发展越来越好。访谈中村民们主要表达了对物质环境和非物质环境两方面的期盼。

物质环境:主要体现在自然环境和建筑景观上。自然环境,如礼社村村民期望恢复河道,回到过去水乡的感觉。六个村落的村民都表达了希望河水变清的期望,能再听到鸭子嘎嘎叫的声音。建筑景观主要体现在村民对家乡古建筑的保护以及修复的期待。如村民普遍表达了希望恢复修复过去的老房子,尤其是四进三院落的格局。礼社村的居民 R-27"复原外公外婆提起过的九十九间半,这是个大户人家,不输于故宫,被称为当地的故宫,现在租给玻璃厂,目前还在经营"。同时,居民希望能恢复"九潭十三浜"的水乡格局。

非物质环境:在访谈中,村民们表达了希望自己的家乡能够有人气,重现生机勃勃,进行商业开发,恢复过去商铺林立一片繁华的场景,同时表达了恢复城隍庙会的期望和对民俗活动(如斗牛)传承的担忧。传统村落现在普遍面临一个共性问题即年轻人的流失和老年人的留守,很多村落失去人气,村民都盼望能留住本地人,保持传统村落的原汁原味。

3.2.6.2 对村落发展旅游的态度

环境感知所引起的情感影响了个体的环境反应。苏南六个传统村落分别处于旅游目的地生命周期的不同阶段,在访谈过程中,村民都不约而同地表达对家乡发展旅游的态度。具体有下面几种类型:

期望发展旅游:主要是未开发旅游的传统村落村民持这种态度,如常州焦溪村。村民期望故乡得到发展,如希望政府加大保护历史建筑的资金投入;虽对旅游开发到底能给村里带来什么有所担忧,但总体来说他们期望当地能开发旅游,希望借助旅游带动传统村落的恢复和发展,带来过去繁华时的人气,并且知道应该对古建筑要修旧如旧。还有很多热爱家乡的人们自发成为志愿者,为来村落旅游的参观者讲解当地的历史和文化,充满自豪感。

支持发展旅游:已经进行旅游开发的村落部分居民会表示支持发展旅游。他们承认在旅游开发中获益很多,带来丰厚的收入,并且村里的河流因为村落发展旅游,水质改善了很多。如陆巷村居民认为在旅游开发后抬阁、抬观音等民俗有所恢复,唤起了他们的乡愁。杨桥村正处于传统村落建设和旅游开发初期,居民提及村里开河修桥,并且修了两个公共厕所。同时,杨桥村近两年有人会趁着农历二月初八庙会的热闹,举行中式婚礼,坐轿子进行婚礼迎亲仪式。

旅游有利有弊:持这种态度的居民主要集中在已经进行旅游开发并且较成熟的村落,如明月湾和陆巷。居民们承认自己在旅游开发中获益,不管是农家乐,还是农产品销售方面,都获得一定的收入,但从事不同职业的居民认为受益程度不同,如有的居民开饭店挣钱,但会表达没有足够的房间开展住宿增加收入的遗憾。也有的居民认为"总的来说开发旅游还是给当地居民带来益处,但渔民并不认为从旅游中受益了"(陆巷村居民R-4)。明月湾村的R-8认为"不开饭店的人不欢迎,(因为)游客乱采枇杷,伤了邻里关系,枇杷树高,游客受伤有风险,还损坏枇杷"。同时,很多居民表达了希望取消门票的捆绑销售,这样可以让更多的游客进入村落,可以直接购买到他们的农副产品,他们认为大门票(高)会阻拦掉一部分顾客。居民对政府把一些老建筑如秦家祠堂租给外地改作财神殿的获益行为表达不满。总之,承认带来收入的同时,持这种态度的居民希望旅游开发利益能够平均分配,如R-5认为"旅游开发受益中应每人一股",见表3-7。

支持开发旅游,但表达遗憾和失望:在杨桥村居民访谈中发现该村一些居民对旅游开发持一种复杂的态度,即支持开发旅游,但却对现状表达遗憾和失望。他们认为该村的旅游开发总是不了了之,老房子改造后没有那么古色古香了,同时街上死气沉沉,仅有挂牌的几个商铺平时都不开门,只有和旅游公司联系过的大巴来后,商铺开一下,随即又关掉,还有就是在二月初八,商铺会开门。村民认为即使有游客来,也留不下来,因为该村根本没有开发住宿设施,有些年轻居民谈到很多人来到村里参观后感到失望时,心里很难过。他们自己也觉得除了农历二月初八庙会,不知该再推荐什么让朋友来参观。如R-14"现在老街上死气沉沉,自己都不愿去走一圈,希望能看到人间烟火。杨桥觉得令人唏嘘,伤感,期待盼好,名声在外,但都是和西太湖捆绑销售的,当自己的朋友、同事想去,自己都不推荐,因为除了庙戏,自己都不知该推荐什么"。除了杨桥,陆巷村的部分居民也表达了这种态度,他们对很多原先免费自由进入老房子开始对村民收费感到失望,有的离地年轻人也表达了开发旅游后没有唤起自己对过去时光的回忆。

不支持开发旅游:持这种态度的居民主要是对当地政府的一些做法不满和旅游受益不均的抵抗态度,如明月湾村和陆巷村有些未从旅游业中受益的或对自己受益却无感知的居民持这种态度。还有无锡礼社的一些居民认为政府一会让外地人搬进来,一会又让其搬走,对村落的发展和保护没有科学规划,统一房屋风格修复的费用还需居民再出钱,感到不满,因而不支持开发旅游。

3.3 游客乡愁产生条件及核心范畴

基于前文对乡愁研究的新进展和新情境下的研究,本章节采用经典扎根方法论以苏南(苏锡常)三市六个传统村落研究样本为研究区域,对游客进行深度访谈,基于游客视角利用扎根精神去丰富传统村落旅游地乡愁理论。

在陆巷村、焦溪村、明月湾三个传统村落对前来游玩的游客进行现场访谈,同时对去过其他三个调研传统村落的游客进行微信视频访谈,主要访谈问题为:"当您去该村旅游时,会让您想起您的家乡吗?为什么?""该村哪些元素会引起您的乡愁,让您思念家乡?""请用一些形容词描述您的乡愁(怀念家乡)的情感。"利用扎根理论分析游客深度访谈的文本资料,进行实质性编码,通过开放性编码和选择性编码得到4个核心范畴,分别为游客乡愁产生的条件、乡愁触点及载体、乡愁情感反应、乡愁的愿景。

3.3.1 游客乡愁产生的条件

3.3.1.1 触景生情

在访谈过程中,大多数游客认为游览传统村落会引起对家乡的回忆。如 T-13 表达"逛了焦溪,想起了溧阳的瓦屋山,山清水秀,心旷神怡"。如 T-16 表达"看到焦溪人晾衣服,想起奶奶的生活场景,墙让我想起自己家乡的石头墙,还有想起自己家的小溪。看到拱桥,想到自己家的平桥,泰兴的河上面有很多油"。游客们看到传统村落的景观、人物和生活场景,与家乡对比,看到类似的事物和场景,即会触景生情,会想起自己的家乡。可以确认的是乡愁产生的前提条件之一即为触景生情,支持该核心范畴的数据和编码多次出现在游客访谈中。例如,游客 T-3、T-4、T-5、T-13、T-16 以及 T-17、T-21、T-22 在谈到他们到本研究案例地传统村落旅游时,会引起对家乡的怀念(见表 3-8):

表 3-8 乡愁产生的条件访谈文本数据

数 据	编 码
T-3:路边旧房子、坐在门口晒太阳的老人,这幅画面与我童年记忆重合。	老房子;坐在门口晒太阳的老人;唤起童年记忆;
T-4:我的家乡在西北,和明月湾村建筑景观完全不一样,但也有山有水有油菜花,来到明月湾会让我想起自己的家乡,而且我也愿意来乡村旅游,可能在城市住久了,就喜欢乡村里的山山水水,烟火气息。	触景生情;对乡村环境和生活的本能亲近;喜欢乡村的山山水水;
T-5:会想起自己家乡,因为自己的根源在农村,也希望自己的家乡变得富饶美丽。	根在农村;盼望自己的家乡也变得更好
T-13:逛了焦溪,想起了溧阳的瓦屋山,山清水秀,心旷神怡。	相似的自然景观
T-15:来焦溪会想起自己的家乡,因为家乡和该处地域接近,风俗相近。	风俗相近
T-16:看到焦溪人晾衣服,想起奶奶的生活场景,墙让我想起自己家乡的石头墙,还有想起自己家的小溪。看到拱桥,想到自己家乡的平桥,泰兴的河上面有很多油。	想起相似的生活场景;相似的建筑景观;相似的自然景观;
T-17:老人,在门口晒太阳的老年人,还有住在旅馆里下雨的烟雨朦胧,都让我想起了自己的家乡。我们也是从乡村走出来的呢,但是我们隔一阵就会想去乡村旅游一下,满足对家乡的慰藉。	老人;下雨的场景;会因思乡去乡村旅游;
T-21:我们是土生土长的上海人,学习和工作没有离开家乡,但还是很愿意来乡村玩的,上海周边的村落我们都去过,有种天生很亲近的感觉,喜欢这种乡村风光。	对乡村的本能亲近

第 3 章 传统村落旅游地乡愁理论构建

续　表

数　据	编　码
T-22：我家乡在苏北农村，每次来苏南的村子旅游，都很羡慕传统村落厚重的文化，看到小桥流水，就不仅想起自己家乡门口的小溪都变成了臭水沟，里边都是垃圾，很心痛，即使自己的家乡没有什么历史文化，但也希望环境得到很好的保护。	相似的自然景观；羡慕当地村落有历史文化；盼望家乡环境得到保护
……	……

在开放性编码阶段，"触景生情"核心范畴获得了 1 级共 9 个编码或范畴的支持，在选择性编码阶段，3 级共 12 个范畴与编码支持判定其饱和。图 3-17、图 3-18 分别为使用思维导图软件进行开放性编码和选择性编码获得"触景生情"范畴的截图。

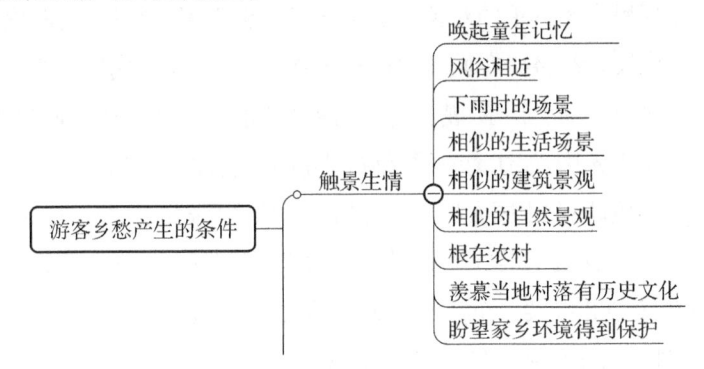

图 3-17　发现"触景生情"范畴的开放性编码截图

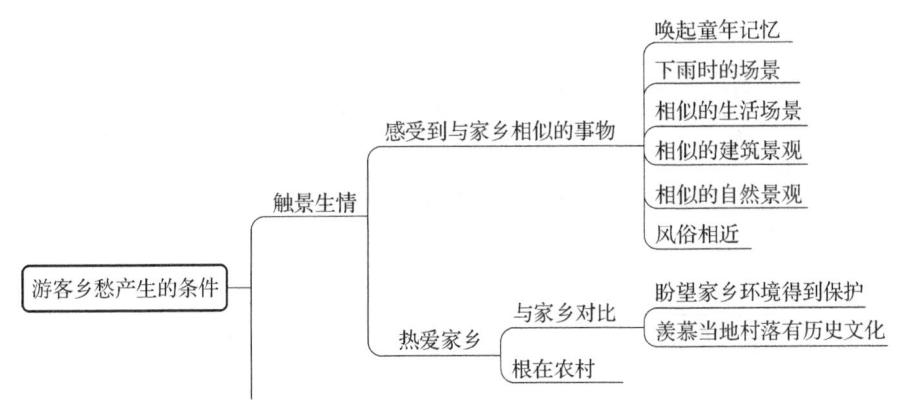

图 3-18　发现"触景生情"范畴的选择性编码截图

3.3.1.2 向往原乡

在对游客的访谈中发现,除了"触景生情"之外,也有那种从未离开家乡生活在城市的游客,如 T-21 表达"上海周边的村落我们都去过,有种天生很亲近的感觉,喜欢这种乡村风光"。也有觉得虽然游玩的传统村落和自己家乡完全是不同风格的 T-4 认为"而且我也愿意来乡村旅游,可能在城市住久了,就喜欢乡村里的山山水水,烟火气息"。这说明乡愁主体不一定是有乡村生活经验的游客,也可以是久居城市的人们,其出于对原乡(乡村)的美好向往,逃离城市生活去体验乡村环境和生活。谢新丽等(2017)认为城市居民开始思念记忆中的乡村生活、希望逃离枯燥的城市生活模式,乡愁便成了萦绕在城市居民头脑中的念想。快速城镇化背景下,传统村落的传统建筑、田园景观、生活方式等成了城市居民乡愁诉求的对象。法国著名社会学家孟德拉斯在《农民的终结》中认为,农民阶级将会在城市化进程中终结,但这并不代表农业或乡村生活的终结。乡村是文化传承、精神寄托的重要载体。中国古先民敬畏大自然,大自然养活了古先民,如江南农耕、恬静小镇为代表的田园适合人居,令先民热爱这样的环境,因此中国人抹不去对田园的依恋(张劲松,2018)。

"向往原乡"核心范畴在开放性和选择性编码阶段,分别获得 1 级共 3 个编码或范畴和 2 级共 4 个范畴与编码的支持,判定其为核心范畴并饱和。图 3-19、图 3-20 分别为使用思维导图软件行开放性编码获得"向往原乡"范畴及对其进行选择性编码的截图。

图 3-19 发现"向往原乡"范畴的开放性编码截图

图 3-20 发现"向往原乡"范畴的选择性编码截图

3.3.2 游客乡愁触点及载体

在访谈中可以发现,游客和居民一样,乡愁触点亦有时间要素、场合要素和个人要素,在此不再赘述。但本研究探讨的是具体的传统村落旅游地情境,游客在游览传统村落时"触景生情",对于是哪些"景"能勾起身处异乡游客思乡的情绪呢?访谈中发现很多人谈及老房子、山水、古桥,村落布局、树木、炊烟、菜地等乡村景观,还有村里的老人、当地的美食以及晾衣服等生活场景,如表3-9所示。同时访谈也发现,游客会因在传统村落看到熟悉的乡村景观、场景和人物,而感同身受地想到自己家乡过去的时光,从而提及魂牵梦绕的情感寄托载体。如表3-9所示,如T-16"看到焦溪的老房子,尤其是石砌的墙,让我想起自己家乡的石头墙,还有想起自己家的小溪,看到屋外晾衣服,想起奶奶也晾衣服的生活场景,还有这里的老人居多,和自己家乡很是相似,怀念清清的河水,榆钱树;这里的美食也会令我想起家乡的美味佳肴"。

经过数据分析和整理(见表3-9),在对游客乡愁载体的研究中,2级共16个编码或范畴支持"物质文化载体"为核心范畴,4级共21个编码或范畴支持判定饱和。在获得核心范畴时,3级共20个编码或范畴支持"非物质文化载体"为核心范畴,4级共23个编码或范畴支持判定饱和。

图3-21、图3-22分别为使用进行选择性编码获得游客"物质文化载体"和"非物质文化载体"范畴的截图。鉴于编码过多,图片篇幅过大,开放性编码请见附录D。

表3-9 游客乡愁触点及载体访谈文本数据

数 据	编 码
T-3:路边旧房子、坐在门口晒太阳的老人,这幅画面与我童年记忆重合。(杨桥)老房子错落布局,以及街坊邻居非常亲近,三五成群聊天,这种感觉很好,想到了以前家乡淳朴的人们。	老房子;坐在门口晒太阳的老人;人际关系淳朴;

续 表

数　据	编　码
T-5:焦溪的村落布局、树木、炊烟、菜地、锅巴,河边的码头,田埂还有家禽都让我想起了家乡金坛的乡村生活。	村落布局;炊烟;菜地;锅巴;河边码头;乡村美食;
T-13:看到焦溪的拱桥,想到自己家乡泰兴那边都是平桥,河面有很多油。	拱桥;平桥;河水污染;
T-16:看到焦溪的老房子,尤其是石砌的墙,让我想起自己家乡的石头墙,还有想起自己家的小溪;山西姥姥家的村子卖了,大家都很伤感。我们那也有庙,山崖村房子的特色,你家的院子是我家的房顶。这里的树木,更多的是这里人悠闲的生活;看到屋外晾衣服,想起奶奶也晾衣服的生活场景,还有这里的老人居多,和自己家乡很是相似,怀念清清的河水,榆钱树;这里的美食也会令我想起家乡的美味佳肴。	建筑风格;伤感;庙;树木;生活节奏悠闲,老人居多;清清的河水;榆钱树;家乡美食;
T-17:看到这里的小河,想起家里的小溪。总是想起家乡的老房子,放牛,傍晚趁着夕阳西下的时候看书,和小伙伴去捞鱼。幸运的是老房子没推倒,又翻新了一下,门口是竹林,放根稻草绳做秋千,很休闲,爸爸在山上挖个洞,存红薯,我自己在那里放了很多稻草,觉得是自己的窝。	河水;老房子;放牛;夕阳西下看书;和小伙伴捞鱼;竹林荡秋千;山洞成为自己的小窝;
T-18:来严家桥让我想起了自己家乡,白墙青瓦的那种装饰内墙也比较高,我爷爷的妈妈就是我的老太太住在那边,然后小时候一直去,对于那边的印象的话,就是非常非常的怀念,然后里面经常的会有人来买那种海棠糕,非常好吃的海棠糕,就是用糯米红豆还有那种焦糖做的一种传统的无锡小吃,这种糕点非常的香,非常好吃。然后我记得小巷子后面原来有条河,我们家老太太他们自己家盖的房子有三层楼,后面有小河,那小河不是很干净,但是,绿油油的很有水乡风情的。以前我们那边有座石桥叫小白龙桥,构造都是就是像那种岩石的纹路一块一块的,现在也不见了,名字那么好听,非常怀念。	建筑特色;当地特色小吃(海棠糕);小河,石桥(小白龙桥)
……	……

第 3 章 传统村落旅游地乡愁理论构建

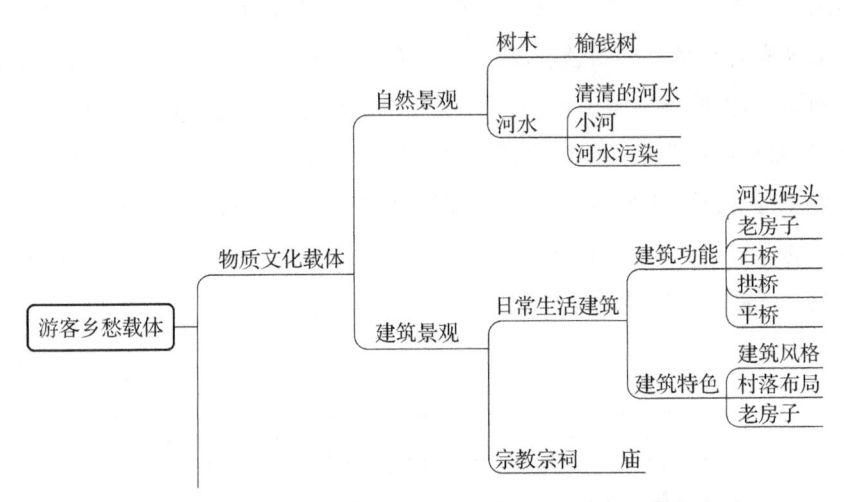

```
                                            ┌ 树木 ── 榆钱树
                          ┌ 自然景观 ──┤         ┌ 清清的河水
                          │            └ 河水 ──┤ 小河
                          │                     └ 河水污染
            ┌ 物质文化载体─┤                              ┌ 河边码头
            │             │                              │ 老房子
游客乡愁载体─┤             │              ┌ 建筑功能 ────┤ 石桥
            │             │              │              │ 拱桥
            │             └ 建筑景观 ──┤日常生活建筑    └ 平桥
            │                            │              ┌ 建筑风格
            │                            └ 建筑特色 ────┤ 村落布局
            │                                            └ 老房子
            └ 宗教宗祠 ── 庙
```

图 3-21　发现游客"物质文化载体"范畴的选择性编码截图

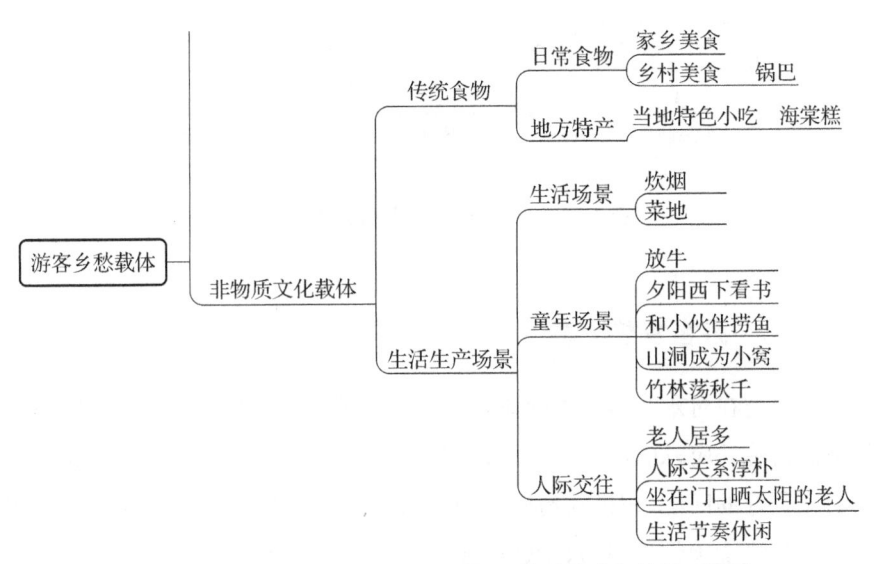

```
                                              ┌ 日常食物 ──┬ 家乡美食
                            ┌ 传统食物 ──────┤            ├ 乡村美食    锅巴
                            │                │ 
                            │                └ 地方特产 ── 当地特色小吃　海棠糕
              ┌非物质文化载体┤                          ┌ 炊烟
游客乡愁载体──┤              │          ┌ 生活场景 ────┤ 菜地
              │              │          │              │
              │              │          │              ┌ 放牛
              │              │          │              │ 夕阳西下看书
              │              └ 生活生产场景┤童年场景   ┤ 和小伙伴捞鱼
              │                          │              │ 山洞成为小窝
              │                          │              └ 竹林荡秋千
              │                          │              ┌ 老人居多
              │                          │              │ 人际关系淳朴
              │                          └ 人际交往 ────┤ 坐在门口晒太阳的老人
              │                                          └ 生活节奏休闲
```

图 3-22　发现游客"非物质文化载体"范畴的选择性编码截图

图 3-23 表明了游客乡愁触点和载体关系，Knez(2006)指出人们乡愁情感的有效载体是具体的物质环境。因此，在传统村落旅游地看到的一草一木等成为游客乡愁的触点，触发了游客乡愁情感，进而想起家乡类似的事物和场景，因此访谈中出现的一草一木即是游客在传统村落旅游时乡愁的触点，因其乡村要素共同性亦是其乡愁寄托的载体，即由此及彼，故本研究在传统村落旅游地乡愁的研究中，将游客在传统村落能引发乡愁，同时寄托乡愁的乡村共同要素和乡村文化景观视为乡愁载体，游客乡愁载体也分为物质文化载体和非物质文化载体。

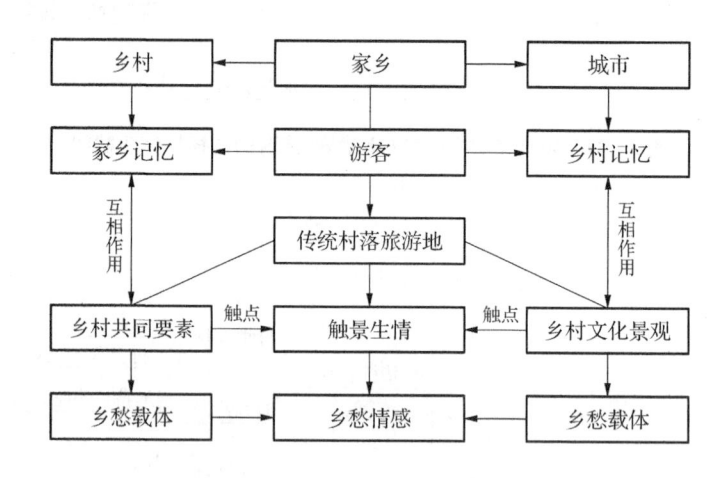

图 3-23 游客乡愁触点和载体的关系

3.3.3 游客乡愁情感

本研究在对六个传统村落游客乡愁进行调研时，发现大家都流露出较积极的情感反应，如表 3-10 所示。在异乡回忆自己家乡时，较多的是对过去时光美好的回忆、积极的情感(T-18)，也有对时光不可逆，再回家乡也无法追忆的淡淡忧伤(T-17)，少数游客因自己家乡的落魄和环境的破坏，与所游览的传统村落对比后产生的心痛和悲伤(T-22)。

表 3-10　游客乡愁情感访谈文本数据

数　据	编　码
T-16:山西整个村子卖了,姥姥家的村子卖了,大家都很伤感。	伤感的
T-17:幸运的是老房子没推倒,又翻新了一下,门口是竹林,放根稻草绳做秋千,很休闲,爸爸在山上挖个洞,存红薯,我自己在那里放了很多稻草,觉得是自己的窝。说到乡愁的情感,回忆过去很美好很亲切,就像发生在昨天一样,但有时也是回不去的淡淡忧伤。	美好的;亲切的;淡淡忧伤;
T-18:现在就是河边都会围起来不会让你下去游泳,因为小时候的话,我们会用那种游泳圈,非常特别,就是卡车轮胎的那种内圈,一个黑黑的那种很黑很圆的那种特别大的游泳圈,会去太湖里去游泳,这是我非常怀念的,现在已经不可能了,还有的话就是在小时候可以在田里面去玩,那时候可以放野火,就是去烧那些芦苇的秸秆,现在都是一些不能做了的事嘛,	美好的;亲切的;
T-21:现在经常来乡村玩,觉得村子景色也好,生活舒适,人际关系淳朴,像回到过去,心情很舒畅,开心。	开心的;舒畅的;
T-22:看到小桥流水,就不仅想起自己的家乡门口的小溪都变成了臭水沟,里边都是垃圾,很心痛,即使自己的家乡没有什么历史文化,但也希望环境得到很好的保护。	心痛的;
……	……

经过数据分析和整理(表 3-10),在开放性编码阶段 2 级共 9 个编码或范畴支持"游客乡愁情感"为核心范畴,在选择性编码阶段,3 级共 12 个编码或范畴支持判定饱和。图 3-24、图 3-25 分别为使用思维导图软件进行开放性编码和选择性编码获得"游客乡愁情感"范畴图。

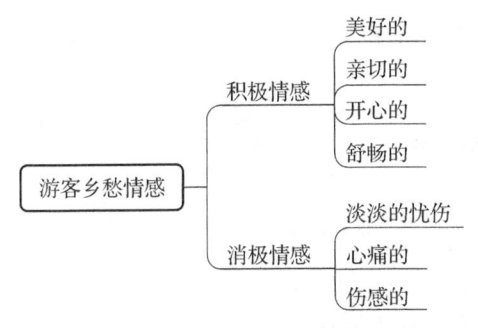

图 3-24　发现游客"乡愁情感"范畴的开放性编码图

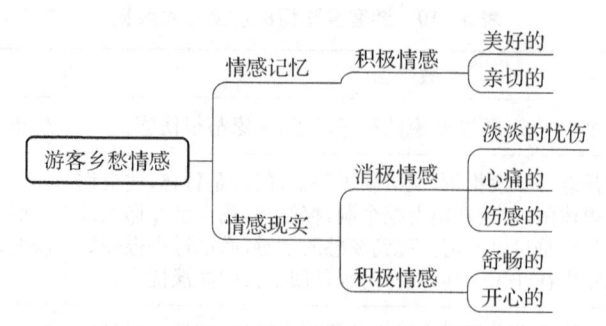

```
                         ┌─积极情感─┬─美好的
              ┌─情感记忆─┤         └─亲切的
              │                    ┌─淡淡的忧伤
游客乡愁情感──┤         ┌─消极情感─┼─心痛的
              │         │         └─伤感的
              └─情感现实─┤
                        │         ┌─舒畅的
                        └─积极情感─┴─开心的
```

图3-25　发现游客"乡愁情感"范畴的选择性编码图

3.3.4　游客乡愁愿景

本研究在对六个传统村落游客乡愁进行调研时,发现游客在提及对家乡过去的回忆后,会提到对自己家乡和所游传统村落的愿景,如表3-11所示。如T-5认为"自己的根源在农村,也希望自己的家乡变得富饶美丽"。有些游客希望自己的家乡能在城镇化开发中得以留存,同时得到保护和开发(T-16),也有的希望自己的家乡环境得到保护(T-22)。此外,在异乡产出乡愁时,也会对所处的传统村落产生一定美好的愿景,如T-17认为"开发旅游可以得到收入,更好地保护当地文化,开发旅游要以当地居民的需求为先,像在嵊泗列岛坐轮渡时,居民优先,我觉得这点特别好"。

表3-11　游客乡愁愿景访谈文本数据

数　　据	编　　码
T-5:自己的根源在农村,也希望自己的家乡变得富饶美丽。	希望自己的家乡变得富饶美丽;
T-16:山西姥姥家的村子卖了,大家都很伤感……希望我爷爷奶奶住的村子就不要再卖了,能得到很好的保护和开发。	留住村子;得到保护和开发;
T-17:苏南这边的传统村落都很有历史文化,我知道这里有王鏊故居,开发旅游可以得到收入,更好地保护当地文化,但是听说村民自己进王鏊故居还要花钱,我觉得这点不好,开发旅游要以当地居民的需求为先,像在嵊泗列岛坐轮渡时,居民优先,我觉得这点特别好。	对旅游开发持赞成态度;建议保护历史文化;保障居民利益;

续 表

数　据	编　码
T-22:看到小桥流水,就不仅想起自己家乡门口的小溪都变成了臭水沟,里边都是垃圾,很心痛,即使自己的家乡没有什么历史文化,但也希望环境得到很好的保护。	盼望家乡环境得到保护;
……	……

经过数据分析和整理(表 3-11),在开放性编码阶段,2 级共 8 个编码或范畴支持"游客乡愁愿景"为核心范畴,在选择性编码阶段,3 级共 11 个编码或范畴支持判定饱和。图 3-26、图 3-27 分别为使用思维导图软件进行开放性编码和选择性编码获得"游客乡愁愿景"范畴截图。

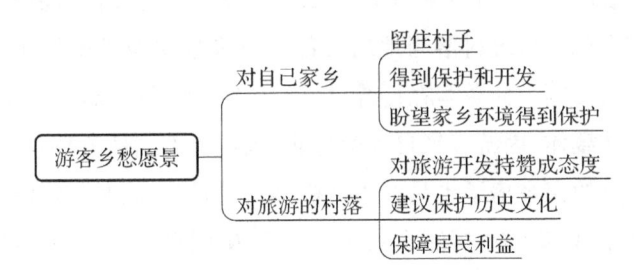

图 3-26　发现游客"乡愁愿景"范畴的开放性编码截图

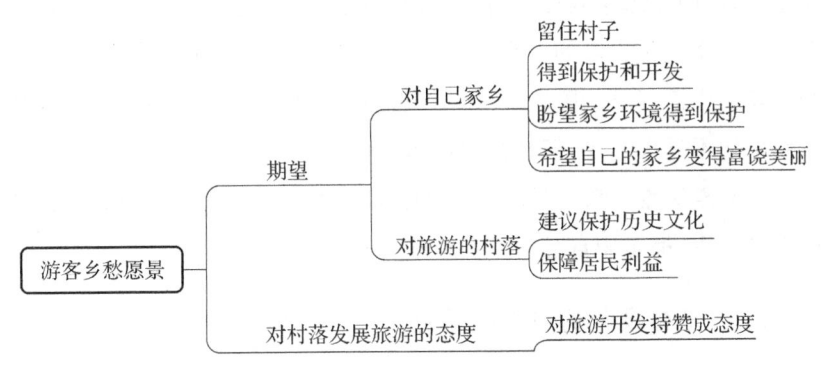

图 3-27　发现游客"乡愁愿景"范畴的选择性编码截图

3.4 主客视角的乡愁异同

3.4.1 主客视角的乡愁共同点

（1）传统村落居民和游客，对乡愁的理解都包含对家乡过去时光的怀念。

（2）二者都会触景生情。传统村落的居民会看到村子里破败的房子，不再清澈的河水，想到过去的时光，游客因"身临其境"，身在乡村，因某点、某处乡村景观与自己的家乡相似，触动心底那抹思乡的情绪。

（3）乡愁载体承载了乡村文化。二者提及的乡愁载体都具有自己家乡特有的乡村文化。传统村落当地居民都会自豪地提及村落历史文化建筑、人物或街巷格局等。而游客在传统村落旅游时，触景生情，回忆自己家乡时所提及的乡愁载体，因游客来自天南海北，也各具不同地方特色。如山西游客回忆起自己的家乡房子也是石头结构、崖石结构。同时，游客因地域的接近，从苏南传统村落的小桥流水的江南特色，感同身受地想到自己的家乡安徽和江西的烟雨朦胧。

（4）主客乡愁的情感反应以积极为主。在访谈中显示，无论是当地居民还是游客，回忆起家乡往日时光时，大多数都认为过去是美好的、亲切的，对家乡历史文化是自豪的。乡愁记忆主要集中在儿童和少年时期，而这个时间段是人生最美好的阶段，少年不识愁滋味，很多居民和游客都说即使那个时候生活不是很富足，但精神很快乐。

（5）主客乡愁的愿景都是希望自己的家乡得到保护和开发。居民和游客产生乡愁后，都希望自己的家乡越来越美好。

3.4.2 主客视角的乡愁差异点

怀旧内容主要涉及人、物、事（Holak，2006）。怀旧主要内容还包括场景，其中个人怀旧主要侧重人和事件（Wildschut，2006）。传统村落旅游地乡愁既包括个人记忆又包括集体记忆，即既是个人的乡愁也是集体性的乡愁。王欣欣(2018)认为旅游活动中,是到别人的家乡或村落感受自己的乡愁。乡村文化基因和集体记忆的重要载体是传统村落。

(1) 传统村落居民对乡愁的理解不仅包含对家乡过去时光的怀念,同时更多是对家园"未来"的期望。尤其是与过去相比落差较大、保护得不是很好的传统村落,当地居民对家乡未来的发展充满了忧愁和期盼。而游客更多是触景生情,回忆的是家乡过去的时光,对家乡未来的发展侧重较少。

(2) 与游客相比,传统村落的居民乡愁触点范围更加广泛。居住在传统村落的当地居民或者有过乡村生活经历的离地居民,不仅会触景生情,还会因为心情和身体的原因产生乡愁。而前来传统村落游客更多是因"身临其境",触景生情,引起思乡的情绪。在地居民乡愁的触点和载体皆是自己村落的人事物,而游客触点是所游传统村落的人事物,回想起来的是自己家乡的具体事物。

(3) 与游客相比,居民乡愁载体类别更多,承载了更多乡村文化。游客常常是睹物思人,触景生情,来到传统村落旅游时,见到记忆中熟悉的场景和相似的或感兴趣的建筑,或品尝当地美食,会由此及彼,想到自己家乡相关的一切,旅游是短暂的,所以接触传统村落的时间较短,或者游玩不是很有深度,很多游客对游玩村落的历史文化都不甚了解。而本地居民是最了解自己家乡的,历史文化、街巷格局、人物传说、地方民俗等物质文化和非物质文化成为居民乡愁载体类别,更多地体现了当地厚重文化。

(4) 与游客相比,居民乡愁的情感现实是以消极为主。学者都公认其是一种 bittersweet 的情感,即苦乐参半,又苦又甜。在访谈中显示,无论是当地居民还是游客,情感记忆主要以积极情感为主,消极情感较少。乡愁中的情感不仅包括情感记忆,也包括过去与现在感知评价后的当下情感,即情感现实。传统村落居民在情感现实阶段有其显著的消极情感特征。尤其是焦溪、杨桥、礼社等未得到很好保护和开发的传统村落居民,以及在陆巷、明月湾村旅游开发中感知受益不多或不均的居民,持负向情感较多。

(5) 与居民相比,游客乡愁愿景不仅关注自己家乡的发展,同时也聚焦于所游览村落的发展。居民和游客产生乡愁情感后,都希望自己的家乡越来越美好,但游客在传统村落旅游时也会对乡村的保护和开发,以及旅游的利弊提出自己的期待和建议,显示出对传统村落的关心。

3.5 传统村落旅游地乡愁理论模型构建

3.5.1 乡愁理论模型构建

本研究对传统村落居民和游客进行了深度访谈并进行扎根研究,通过实质性编码阶段提取了乡愁形成条件、乡愁触点、乡愁主体、乡愁载体、乡愁情感、乡愁愿景共6个核心范畴。然后对核心范畴进行理论性编码,揭示实质性编码所形成的概念或范畴间隐含的相互关系,如并列、因果和递进等,形成一个完整的理论模型,最后基于主客视角构建了传统村落旅游地居民乡愁理论模型(见图3-28)。因此,乡愁是在一定时空条件下,乡愁主体、乡愁触点、乡愁载体、乡愁情感、乡愁愿景等要素共同作用的结果。

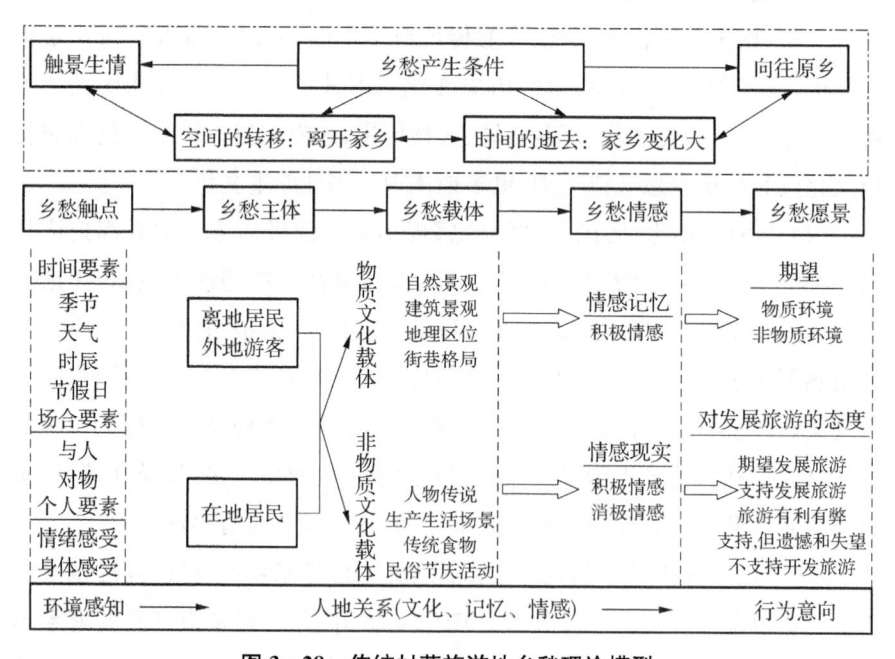

图3-28 传统村落旅游地乡愁理论模型

3.5.1.1 乡愁的产生需要一定的条件

乡愁的产生首先是空间的转移,即人离开家乡,产生对家乡魂牵梦绕的思念,也是乡愁传统定义的唯一前提。其次是时间的逝去,家乡还在那里,但随着时间的流逝,家乡出现了巨大的改变,无论是在地居民还是离地居民都感觉到家乡的变化,而对家乡过去时光的一种怀念。身在家乡也会有乡愁(Albrecht,2005)。乡愁根植于远离过去以及对现在的不满(Lowenthal,1989)。因此,故乡的远离和故土家园的变容,使得"故土、乡土"这种乡愁、乡情情结表现得愈发强烈(郭海红,2015)。再次是游客对曾经乡村生活经历的追忆,在乡村旅游时会触景生情,在城市里生活的人们对过去乡村生活的悲伤回忆(罗兰·罗伯特,2001)。最后是对乡村(原乡)的向往和本能亲近,随着中国城镇化的快速发展,不少 90 后和 00 后都出生和生活在城镇,没有乡村生活经历,但他们在传统村落旅游时表达出对乡土文化的情感依恋。因此,乡愁中的"乡"不仅是个体具体的家乡,也可以理解为乡村,即"原乡"(李蕾蕾,2016)。中国社会是乡土性的,其传统文化根植于农业文明(费孝通,2006),因此中国人的乡愁主要体现在情感上对乡土文化的依恋,以及对传统文化的认同,人们心灵寄托的载体依然是乡村(杨同卫,2014;郑文武,2017)。

3.5.1.2 乡愁的主体进行了扩展

本研究研究发现不仅离开家乡、漂泊异乡的游子会有乡愁,仍在家乡生活的在地居民也是城镇化背景下乡愁的主体,同样,前去传统村落旅游的游客也会触景生情,唤起乡愁,同时通过旅游得到一定的慰藉。"身在家乡的乡愁"(Solastalgia)表明了乡愁主体可以是在地居民(Albrecht,2005)。乡愁主体也应包含终生没有离开过家乡的居民,如果乡愁建设只考虑离乡的游子,在道德上存在一定的缺失(周尚意,2015)。在全球化背景下,"乡愁"不应只局限于离乡而产生的思乡病,而应拓展为在城市化背景下面对乡土世界失守情感无处安放的悲剧体验(张帅,2014)。传统村落旅游地的游客包括离开家乡久居城市的离地居民,同时也可能是从未离开过城市的居民,也会前去传统村落旅游时产生乡愁情感,这其中包含触景生情对家乡的怀念,也包含城市居民对乡村(原乡)本能的亲近和对城市生活节奏加快的逃离。

3.5.1.3 乡愁的产生,会因某个乡愁触点而使居民或者游客唤醒对过去的回忆

乡愁触点主要包括时间要素、场合要素和个人要素。"每逢佳节倍思亲"体现的是时间要素,与家人或邻居晚上乘凉聊天是场合要素,个人情绪低落或者身体生病体现了个人要素。而前去传统村落旅游的游客乡愁触点更多体现的是场合因素,即触景生情。

3.5.1.4 乡愁是有共同的载体和承载了地方文化和乡村文化

乡愁主体(居民和游客)在乡愁触点的刺激下,会回忆起家乡(现在和过去)的建筑、山水、人物、食物等,因此乡愁载体主要分为物质文化载体和非物质文化载体。乡愁有一定的地方文化特色和文化基因的传承。本调查显示,苏南六个传统村落虽然在具体某些建筑外观有些差别,但具有小桥流水的江南水乡街巷格局也是人们在回忆时主要会提及的,还有一些传统习俗等也保持着苏南文化的特色。乡愁具有独特的地方性和本土性(李蕾蕾,2015),许多具有"乡愁记忆"的物质文化遗产和非物质文化遗产,都是具有中国特色的乡愁载体(成志芬等,2016)。汪芳(2015)认为,乡愁对象也就是被记忆的对象,常与传统村落体现的价值观相联系,包括空间信息、人物事件等。

3.5.1.5 乡愁情感分为情感记忆和情感现实,积极情感占主要部分

作为针对特定空间即故乡家园和乡村的怀旧情感,本调研显示无论是居民还是游客,当回忆起家乡过去的时光和思念家乡时,心中涌起的情感即乡愁情感,是乡愁的核心部分,也是乡愁的表征部分。乡愁情感分为情感记忆和情感现实,情感记忆是对过去情感状态(包括感知、情绪、心境等)的记忆,在本研究中主要体现为积极情感;而情感现实则是百味杂陈的,积极情感和消极情感皆有。乡愁的情感反应是以积极为主的。

3.5.1.6 乡愁情感有一定的能动性

当居民产生乡愁情感后,则会做出一定的情感反应,产生一定的意愿和行为意向,即乡愁愿景。总的来说,本研究访谈的居民都希望自己的家乡得到保

护和发展,对传统村落发展旅游的态度总体是期望和支持的行为意向。

本研究进行了理论饱和度检验,为了确保扎根理论研究的科学性和合理性,成立了研究小组,在访谈结束后,组内成员独立对访谈文本进行编码,在研究过程中不断比较访谈资料和数据,确保信度。编码中偏差最终由两名成员通过协商进行统一并对编码结果进行说明,同时本研究的案例地有六个村落,因此相对于单案例研究,外部效度较高。第一轮访谈了陆巷、明月湾村以及杨桥村,并及时编码,两轮两名编码者对资料编码结果的一致性水平较高。之后又对焦溪村、严家桥村和礼社村三个村子进行第二轮访谈,后期再纳入的访谈数据未产生新的和重要的核心范畴,可以判定结论可信,达到可接受水平,因此在理论上,"传统村落旅游地乡愁"理论模型是饱和的。项目组因后期课题研究需要,2022年又对入选第四批江苏省传统村落名录的常州青城村、入选第五批中国传统村落名录的常州溧阳沙涨村进行了访谈和调研,其访谈数据未产生新的和重要的核心范畴,并验证了本研究所提出的观点和理论。

3.5.2 乡愁内涵解读

乡愁虽然与怀旧、思乡病和恋地情结有一定的概念重叠,但并不等同,尤其传统村落旅游地的乡愁更是特定的人地关系的体现,乡愁属于怀旧中关于家乡和乡村特定地方的一种个人怀旧和集体怀旧。乡愁是专门针对家乡和乡村的特定的恋地情结。乡愁包含思乡的情绪,但没有发展到思乡病的程度,并不全是负面情感和心理问题。它包含正面情感和美好愿景,同时思乡病中人们更多感受的不是乡而是家,空间尺度比起乡愁范围要小一些,因此区别于其他三个概念。通过在苏南传统村落的扎根理论研究,对居民和游客进行了深度访谈,同时结合城镇化研究背景下不同学科专家学者的观点,本研究认为传统村落旅游地乡愁的内涵外延发生了拓展和变化,区别于以往传统意义上的乡愁概念。本研究认为传统村落旅游地的乡愁是特定的人地关系的体现,乡愁主体包含在地居民、离地居民和游客,乡愁由情感、记忆、文化三个维度构成,并具有时间和空间特征。其主要包括以下几点:

首先,乡愁主体包含在地居民、离地居民以及游客,因此对乡愁中"乡"

的解读，不仅包括故乡、家乡，同时也应是乡村（原乡）。

其次，乡愁由文化、情感、记忆维度构成。① 乡愁具有一定的文化维度：乡愁中的"乡"，作为一个特定的地方，体现了当地文化和乡村文化，尤其体现在乡愁载体的物质文化和非物质文化特征；② 乡愁具有一定的情感维度：乡愁中的"愁"，不仅是字面理解离开故乡、思念故乡的愁绪，也包含身在家乡对家乡发生巨大变化（尤其是衰败的变化），回不到过去的愁绪，而且是对过去美好回忆的积极情感表达，比如骄傲、自傲、愉快、温馨等，同时也是城市居民对乡村生活的向往和本能亲近；③ 乡愁具有一定的记忆维度：乡愁既是当地居民和离地居民对家乡过去的生活记忆，也是游客包括城市居民触景生情，由眼前的乡村生活想到自己的家乡，或是因头脑储存的乡村记忆，而前往乡村体验和旅游。

最后，乡愁具有时间和空间特征。乡，不管是家乡、故乡还是乡村，过去什么样，现在什么样，什么物体、场景引发了乡愁，乡愁的载体都会落实在一定的空间，这代表着乡愁有一定的时间和空间特征。访谈材料也体现到乡愁的产生条件、乡愁触点，抑或是乡愁的主体、载体都处于一定的时空中，经历着时空的改变，有着明显的时间和空间特征，因此乡愁具有时空特征。

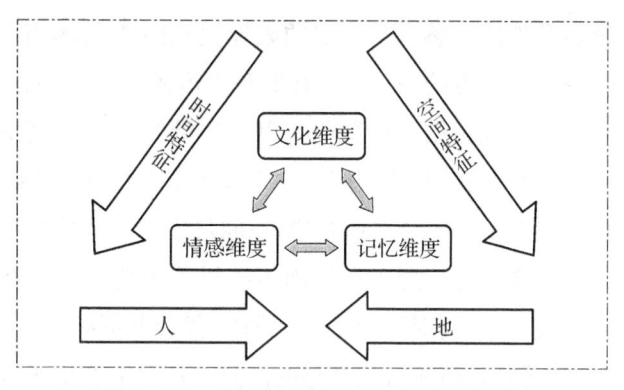

图 3-29　乡愁构成维度及特征研究框架

本章对苏南三市六个传统村落旅游地的居民和游客进行深度访谈，探讨乡愁的内涵，构建了传统村落旅游地乡愁理论模型，并进行了主客视角的乡愁异同分析，具体包括以下几个方面：

(1) 在新型城镇化背景下,乡愁内涵更加丰富,外延得到一定的扩展。本研究以传统村落旅游地为研究区域,基于主客视角进一步丰富乡愁的研究,创建了传统村落旅游地的乡愁理论模型。乡愁是在一定时空条件下,乡愁主体、乡愁触点、乡愁载体、乡愁情感、乡愁愿景等要素共同作用的结果。乡愁主体不仅仅是离开家乡的人们,也应该关注在地居民,和前往传统村落旅游的城市居民。居民和游客会因乡愁触点唤醒对过去的回忆和乡村记忆。乡愁触点主要包括时间要素、场合要素和个人要素。乡愁是有一定的载体和承载了地方文化。乡愁情感分为情感记忆和情感现实,积极情感占主要部分。乡愁情感有一定的能动性。当居民产生乡愁情感后,则会做出一定的情感反应,产生一定的意愿和行为意向,即乡愁愿景。

(2) 传统村落旅游地的乡愁是特定的人地关系的体现,乡愁由情感、记忆、文化三个维度构成,有一定的时空特征;乡愁体现了当地文化和乡村文化,乡愁不仅包含回不到过去的愁绪,而且也是对过去美好回忆的积极情感表达,同时也是城市居民对乡村生活的向往和本能亲近;乡愁既是居民过去的生活记忆,也是游客的家乡记忆和乡村记忆。乡愁的产生有一定的时间和空间特征,如空间的迁移,时间的逝去。乡愁的主体,无论是居民还是游客,不同年龄和离家时间的长短,抒发的乡愁情感有所不同。触发乡愁主体产生情感的触点时空特征也较为明显,如下雨、夜里、佳节,而寄托乡愁情感的载体,其地理空间特征尤为明显。

(3) 主客视角下乡愁的共同点方面为,传统村落居民和游客对乡愁的理解都包含对家乡过去时光的怀念,都会触景生情,二者提及的乡愁载体都具有自己家乡特有的乡村文化。主客乡愁的情感反应以积极为主。主客乡愁的愿景都为希望自己的家乡得到保护和开发。居民和游客产生乡愁后,都希望自己的家乡越来越美好;差异点为传统村落居民对乡愁的理解不仅包含对家乡过去时光的怀念,同时更多是对家园"未来"的期望。而游客更多是触景生情,回忆的是家乡过去的时光,对家乡未来的发展侧重较少。与游客相比,传统村落的居民乡愁触点范围更加广泛,居民乡愁载体类别更多,承载了更多乡村文化,居民乡愁的情感现实是以消极为主。与居民相比,游客乡愁愿景不仅关注自己家乡的发展,同时也聚焦于所游览村落的发展。

第 4 章 传统村落旅游地乡愁的测度

乡愁是人类共同的情感,是比较抽象的,如何量化乡愁是值得研究的科学问题。在传统村落旅游地的居民和游客乡愁维度结构到底是什么,主客差异是什么?基于前文对传统村落旅游地乡愁的质性研究,结合国内外相关文献的梳理,本章从文化、情感和记忆三个维度来构建传统村落旅游地乡愁量表,对乡愁进行测度并进行主客量表差异分析。

4.1 问卷内容设计及调研情况

4.1.1 问卷内容设计

本研究主要设计了居民和游客调研问卷,见附录 E 和附录 F,主要包括五部分内容,每部分的具体内容设计和差异情况如下:

4.1.1.1 被访者基本信息

在这一部分,居民和游客的共同题项包括:性别、年龄区间、职业、月收入、文化程度。为了进一步区分住客身份的差异,针对居民,设计了是否在传统村落出生、居住时间、家乡旅游业(开发)发展的最大受益者评价、对乡愁观念的认同、期望旅游开发中恢复的场景和事物等题项。针对游客,设计了传统村落的旅游次数、旅游目的、游客的家乡所在地、离开家乡的时间、近三年到乡村旅游的次数、一年回老家的次数、(未来)留在家乡工作的意愿等题项。

4.1.1.2 乡愁维度感知评价

根据第三章乡愁扎根理论研究,从文化、情感和记忆三个维度上进行了乡愁量表题项设计,初始问卷有33个题项。采取李克特5点量表的方法进行测量,分值1到5代表了"完全不同意""不同意""不确定""同意""完全同意"。此部分是本章的核心问题,游客和居民题项基本一致。

4.1.1.3 乡愁时间特征

乡愁的时间特征主要体现在"什么时候会有乡愁",具体在季节、时刻、天气和传统节日以及休息日等方面设置了题项。以及乡愁记忆所体现的时间特征,如"怀念的人生阶段""怀念的家乡年代""乡愁的频率"等题项。"怀念的家乡年代"主要为现代、近代、清代和明代,因选取的六个传统村落现存大量建筑都建于或重建于明清至民国时期。此部分是第五章的核心问题,游客和居民题项完全一致。

4.1.1.4 乡愁影响因素

相关影响因素选取综合考虑了前文扎根理论研究时主客访谈所提及的乡愁影响因素,以及前人研究成果,从现有政策制度、城镇化过程中传统村落遇到的问题、旅游业态涉入以及居民旅游利益感知等方面设计测量指标。采取李克特5点量表的方法进行测量,分值含义与上面相同。此部分是第六章的核心问题,游客和居民题项完全一致。

4.1.1.5 乡愁空间特征

通过扎根理论研究将游客和居民的乡愁载体主要类型将其列在纸质问卷中,采取李克特5点量表进行打分,分值含义与上面相同。在实地调查中带着调研区域地图,由被调查者选择5—10处能唤起乡愁的载体,并选取3—5处乡愁情感最为强烈的载体,采用PPGIS方法获得受访者感知的乡愁载体和情感的空间点数据,匹配问卷调查中受访者人口学基本信息。实地调查中采用自愿原则,被访者决定是否在图上标点和赋值。此部分是第五章的核心问题,游客和居民题项完全一致。

4.1.2 量表题项设计

4.1.2.1 初始测量项目的生成

Hinkin(1995;1998)量表开发研究成果表明,当概念目前还未达成统一含义且开发量表较少,适于采用归纳法进行条目开发,因此本研究中乡愁量表开发的主要测量项目产生于属于归纳法的扎根理论中的范畴。基于上文扎根理论建立的乡愁构成维度框架,梳理和借鉴国内外怀旧和乡愁的研究成果,本研究开发的传统村落旅游地乡愁量表将从文化、情感和记忆三个维度进行表达和测量。为了便于主客双方后期的比较,尽量做到题项一致性,个别措辞有所不同,但不影响原意。具体量表题项设计依据及来源如下:

(1) 文化维度(Culture Dimension)

体现了乡愁中的"乡"的意义,乡愁代表了传统文化、乡村文化,并传承了地方文化基因。如本研究调查的苏南六个传统村落具有的江南水乡街巷格局,以及苏南文化特色的传统习俗等。周尚意(2015)指出"乡"是文化建构的结果。李蕾蕾(2015)指出乡愁之情必须落在具体的乡村地理或特定地方,乡愁地理具有独特的地方性(place)和本土性(locality)。成志芬(2015)等认为许多具有"乡愁记忆"物质文化遗产和非物质文化遗产,都具有中国特色。汪芳等(2015)认为,乡愁对象常与传统村落体现的价值观相联系。刘沛林(2010,2015)提出传统村落"景观基因"的概念,认为"留住乡愁"的前提就是保留和传承文化基因。参考上述研究成果,本研究从乡村文化、历史文化、地方文化以及乡愁载体所体现的物质文化和非物质文化等方面选取相关指标共设计了7个测量题项。

(2) 情感维度(Emotion Dimension)

乡愁作为针对特定空间即故乡家园和乡村的怀旧情感,当居民和游客回忆起家乡过去的时光和思念家乡时,心中涌起情感即乡愁情感,情感是乡愁的核心部分,也是乡愁的表征部分。乡愁情感分为情感记忆和情感现实,情感记忆是对过去情感状态(包括感知、情绪、心境等)的记忆,在本研究中主要体现为积极情感;而情感现实则是百味杂陈的,积极情感和消极情感皆有。Baumgartner(1992)认为过去记忆属于乡愁认知维度，记忆所引发的情感属于乡愁情感维度。Holbrook(1993)所开发的怀旧倾向量表中有幸福、美好的明天等情感的表达。乡愁积极情感处于绝对优势(汪芳，2015；陆邵明，2016)。参考上述研究成果，本研究从熟悉的感觉、强烈归属感、乡村生活的宁静平和、依恋、温馨、骄傲、责任感等方面选取相关指标共设计了14个测量题项。

(3) 记忆维度(Memory Dimension)

乡愁有一定的载体和依托。Batcho(1995)的怀旧调查表(Nostalgia Inventory，BNI)中将朋友、学校、地方、家庭等作为主要测量项目。Taylor和Konrad(1980)的体验量表(Experience Scale，ES)中有"我怀念过去生活过的地方"。Knez(2006)论证了具体的物质环境容易勾起人们对以往愉快活动的回忆，所以成为牵引人们乡恋记忆和乡愁情感的有效载体。何佳讯(2010)开发了中国消费者怀旧倾向量表，具体包括人际怀旧、家庭怀旧和个人怀旧等三个维度，其中个人怀旧主要侧重所怀念的对象，如吃过的口味和看过的电视剧、小时候难忘的事等。刘沛林(1994)认为中国传统村落意象包含祠堂、大树、流水和桥等要素。李蕾蕾(2015)指出乡愁之情必须落在具体的乡村地理或特定地方的一草一木、山河景物、风土人情、童年故事、乡土食品等乡愁载体。成志芬等(2015)等认为许多具有"乡愁记忆"的古建故址等物质文化遗产，以及一些风土民情、民俗文化等非物质文化遗产，都是具有中国特色的乡愁载体。汪芳等(2015)认为乡愁对象也就是被记忆的对象，包括空间信息、人物事件等。陆邵明等(2016)认为学校等记忆场所体现了乡愁的空间意象。谢新丽等(2017)认为城市居民乡愁情感的载体主要有传统建筑、田园景观、生活方式等。由此可见，人们乡愁的记忆依托着一定的载体。本研究使用前文扎根理论提取的乡愁载体的核心范畴作为记忆维度的测量题项。从乡愁的物质文化载体和非物质文化载体两方面入手，设计了包含自然景观、建筑景观、地理区位、街巷格局、历史人物、生活人物、诗文传说、童年场景、生活场景、生产场景、商业场景、人际交往、传统食物、民俗节庆等17个题项。

一般来说，预测量表的题项数大概是正式量表题项数的1.5倍，3至6

个题项基本能代表每一维度所测内容,因此预试问卷的题项数应40个左右(罗伯特,2010)。预测问卷题项主要来源于扎根理论研究(深度访谈),前人文献研究成果以及已有相关问卷量表,共编制了40个题项。参考已有的问卷包括:Taylor 和 Konrad(1980)的体验量表(Experience Scale,ES)、Holbrook(1993)的怀旧倾向量表(Index of Nostalgia Proneness,INP)、Batcho(1995)的怀旧调查表(Nostalgia Inventory,BNI)、何佳讯(2010)的中国消费者怀旧倾向量表(Chinese Nostalgia Scale,CHINOS)、薛婧(2012)的旅游怀旧量表(Tourism Nostalgia Questionnaire,TNQ)。

4.1.2.2 量表内容效度检验

初始测量项目开发出来后,对其进行内容效度检验,删减不满足概念一致性条件的测量项目。为了达到这一目的,首先请相关研究领域的专家(包括1位教授、2位副教授和3位博士生)对40个初始测量项目与乡愁这一概念的匹配程度进行评价。在达成一致后,对项目的内容和用词进行反复讨论和修改,合并内涵相同但表述不同的项目,最后保留38个测量项目,见表4-1。

在问卷编制完成后,各选取了8名游客和居民进行了预调查,要求其将语义表述不明白的地方标记出来,并进行及时修改,寻求更容易理解的表达。最终,传统村落旅游地居民/游客乡愁预试问卷保留38个项目。乡愁量表各题项均采用李克特Likert五点量表设计。

表4-1 研究维度的构成、测量项及题项来源

维度	主客	测量项	题项来源
文化维度	游客	CD_1 让我感受到了典型的传统村落(乡村)文化 CD_2 让我感受到(苏南)传统村落厚重的历史文化 CD_3 让我感受到苏南传统村落是水乡文化的典型代表 CD_4 让我感受到了过去传统的物质文化 CD_5 让我感受到了过去传统的非物质文化 CD_6 共有的乡村文化能让我想起自己的家乡 CD_7 旅游的开发有利于乡村文化的传承	Taylor,Konrad(1980); 陆邵明(2016); 刘沛林(2015); 周尚意(2015); 汪芳(2015); 深度访谈
	居民	测量项与游客一致	

续表

维度	主客	测量项	题项来源
情感维度	游客	ED_1 让我找到了熟悉的感觉 ED_2 让我感到强烈归属感 ED_3 感受到乡村生活的宁静平和 ED_4 让我对乡村有种依恋的感觉 ED_5 想起过去和家人在一起的时光很温馨 ED_6 想起自己的儿童时光很美好 ED_7 想起家乡(乡村)过去的成绩很骄傲 ED_8 想起家乡(乡村),会有一种责任感 ED_9 想起家乡(乡村),会有淡淡的忧伤 ED_10 想起家乡(乡村)的现状,感觉很心痛 ED_11 面对家乡(乡村)现在的发展,很自豪 ED_12 对所游传统村落的保护现状,感觉挺骄傲 ED_13 当我离开时,我会思念它(乡村) ED_14 相对城市,更向往乡村生活	Holbrook(1993); Baumgartner(1992); 何佳讯(2010); 吴丽敏(2015); 陆邵明(2016); 汪芳(2015); 深度访谈
	居民	测量项与游客一致	
记忆维度	游客	MD_1 让我想到过去的自然景观 MD_2 让我想到了过去的建筑景观 MD_3 让我想到过去的地理区位 MD_4 让我想起过去的街巷格局 MD_5 让我想到家乡的历史人物 MD_6 让我想到过去生活中的人物 MD_7 让我想到过去的诗文传说 MD_8 让我想到了童年场景 MD_9 让我想到了过去的生活场景 MD_10 让我想到了过去的生产场景 MD_11 让我想到了过去的商业场景 MD_12 让我想到了过去的人际交往 MD_13 让我想到了过去的传统食物 MD_14 让我想到了过去的民俗节庆活动 MD_15 现在的人不如以前朴实了 MD_16 现在的人际关系比以前复杂太多 MD_17 现在的人变得越来越功利了	Taylor,Konrad(1980); Batcho(1995); Knez(2006); 何佳讯(2010); 薛婧(2012); 李蕾蕾(2015); 刘沛林(2015); 深度访谈
	居民	测量项与游客一致	

4.1.3 预调研与项目纯化

问卷预调研阶段主要目的是对问卷设计合理性和可行性进行初步判

断,并对调研问卷进行了信效度检验,进而修改问卷题项。

预调研在 2018 年 9 月 29 日至 10 月 8 日对游客和居民进行了预调研,收回问卷分别为 158 份和 68 份。预调研项目分析目的在于检验编制量表题项的可靠性程度。评判标准:① 通过量表题项与总分的相关系数来检验,要求二者之间达到显著(p 小于 0.05),还要呈现中高度关系(0.4 以上),若二者未达到显著和(或)相关系数较小的情况下考虑删除此题项。② 项目总体间的相关系数(CITC)是项目纯化的重要参考指标,该值高于 0.30 可以达到满意水平(Field,2005)。Yooa 等(2001)指出应该删除 CITC 值小于 0.4 且删除该项其他题项 α 系数值增大的题项,本研究标准选择 0.4。③ 共同性与因素负荷量。删除共同性值低于 0.20(因素负荷量小于0.45)的题项。

依据以上指标判断原则,本研究设计的预调研量表中,情感维度的题项"当我离开时,我会思念它(乡村)""相对城市,更向往乡村生活";记忆维度的题项"现在的人不如以前朴实了""现在的人际关系比以前复杂太多"和"现在的人变得越来越功利了"题项共同性值<0.20,因素负荷量小于0.45,同时 CITC 值小于 0.4 且删除该项其他 α 系数值增大,因此删除 5 个题项,剩余 33 个题项。删除后,整体量表的信度检验显示,Cronbach' Alpha 值大于 0.8 的标准,KMO 和 Bartlett 的球形度检验值为 0.914,说明这些题项有较好的鉴别度。项目分析对量表进行了初步的优化,在后续测量模型和结构模型分析中,将对不符合验证标准的题项进行删除,进一步优化量表。

4.1.4 问卷正式调查和初步分析

4.1.4.1 问卷正式调查

正式问卷则是根据预调研结果,并参考相关领域的专家意见对问卷进一步优化完善后形成。正式调研数据主要包括陆巷和焦溪两个传统村落的居民和游客(见表 4-2)。调研小组成员均为旅游专业博士、硕士研究生和本科生,在调研之前,对参与人员进行相应的培训和相关解释说明。本研究选择苏州陆巷和常州焦溪进行定量实证研究,对居民和游客进行了问卷调研。居民样本采用抽样调查结合滚雪球方法,通过熟人寻找调查对象,以及幼儿园和小学向家长发放问卷。在实地调研过程中,采用一对一方式,有些时候针对当地居民因语言原因采用二对一方式,对受访者不明白的原因给予及时解释,确保理解题项含义和要求。游客调研采用随机调研,和联系曾经去过陆巷和焦溪旅游的游客相结合的方式进行。

课题组于2018年10月11日至14日到苏州陆巷古村进行正式调研,采用随机抽样方法,对当地居民和游客进行了为期四天的调研,发放和回收问卷,并剔除漏填和填写错误等无效样本。每份问卷调研时间大约30分钟,完成后当场收回。游客发放330份(其中网络问卷129份),回收问卷320份,有效问卷为278份;居民发放300份(其中网络问卷112份),回收问卷281份,有效问卷为217份。

课题组于2018年10月19日至21日、26日至28日两次赴常州焦溪进行为期六天的正式调研。游客发放280份(其中网络问卷123份),回收问卷265份,有效问卷为243份;居民发放280份(其中网络问卷18份),回收问卷260份,有效问卷为205份。删除回答有明显矛盾、缺失值过多(≥3)特征的无效问卷,最后,陆巷和焦溪两村有效问卷居民共计422份,游客共计521份。

表4-2 传统村落居民和游客调研情况

调研村落	调研对象	发放数量(份)	回收数量(份)	有效问卷(份)	有效率(%)
陆巷	居民	300	281	217	72.3%
	游客	330	320	278	84.2%
焦溪	居民	280	260	205	73.2%
	游客	280	265	243	86.8%

4.1.4.2 样本基本情况分析

分别对居民和游客背景信息如性别、年龄、收入和教育程度等进行统计说明。

居民样本共422份。由表4-3可以发现,男性、女性受访居民所占样本比例分别为42.2%和57.8%,女性多于男性。年龄分布中,以1979—1989年区间(36.7%)、1960—1978年区间(32.7%)出生人员最多,共计占样本总量的69.4%,其次是1990—2000年、1950—1959年两个区间出生的,分别占15.9%和8.5%。职业构成中,其他职业占比为22.3%,其次是农民所占比例最大,为18.7%,再次是事业单位人员、公司职员,分别占18.0%、17.1%。月收入方面,2 001—5 000元占52.4%,其次是2 000元以下、5 001—10 000元,各占22.7%和19.7%。在文化程度上,大专及本科学历所占比例最高,为40.0%,其次是初中、高中(含中专)和小学,分别占23.2%、22.7%和11.8%。71.6%受访居民出生在调研村落即焦溪和陆巷。受访居民中有80.6%现在居住在村落。受访居民中居住时间20年以上占71.1%,其次是5年以下,占比17.8%。世居居民(三代以上)占75.8%,暂居者占13.0%,已辈定居者占9.2%。同时82.3%的居民认为即使没有离开乡村/家乡,对家乡过去时光的回忆和情感,以及对家乡现状的关心是乡愁。

游客样本共计521份。由表4-4可以发现,男性、女性受访游客所占样本比例分别为47.4%和52.6%,男女性别基本适宜。年龄分布中,以1960—1978年区间出生人员最多,占样本总量的34.9%,其次是1979—1989年、1990—2000年出生的,分别占27.6%和28.0%。职业构成中,公司职员所占比例最大,为21.7%,其次是学生、事业单位人员、其他职业、离退休人员,分别占18.8%、16.7%、14.6%、9.4%。月收入方面,5 001—10 000元占34.9%,其次是2 001—5 000元占30.9%,2 000元以下以及10 001元及以上相对较少,各占19.6%和14.5%。文化程度以大专及本科学历为多,占比共63.1%,其次为高中(含中专)和硕士及以上,分别占18.4%和11.9%。来调研的村落旅游的次数,第一次来占比最多,为55.1%,其次是3次以上,占29.9%。旅游目的方面,观光游览占比为53.4%,其次是休闲度假、文化体验、乡愁怀旧等,分别占39.0%、22.6%和16.7%。游客乡村旅游次数方面,三年内到乡村旅游的次数以1-3次占比最高,为45.5%,其次是4-6次和10次以上,分别占26.3%和19.0%,最后是7-10次,占9.2%。

表 4-3　居民样本的人口统计学特征(N=422)

项目	类别	频数	百分比(%)	项目	类别	频数	百分比(%)
年龄	1930—1949 年	21	5.0	性别	男	178	42.2
	1950—1959 年	36	8.5		女	244	57.8
	1960—1978 年	138	32.7	文化程度	小学	50	11.8
	1979—1989 年	155	36.7		初中	98	23.2
	1990—2000 年	67	15.9		高中(含中专)	96	22.7
	2000 年以后	5	1.2		大专及本科	169	40.0
职业	公务员	6	1.4		硕士及以上	9	2.1
	事业单位人员	76	18.0	村落出生	是	302	71.6
	公司职员	72	17.1		否	120	28.4
	私营业主	54	12.8	现居村落	是	340	80.6
	军人	0.0	0.0		否	82	19.4
	科教技术人员	12	2.8	居住时间	5 年以下	75	17.8
	农民	79	18.7		6-10 年	17	4.0
	学生	14	3.3		11—20 年	30	7.1
	离退休人员	15	3.6		20 年以上	300	71.1
	其他	94	22.3	身份	世居居民(3 代以上)	320	75.8
月收入	2 000 元及以下	96	22.7		父辈移居者	8	1.9
	2 001—5 000 元	221	52.4		己辈定居者	39	9.2
	5 001—10 000 元	83	19.7		暂居者	55	13.0
	10 001 元以上	22	5.2				

同时对游客离开家乡时间、回老家次数以及留在家乡工作意愿方面进行了调研。离开家乡时间方面,有一部分游客在家乡学习和工作,从未离开家乡(31.7%),除此之外,在离开家乡的游客中,离开 30 年以上占比 31.5%,其次是 7—10 年、4—6 年和 1—3 年,分别占 9.8%、8.6%和 7.1%,11—20 年占比较少,为 4.4%。回老家次数方面,最多为 7 次及以上,占 27.8%,其次是 1 次、4—6 次和 1—3 次,分别占 24.4%、19.6%和 8.4%,0 次占比 19.8%,其中有未离开家乡,在家工作也有一年都没有回过家乡。

表4-4 游客样本的人口统计学特征(N=521)

项目	类别	频数	百分比(%)	项目	类别	频数	百分比(%)
性别	男	247	47.4	文化程度	小学	8	1.5
	女	274	52.6		初中	26	5.0
年龄	1930—1949年	16	3.1		高中(含中专)	96	18.4
	1950—1959年	26	5.0		大专及本科	329	63.1
	1960—1978年	182	34.9		硕士及以上	62	11.9
	1979—1989年	144	27.6	旅游次数	第1次	287	55.1
	1990—2000年	146	28.0		第2次	50	9.6
	2000年以后	7	1.3		第3次	28	5.4
职业	公务员	28	5.4		3次以上	156	29.9
	事业单位人员	87	16.7	旅游目的	观光游览	278	53.4
	公司职员	113	21.7		休闲度假	203	39.0
	私营业主	44	8.4		乡愁怀旧	87	16.7
	军人	3	0.6		乡土购物	36	6.9
	科教技术人员	18	3.5		乡村娱乐	71	13.6
	农民	5	1.0		探亲访友	76	14.6
	学生	98	18.8		商务旅行	22	4.2
	离退休人员	49	9.4		文化体验	118	22.6
	其他	76	14.6		其他	53	10.2
月收入	2 000元及以下	102	19.6	离开家乡时间	未离开	165	31.7
	2 001—5 000元	161	30.9		1—3年	37	7.1
	5 001—10 000元	182	34.9		4—6年	45	8.6
	10 001元及以上	76	14.5		7—10年	51	9.8
三年内到乡村旅游的次数	1—3次	237	45.5		11—20年	23	4.4
	4—6次	137	26.3		21—30年	36	6.9
	7—10次	48	9.2		30年以上	164	31.5
	10次以上	99	19.0				

续 表

项目	类别	频数	百分比(%)	项目	类别	频数	百分比(%)
一年回老家几次	0次	103	19.8	留在家乡工作意愿	非常赞成	165	31.7
	1次	127	24.4		赞成	154	29.6
	1—3次	44	8.4		不确定	145	27.8
	4—6次	102	19.6		不赞成	42	8.1
	7次及以上	145	27.8		非常不赞成	15	2.9

4.2 主客乡愁的测度

4.2.1 探索性因素分析

探索性因素分析(Exploratory Factor Analysis,EFA)是利用一组样本来产生测量变量间因素结构,验证性因素分析(Confirmatory Factor Analysis,CFA)则是再抽取另一组样本来检验假设因素结构的契合度。本研究将总样本分为两部分:一部分样本数进行 EFA 分析,目的是做题项筛选,确定量表结构;另一部分样本采用 CFA 方法来进行模型的正式比较,来验证维度构成的理论结构是否合理。

本研究主要探索主客视角下的传统村落乡愁量表的开发,因此将调研有效数据按居民和游客样本分别汇总,两村居民共 422 份,两村游客共 521 份,然后将居民和游客数据分为两部分:一部分数据做探索性因素分析(EFA),在保证样本量为量表题项数目 5 倍的前提下(吴明隆,2010),居民抽取了 200 份和游客抽取了 229 份;另外一部分数据分别为居民 222 份以及游客 292 份做验证性因素分析(CFA)。

本研究进行探索性因素分析删除题项的主要依据为:① 以 0.45 作为删除的取舍项目的临界值则比较普遍(Hinkin,1998)。若该题目在所有因素的因素负荷量小于 0.40 或该题目因素负荷量有两个以上大于 0.40(横跨两个因素以上)者,都须删除(Straub,1989)。② 一个因素只包含一个题项者应删除。③ 信度检验多采用 Cronbach's α 系数,又称为内部一致性 α 系数。整份量表 Cronbach's α 值应在 0.70 以上,最好高于 0.80,如果再 0.90 以上,代表问卷量表信度非常理想。同时再使用修正项目总相关系数,若删除某题项后的 Cronbach's α 值比删除前的高,表示该题项与其余题项的内部一致性较差,可以删除(吴明隆,2010)。

本研究采用限定抽取共同因素法。限定抽取共同因素法需在萃取因素时限制因素的数目,也是一种事前准则法(a priori criterion),使用者在修订或编制量表时,可以根据研究明确的维度进行共同因素的数目抽取,进行因素分析(吴明隆,2010)。

本研究主要通过 SPSS21.0 软件对第一部分数据 33 个题项进行因子分析,进行 KMO 与 Bartlett 的球形检验,选择主成分分析法,采用限定抽取共同因素法,因子个数按照前文扎根研究中的三个维度直接设定抽取三个因素,选择最大方差法,最后提取了三个成分,结果显示:

居民和游客样本数据的 Cronbach's α 分别为 0.961 和 0.971,大于 0.80,证明样本数据信度可靠。居民和游客样本 KMO 度量值分别为 0.925 和 0.948,通过 Bartlett 球形度检验,P 值等于 0,小于 0.05 的显著性系数,拒绝了球形检验零假设,说明存在显著差异,适合进行因子分析,效度检验合格。

在对传统村落旅游地居民和游客乡愁维度的 33 个测量指标进行探索性因素分析,删除因子载荷低于 0.40 或在多个因子载荷值大于 0.40 的测量题项,按照限定抽取共同因素法抽取三个因子,采用方差最大正交转轴法进行因子旋转,居民探索性因素分析过程如下:首先依次删除出现双载荷的测量题项 MD_R2、MD_R3、MD_R10、MD_R11、MD_R14、ED_R6、ED_R9、ED_R10、ED_R11、ED_R12、CD_R4、CD_R5 等共 12 项;再次依次删除偏离问卷初始设计维度,出现在其他维度下的题项 CD_R6、CD_R7、ED_R7、ED_R8、MD_R5、MD_R8、MD_R13 共 7 项。游客探索性因素分析过程测量题项删除依据同上。最终居民乡愁量表题项共保留 14 项,游客乡愁量表题项共保留 13 项。结果显示,居民和游客的传统村落旅游地乡愁量表的累计方差贡献率分别为 65.420% 和 74.094%,传统村落旅游地居民和游客乡愁主要有 3 个维度，相关数据分析结果见表 4-5 和表 4-6。

表 4-5 传统村落旅游地居民乡愁维度的探索性因素分析结果（N=200 份）

测量题项	因素负荷量			共同性	Cronbac's α
	记忆维度	情感维度	文化维度		
MD_R12	0.725			0.622	0.852
MD_R1	0.718			0.718	
MD_R13	0.710			0.552	
MD_R6	0.667			0.469	
MD_R7	0.660			0.601	
MD_R9	0.615			0.597	
MD_R4	0.586			0.590	
ED_R5		0.806		0.714	0.821
ED_R3		0.784		0.701	
ED_R2		0.681		0.643	
ED_R4		0.640		0.590	
CD_R2			0.849	0.842	0.906
CD_R1			0.808	0.772	
CD_R3			0.775	0.739	
特征值	3.434	3.077	2.648	9.159	
方差贡献率	24.527	21.981	18.912	65.420	0.904
累计方差贡献率	24.527	46.508	65.420	/	

表 4-6 传统村落旅游地游客乡愁维度的探索性因素分析结果（N=229 份）

测量题项	因素负荷量			共同性	Cronbac's α
	记忆维度	文化维度	情感维度		
MD_T13	0.825			0.784	0.918
MD_T14	0.809			0.759	
MD_T12	0.801			0.766	

续 表

测量题项	因素负荷量			共同性	Cronbac's α
	记忆维度	文化维度	情感维度		
MD_T8	0.752			0.715	
MD_T6	0.734			0.712	
MD_T4	0.542			0.603	
ED_T3		0.803		0.753	0.845
ED_T4		0.754		0.750	
ED_T8		0.636		0.624	
ED_T1		0.589		0.613	
CD_T2			0.879	0.878	
CD_T1			0.858	0.859	0.913
CD_T3			0.820	0.817	
特征值	4.040	2.820	2.772	9.632	
方差解释率	31.076	21.692	21.326	74.094	0.939
累计方差解释贡献率	31.076	52.768	74.094	/	

在因素分析后,进行量表可靠性检验,即总量表和量表各维度的信度检验。从表4-5和表4-6可以看到,从整体量表来看,居民/游客的传统村落旅游地乡愁量表的Cronbach's Alpha值为0.904和0.939,均大于0.9,表示信度很高;从量表各维度来看,记忆、情感、文化维度的Cronbach's α值分别为0.852/0.918、0.821/0.845、0.906/0.913,均大于0.8,表示该量表构面信度较高。

根据上述探索性因素分析结果,以下对居民和游客在三个维度的因子进行解释和说明:

(1) 记忆维度(Memory Dimension)

居民记忆维度有7项:MD_R1、MD_R4、MD_R6、MD_R7、MD_R9、MD_R12、MD_R13。游客记忆维度有6项:MD_T4、MD_T6、MD_T8、MD_T12、MD_T13、MD_T14。从该维度上看,居民

和游客共有题项包含当大家产生乡愁时,都会回忆起过去的街巷格局、过去生活中的人物、过去的人际交往、过去的传统食物。居民侧重回忆过去的生活场景,游客侧重回忆快乐的童年场景。相比游客而言,居民在记忆维度上又表现会想到过去的自然景观以及过去的诗文传说,而游客更加侧重想到过去的民俗节庆活动。因此,记忆维度主要包括了自然景观、街巷格局、人物传说、生活生产场景、传统食物和民俗节庆活动等。传统村落旅游地居民和游客的乡愁主要体现在对物质文化载体和非物质文化载体的记忆上,主要体现在对家乡过去的一种记忆。

(2) 情感维度(Emotion Dimension)

居民情感维度主要有4项:ED_R2、ED_R3、ED_R4、ED_R5。游客情感维度主要有4项:ED_T1、ED_T3、ED_T4、ED_T8。二者在产生乡愁时共同感受到乡村生活的宁静平和、对乡村有种依恋的感觉,但居民和游客有所差异的是在地居民产生乡愁时感到强烈的归属感、居民在乡愁情感产生时更侧重想起过去和家人在一起的时光很幸福,而游客是在传统村落找到了熟悉的感觉,更侧重对家乡的责任感等情感。上述题项体现了传统村落旅游地居民及游客在乡愁记忆伴随着依恋、宁静平和、幸福、美好等情感。

(3) 文化维度(Culture Dimension)

居民文化维度主要有3项:CD_R1、CD_R2、CD_R3。游客文化维度主要有3项:CD_R1、CD_R2、CD_R3。居民和游客共同认为在苏南传统村落生活/旅游能感受到典型的传统村落(乡村)文化、感受到(苏南)传统村落厚重的历史文化、感受到苏南传统村落是水乡文化的典型代表。即传统村落旅游地的乡愁记忆中带有自己身处的村落文化、历史文化及地域特色文化,如水乡文化。

4.2.2 验证性因素分析和信度分析

4.2.2.1 验证性因素分析

本研究使用另一部分数据进行验证性因素分析(CFA)。根据Hair等人(2009)及吴明隆(2013)的建议,本研究选择卡方自由度之比(c^2/df)、拟合优度指数(GFI)、比较拟合优度指数(CFI)和近误差的均方根(RMSEA)这四个检验指标。综合国内外学者观点,模型配适度指标综合判断的标准是① c^2 值作为参考指标,要求 $P>0.05$,即未达到显著水平,则需要配合其他指标的综合判断;② $c^2/df<3$ 可以接受;③ GFI>0.9 以上、AGFI>0.9 以上;④ CFI>0.9 以上;⑤ RMSEA 该指标大于 0.08 小于 0.10 表明普通适配,大于 0.05 小于 0.08 表明良好适配;小于 0.05 表明很好适配。

对于配适度不佳的测量模型,可以通过模型调整参数对模型进行必要的修订。① 测量模型题项是否保留要求测量题项的标准化因素负荷量要大于 0.6,0.7 以上为理想值,而复相关平方值一般要求 0.5 以上,最低接受标准为 0.36 以上,对于未达标的题项可根据研究所需情况考虑是否删除。② 如果因素负荷量都不错,如大于 0.7,但模型适配度不佳,则表示残差不独立,即两个题目可能问及的内容相似,可根据已有理论和成果支撑来设定残差之间相关,从而降低 c^2 值。③ 如没有理论和已有成果证明两个题项之间有相关关系时,可以采用删除题项的方式处理,进一步明确题项和精简模型。如根据 Anderson 等(1988)、Gefen 等(2000,2003),以及 Hinkin(1998)的建议,可以删除修正指数大于 10、因子负荷小于 0.7 的测量项目。

综合上述判断依据,验证性因素分析的样本为剩余抽取的居民 222 份以及游客 292 份样本数据。CFA 结果可见表 4-7 和表 4-8。运用 AMOS24.0 极大似然估计法进行测量模型的构建和检验结果,可见表 4-9、图 4-1 和图 4-2,模型的整体拟合情况较好。其中,居民/游客的绝对拟合指数 c^2/df 为 1.731/2.476,近似误差均方根 RMSEA 为 0.058/0.071,均小于 0.08,GFI 为 0.927/0.928,均大于 0.9,PGFI 为 0.653/0.632,均大于 0.50,表明模型的简约性较好。相对拟合指数 CFI、NFI、TLI 等都达到理想水平 0.90 以上。两个模型中 AGFI 都接近 0.9,虽然吴明隆(2009)指出 GFI 和 AGFI 的严格检验标准为大于 0.9,但也有专家提出 GFI、AGFI 的检验标准大于 0.8 时,也表明模型拟合基本良好(Etezadiamoli J,1996;胡宪洋等,2016)。可见,拟合优度指标都在可接受范围内,表明设定模型结构合理。

第4章 传统村落旅游地乡愁的测度

表4-7 传统村落旅游地居民乡愁维度验证性因子分析结果(N=222)

维度	Cronbach's α	C.R.值	AVE值	测量题项	标准化负荷	t值
记忆维度	0.902	0.905 1	0.577 6	MD_R1	0.716	—
				MD_R4	0.751	10.771
				MD_R6	0.835	11.974
				MD_R7	0.719	10.316
				MD_R9	0.713	10.220
				MD_R12	0.775	11.108
				MD_R13	0.802	11.508
情感维度	0.828	0.829 5	0.551 8	ED_R2	0.737	—
				ED_R3	0.625	8.959
				ED_R4	0.858	12.356
				ED_R5	0.733	10.571
文化维度	0.899	0.902 7	0.756 4	CD_R1	0.860	—
				CD_R2	0.938	18.669
				CD_R3	0.806	14.923

表4-8 传统村落旅游地游客乡愁维度验证性因子分析结果(N=292)

维度	Cronbach's α	C.R.值	AVE值	测量题项	标准化负荷	t值
记忆维度	0.929	0.932 2	0.696 6	MD_T4	0.782	—
				MD_T6	0.796	14.922
				MD_T8	0.808	15.200
				MD_T12	0.864	16.615
				MD_T13	0.888	17.228
				MD_T14	0.864	16.599
情感维度	0.851	0.853 5	0.593 6	ED_T1	0.757	—
				ED_T3	0.751	12.708
				ED_T4	0.834	14.176
				ED_T8	0.736	12.434
文化维度	0.915	0.916 6	0.785 8	CD_T1	0.890	—
				CD_T2	0.918	22.364
				CD_T3	0.850	19.699

表 4-9 传统村落旅游地主客乡愁维度验证性模型整体拟合指数

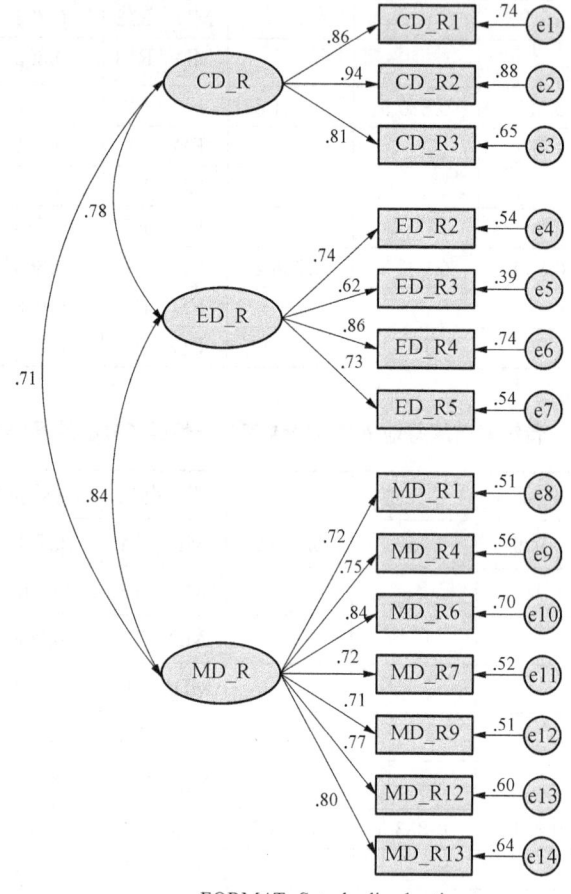

拟合指标	绝对拟合指数				增值拟合指数				简约拟合指数		
	c^2/df	GFI	AGFI	RMSEA	NFI	RFI	IFI	TLI	CFI	PGFI	PNFI	PCFI
理想值	(1,5)	>0.9	>0.9	≤0.08	>0.9	>0.9	>0.9	>0.9	>0.9	>0.5	>0.5	>0.5
居民	1.731	0.927	0.896	0.058	0.937	0.923	0.973	0.966	0.972	0.653	0.762	0.791
游客	2.476	0.928	0.895	0.071	0.948	0.934	0.968	0.960	0.968	0.632	0.753	0.769

FORMAT=Satndardized estimates
MODEL=乡愁维度CFA(居民)
CHI-SQUARE=128.091(p=.000) DF=74
CHI/DF=1.731
GFI=.927 CFI=.972
RMSEA=.058

图 4-1 传统村落旅游地居民乡愁维度的 CFA 模型

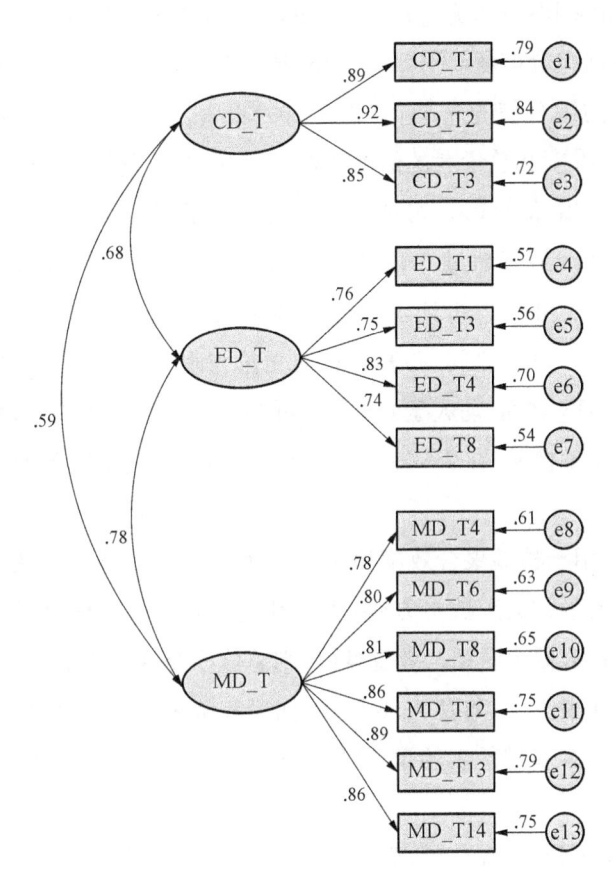

第4章 传统村落旅游地乡愁的测度

FORMAT=Satndardized estimates
MODEL=乡愁维度CFA(游客)
CHI-SQUARE=153.506(p=.000) DF=62
CHI/DF=2.476
GFI=.928 CFI=.968
RMSEA=.071

图4-2 传统村落旅游地游客乡愁维度的CFA模型

4.2.2.2 信度分析

对量表的信度检验主要从Cronbach's α系数和组合信度(CR)两个指标判别,分析结果可见表4-7和表4-8。居民及游客乡愁三个潜变量(记忆维度、情感维度、文化维度)的Cronbach's α系数分别为0.902/0.929、0.828/0.851、0.899/0.915,都高于0.7,其值介于0.828—0.929之间,乡愁总量表的 Cronbach's α 值为 0.937 和 0.938,且删除任何题项后一致性系数不会提高。根据组合信度 CR(Construct Reliability)公式,计算出居民和游客各潜在变量的组合信度介于 0.829 5—0.932 2 之间,均大于 0.60 临界值标准。可见,各维度和总量表的信度较好,模型内在质量佳。

模型拟合指标检验后,可通过以下指标检验聚合效度:① 标准因子负荷值应大于 0.5,最好超过 0.7;② 统计结果显著,T 值(C.R.)绝对值大于 1.96。如表 4-7 和表 4-8 所示,居民乡愁潜变量与观测变量之间的标准负荷介于 0.625—0.938 之间,游客乡愁潜变量与观测变量之间的标准负荷介于 0.736—0.918 之间,均大于 0.5 最低可接受水平。结果表明,各个观测变量全部通过了 t 检验,在 $P<0.001$ 的水平上显著,这说明各变量具有充分的收敛效度。

AVE 可用于检验聚合效度和区分效度。AVE 大于 0.5,表明聚合效度较好;AVE 大于相关系数平方,表明区别效度较好。总体测量模型拟合指数理想,AVE 数据表明结构效度良好,则总体模型通过检验,适合展开结构模型检验。如表 4-7 和表 4-8 所示,居民和游客 3 个维度的 AVE 值都大于 0.5,表明主客乡愁量表的聚合效度较高。可见,本量表的结构效度是可以接受的。

经过 EFA 和 CFA 分析,居民和游客的传统村落旅游地乡愁维度的测量题项最终确定,见表 4-10,量表开发得以验证。

表 4-10 居民和游客乡愁维度测量题项的验证汇总表

维度	主客角色	测量题项
记忆维度	居民	CD_R1 CD_R2 CD_R3
	游客	CD_T1 CD_T2 CD_T3
情感维度	居民	ED_R2 ED_R3 ED_R4 ED_R5
	游客	ED_T1 ED_T3 ED_T4 ED_T8
文化维度	居民	MD_R1 MD_R4 MD_R6 MD_R7 MD_R9 MD_R12 MD_R13
	游客	MD_T4 MD_T6 MD_T8 MD_T12 MD_T13 MD_T14

通过预调查、探索性因素分析(EFA)和验证性因素分析(CFA),本研究设计的主客视角的传统村落旅游地乡愁量表得到验证。居民乡愁三个维度上共有 14 个测量项目构成,分别是文化维度 3 个、情感维度 4 个和记忆维度 7 个;游客乡愁在三个维度上共有 13 个测量项目构成,分别为文化维度 3 个、情感维度 4 个和记忆维度 6 个。

4.3 主客视角乡愁的测度差异

经过上节探索性因素分析和验证性因素分析后,传统村落旅游地乡愁量表的开发工作完成,建立了传统村落旅游地居民乡愁量表和传统村落旅游地游客乡愁量表。本节将结合第三章扎根理论研究对主客乡愁量表之间的共同点和差异点进行分析。

4.3.1 主客乡愁量表差异分析

传统村落旅游地居民和游客乡愁量表都包含文化维度、情感维度和记忆维度三个维度,见表 4-11 和表 4-12。居民和游客乡愁三个维度之间都呈正相关关系,文化维度(CD)和情感维度(ED)相关系数分别为 0.78 和 0.68,文化维度(CD)和记忆维度(MD)相关系数分别为 0.71 和 0.59,情感维度(ED)和记忆维度(MD)相关系数分别为 0.84 和 0.78,比较而言,乡愁情感和乡愁记忆之间更加相关。这表明随着乡愁记忆更加深刻,乡愁情感也更加强烈,反之乡愁情感更加强烈,乡愁记忆也更加深刻,二者可以说是产生乡愁后缺一不可的乡愁要素。

表 4-11 传统村落旅游地居民乡愁量表

维度构成	测量项
文化维度	让我感受到了典型的传统村落(乡村)文化 让我感受到(苏南)传统村落厚重的历史文化 让我感受到苏南传统村落是水乡文化的典型代表

续　表

维度构成	测量项
情感维度	让我感到强烈归属感 感受到乡村生活的宁静平和 让我对乡村有种依恋的感觉 想起过去和家人在一起的时光很温馨
记忆维度	让我想到过去的自然景观 让我想起过去的街巷格局 让我想到过去生活中的人物 让我想到过去的诗文传说 让我想到了过去的生活场景 让我想到了过去的人际交往 让我想到了过去的传统食物

表4-12　传统村落旅游地游客乡愁量表

维度构成	测量项
文化维度	让我感受到了典型的传统村落(乡村)文化 让我感受到(苏南)传统村落厚重的历史文化 让我感受到苏南传统村落是水乡文化的典型代表
情感维度	让我找到了熟悉的感觉 感受到乡村生活的宁静平和 让我对乡村有种依恋的感觉 想起家乡(乡村),会有一种责任感
记忆维度	让我想起过去的街巷格局 让我想到过去生活中的人物 让我想到了童年场景 让我想到了过去的人际交往 让我想到了过去的传统食物 让我想到了过去的民俗节庆活动

(1)文化维度方面:主客题项是一致的,共同认可在自己的乡愁中带着村落文化、历史文化以及当地的地域文化(水乡文化);(2)情感维度方面:主客都感受到乡村生活的宁静平和,对乡村有种依恋的感觉,不同的是居民更能在自己居住的村落感受到归属感,而游客因为不是自己的家乡,因触景生情得到的只是熟悉的感觉。居民因为在地生活想到更多的是和家人在一起的时光很温馨,而游客是看着传统村落旅游地发展不错,对自己家乡的一

种责任感油然而生；(3)记忆维度方面,主客都能回忆起过去的乡愁物质文化载体如街巷格局,以及乡愁非物质文化载体如生活中的人物、过去的人际交往、过去的传统食物。同时,居民侧重回忆起过去的生活场景,游客侧重回忆起童年场景。这说明触景生情往往都是和自己生活密切相关的,最熟悉的场景同时也是与人不可分割的,无论是亲情、师友情还是街坊之情,都是与人打交道产生感情的。不同的是居民由于在传统村落长久居住,耳濡目染,世代相传,对过去的诗文传说记忆更加深刻,同时对自己居住村落的自然环境持久关注和对比,对过去的自然景观如山、水、树、田的记忆更加深刻。相比而言,游客对过去的民俗节庆活动记忆更加深刻,这与游客游览村落的时间较多选择在节假日有一定的关系,能接触到一定的民风民俗,进而勾起自己对过去经历的回忆。

因此,传统村落旅游地乡愁量表验证了第三章建构的乡愁理论模型以及乡愁内涵解读的成立。乡愁不仅仅是离开家乡的人的独有情感,也是在地居民对家乡过去回忆后产生的情感,游客在乡村旅游的情感动机和体验,城市居民对乡村的地方依恋、本能亲近和对乡村生活的向往。乡愁具有一定的文化维度:乡愁中的"乡"作为一个特定的地方,体现了当地文化,尤其体现在乡愁的载体表征;乡愁具有一定的情感维度:量表中主要是对过去美好回忆的积极情感表达,比如依恋、温馨、责任感等,同时也是城市居民对乡村生活的向往和本能亲近;乡愁具有一定的记忆维度:乡愁既是当地居民和离地居民对家乡过去的回忆,也是游客包含城市居民触景生情,由眼前的乡村生活想到自己的家乡回忆,或是出于对过去乡村的美好记忆构建,而前往乡村体验和旅游。记忆的载体主要是扎根理论研究总结的物质文化载体和非物质文化载体。

4.3.2 主客乡愁维度均值分析

从表4-13中可以发现,居民和游客乡愁三个维度均值以及测量项目均值均大于3.5,说明主客的乡愁强度均较高。居民和游客在乡愁的文化维度上仅有0.01的微小差异外,其他两个维度差异较为明显。具体如下:

表 4-13 主客乡愁维度均值分析

居民				游客			
维度构成	维度均值	观测变量	观测变量均值	维度构成	维度均值	观测变量	观测变量均值
文化维度	4.16	CD_R1	4.13	文化维度	4.15	CD_T1	4.16
		CD_R2	4.14			CD_T2	4.15
		CD_R3	4.20			CD_T3	4.13
情感维度	4.23	ED_R2	4.10	情感维度	4.06	ED_T1	4.01
		ED_R3	4.23			ED_T3	4.19
		ED_R4	4.21			ED_T4	4.00
		ED_R5	4.36			ED_T8	4.01
记忆维度	4.18	MD_R1	4.20	记忆维度	4.11	MD_T4	4.14
		MD_R4	4.16			MD_T6	4.01
		MD_R6	4.20			MD_T8	4.09
		MD_R7	3.96			MD_T12	4.11
		MD_R9	4.25			MD_T13	4.18
		MD_R12	4.20			MD_T14	4.12
		MD_R13	4.27				

注：测量项目名称代码含义，同表 4-1 内容。

（1）文化维度方面，居民和游客都认同在传统村落居住或旅游时，当产生乡愁时，带有地方文化基因，体现了当地的历史文化、乡村文化以及地域特色文化；（2）情感维度方面，居民和游客差异较大，居民乡愁情感更加强烈一点，居民的具体测量项目均值均大于游客的，相对来说，在地居民因为长时间的居住，对家乡的情感更加深厚，而游客在传统村落旅游地能触发乡愁，但程度不如居民强烈；（3）记忆维度方面，居民在乡愁记忆维度均值高于游客，差异较大，除了"MD_7 让我想到过去的诗文传说"均值为 3.96，低于游客均值，其他测量项目均值也都大于游客。并且，居民的测量项目数量上比游客多，涵盖较多乡愁载体。这与居民长期生活在传统村落，举眼望去满是回忆，因此乡愁触点和载体就相对较多，记忆维度相对游客更加广泛和深刻。

通过对居民和游客乡愁分维度的比较分析发现,主客双方乡愁三个维度均值都较高,说明主客双方乡愁强度比较高。经对比分析,在乡愁文化维度上,主客二者感知差异不大,居民略高于游客,但在情感和记忆维度方面,二者差异较大,居民的乡愁情感和记忆感知都比游客强烈一些。总体来说,居民的乡愁文化、情感和记忆维度均值和测量项目均值都高于游客。

本章主要研究传统村落旅游地乡愁的测度研究,基于前文理论构建和相关研究成果,并通过专家讨论以及参考已有量表,提出从文化维度、情感维度、记忆维度开发主客视角的传统村落旅游地乡愁量表,经过探索性因素分析和验证性因素分析探讨,并检验了传统村落旅游地乡愁的维度构成。传统村落旅游地乡愁的维度构成主要有文化维度、情感维度、记忆维度。文化维度体现在乡愁带有地方文化基因,体现了当地的历史文化、乡村文化以及地域特色文化;情感维度体现在乡愁是对过去美好回忆的积极情感表达,比如依恋、温馨、责任感等,同时也是城市居民对乡村生活的向往和本能亲近;记忆维度体现在乡愁既是居民的生活记忆,也是游客的家乡记忆和乡村记忆,其中乡愁记忆载体主要有物质文化载体和非物质文化载体,同时对居民和游客的乡愁维度进行了差异分析和均值比较。

第5章 传统村落旅游地乡愁的时空特征

"乡愁"英文单词"nostalgia"的词根"algos"有"差异"的含义。一颗敏感细致的心,能感受到时空上的细微差别(周尚意,2015)。乡愁是人类共同的情感,是比较抽象的,如何把乡愁具象起来?基于前文对乡愁扎根理论研究,本章从时间和空间二维视角来探讨传统村落旅游地乡愁的时空特征。本章节采用PPGIS方法以及问卷调查对苏南两个传统村落作为研究样本,对居民以及游客进行问卷调查。时间特征方面,主要探求乡愁主体、乡愁触点、乡愁记忆等方面的时间特征。空间特征方面,运用PPGIS方法来探寻乡愁载体的空间分布特征。时间交互特征方面,基于代际理论对乡愁主体进行分析,探寻不同代际的乡愁是否有所传承和区别,以及分析乡愁主体乡愁回忆的时间特征。根据旅游地生命周期阶段划分,将处于探查阶段的焦溪和发展阶段的陆巷作为研究对象,识别不同发展阶段的传统村落旅游地的乡愁特征。

5.1 研究设计

5.1.1 数据来源

本章数据来源于两村居民总样本(422份)和两村游客总样本(521份),主要包括两部分:时间特征部分的数据主要是传统村落旅游地乡愁问卷调查时填写的人口统计学特征,包括居民和游客的代际(年龄),居民的居住时间和身份、游客离家的时间和每年赴乡村里旅游的次数,其次在问卷中主要针对居民和游客在触发乡愁的时间特征,乡愁记忆的时间特征和回忆顺序进行了问题设计;空间特征部分的数据,是在当他们填完总体问卷后,征得被访者同意的情况下,继续填写关于乡愁空间特征的附属问卷,针对所列乡愁载体引起的乡愁强度给予打分,并可以在携带的陆巷和焦溪地图上进一步标点。

5.1.2 研究方法

本研究结合参与式制图法(PM)收集乡愁空间特征数据。PM方法是PPGIS中数据获取的主要手段(Sieber,2008)。研究数据收集的具体工具包括:调研区域规划图片,在调查中采用PM方法获得受访者感知的乡愁载体和情感的空间点数据(Brown,2006),利用问卷调查了解受访者人口学基本信息。

5.2 乡愁的时间特征

5.2.1 乡愁主体的时间特征

居民和游客作为传统村落旅游地的乡愁主体。不同代际的乡愁主体在乡愁上是否有差异?居住时间不同的居民的乡愁是否有差异?以及离家时间不同的游客在乡愁上的差异。因此本研究主要探求不同代际、不同居住时间以及不同身份的居民在乡愁上的差异。探求不同代际、不同离家时间、回老家次数、每年游览乡村次数的游客在乡愁上的差异。

5.2.1.1 居民方面

(1) 代际特征

本研究基于不同代际对乡愁三个维度进行单因素方差分析。数据分析显示,不同代际(年龄)的居民在三个维度上没有显著差异。具体见表5-1,乡愁的三个维度上,居民的Levene统计量的P值都大于0.05,说明不同代际之间的方差在0.05水平上没有显著差异,即方差齐性检验通过,这是能够进行方差分析的必要,但从方差分析表分析结果可以知道,P值也都大于

0.05,说明方差分析结果是不显著的,表明不同代际之间的乡愁文化、情感和记忆是没有显著性差异的。

表 5-1 不同代际居民在乡愁维度的单因素方差数据描述统计

检验题项	代际区间	个数	均值	标准差	Levene 统计量	显著性	ANOVA F 检验	显著性
CD 文化维度	1930—1949 年	21	4.08	0.966	0.381	0.862	1.269	0.276
	1950—1959 年	36	4.14	0.863				
	1960—1978 年	138	4.28	0.765				
	1979—1989 年	155	4.09	0.803				
	1990—2000 年	67	4.05	0.838				
	2000 年以后	5	4.47	0.506				
	总数	422	4.15	0.809				
ED 情感维度	1930—1949 年	21	4.30	0.687	1.108	0.356	1.531	0.179
	1950—1959 年	36	4.31	0.634				
	1960—1978 年	138	4.33	0.626				
	1979—1989 年	155	4.12	0.815				
	1990—2000 年	67	4.18	0.626				
	2000 年以后	5	4.30	0.542				
	总数	422	4.23	0.707				
MD 记忆维度	1930—1949 年	21	4.12	0.808	0.672	0.645	1.162	0.327
	1950—1959 年	36	4.30	0.507				
	1960—1978 年	138	4.25	0.637				
	1979—1989 年	155	4.14	0.705				
	1990—2000 年	67	4.05	0.631				
	2000 年以后	5	4.17	0.650				
	总数	422	4.17	0.662				

尽管在不同代际之间乡愁维度之间不存在差异,但通过对其均值对比分析可以看到,主要 1930—1949 年、1950—1959 年和 1960—1978 年三代在

文化、情感以及记忆维度上均值较高(见表5-2),在文化方面,主要以1960—1978年感知较为强烈;在情感方面,1930—1949年、1950—1959年和1960—1978年三代都较为强烈,尤其1960—1978年代感知较为强烈;在记忆方面,1950—1959年代感知较为强烈。同时发现2000年之后出生的这代在文化维度感知强烈,表明对传统村落在历史文化等方面的认可。总的来说,各个代际之间都存在乡愁,但相对来说,年纪大的居民乡愁在各个维度感知较为强烈。居民乡愁中美好的回忆与其在家乡愉快时光的长短有一定的关系。这与陆邵明(2016)研究观点较为一致,认为随着年龄的增长,乡愁情感越来越强烈;40岁以上年龄段人群的思乡程度高于40岁以下人群。

表5-2 不同代际居民在乡愁维度的均值分析

乡愁维度	1930—1949年	1950—1959年	1960—1978年	1979—1989年	1990—2000年	2000年以后
文化维度	4.08	4.14	4.28	4.09	4.05	4.47
情感维度	4.30	4.31	4.33	4.12	4.18	4.30
记忆维度	4.12	4.30	4.25	4.14	4.05	4.17

(2) 居民身份

居民身份主要指的是世代居民(三代以上)、父辈移居者、己辈定居者和暂居村落者。结果显示,不同身份的居民同样在情感维度上有显著差异,具体见表5-3。居民的Levene统计量的F值为0.920,$P=0.431$,大于0.05,说明不同身份之间的方差在0.05水平上没有显著差异,即方差齐性检验通过,从方差分析表分析结果可以知道,F值为2.729,P值为0.044,小于0.05,方差分析结果是显著的,表明不同身份之间的乡愁情感是有显著性差异的。

针对不同身份之间的居民乡愁情感作进一步分析,通过多重比较LSD法探求身份组别之间均值差异。从表5-4可以看到,世代居民(三代以上)与暂居村落群体均值差分别为0.291(*),表示世代居民(三代以上)乡愁情感显著高于暂居村落的居民。这说明相对暂居村落的外来人口,三代以上的世代居民对家乡乡愁情感更加强烈。

表 5-3 不同身份的居民在乡愁维度单因素方差数据描述统计

检验题项	居民身份	个数	均值	标准差	Levene统计量	显著性	ANOVA F检验	显著性
CD文化维度	世代居民	320	4.16	0.836	1.669	0.173	0.664	0.574
	父辈移居	8	4.50	0.504				
	己辈定居	39	4.06	0.692				
	暂居村落	55	4.16	0.767				
	总数	422	4.15	0.809				
ED情感维度	世代居民	320	4.26	0.715	0.920	0.431	2.729	0.044
	父辈移居	8	4.28	0.687				
	己辈定居	39	4.25	0.519				
	暂居村落	55	3.97	0.739				
	总数	422	4.23	0.707				
MD记忆维度	世代居民	320	4.20	0.669	1.297	0.275	1.770	0.152
	父辈移居	8	4.25	0.665				
	己辈定居	39	4.19	0.511				
	暂居村落	55	3.98	0.703				
	总数	422	4.17	0.662				

注：由于篇幅有限，表中只列有显著性差异的数据

表 5-4 不同身份居民 LSD 法事后比较结果

检验题项	(I)居民身份	(J)代际区间	均值差(I-J)	标准误	显著性	95%置信区间 下限	上限
ED情感维度	世代居民	父辈移居	−0.017	0.251	0.946	−0.51	0.48
		己辈定居	0.014	0.119	0.906	−0.22	0.25
		暂居村落	0.291*	0.103	0.005	0.09	0.49
	父辈移居	世代居民	0.017	0.251	0.946	−0.48	0.51
		己辈定居	0.031	0.273	0.909	−0.50	0.57
		暂居村落	0.309	0.266	0.246	−0.21	0.83

续 表

检验题项	(I)居民身份	(J)代际区间	均值差(I-J)	标准误	显著性	95%置信区间下限	95%置信区间上限
ED情感维度	己辈定居	世代居民	−0.014	0.119	0.906	−0.25	0.22
		父辈移居	−0.031	0.273	0.909	−0.57	0.50
		暂居村落	0.277	0.147	0.060	−0.01	0.57
	暂居村落	世代居民	−0.291*	0.103	0.005	−0.49	−0.09
		父辈移居	−0.309	0.266	0.246	−0.83	0.21
		己辈定居	−0.277	0.147	0.060	−0.57	0.01

注：* 代表均值差的显著性水平为 0.05。

(3) 居民居住时间

本研究基于居住时间的不同,对居民乡愁维度的差异进行单因素方差分析,数据分析显示,不同居住时间的居民在乡愁三个维度上没有显著差异。对不同居住时间的居民乡愁维度均值进行对比分析,见表 5-5,结论显示 5 年以下、6-10 年、11—20 年、居住时间 20 年以上的居民乡愁情感和记忆均值最高,分别为 4.27 和 4.22,居住 5 年以下的居民乡愁文化均值最高,为 4.22。在传统村落居住五年以下的成年人往往都是暂住村落的外地人,因此对焦溪和陆巷不同于自己家乡的历史文化和水乡文化感知比较强烈。

表 5-5 不同居住时间的居民乡愁维度的均值分析

乡愁维度	5 年以下	6—10 年	11—20 年	20 年以上
文化维度	4.22	3.92	3.96	4.17
情感维度	4.11	4.22	4.02	4.27
记忆维度	4.06	4.02	4.14	4.22

经过以上对居民的分析,可以得出以下结论:

特征 1：年纪大的居民乡愁在文化、情感和记忆维度感知都较为强烈,相对暂居村落的外来人口,三代以上的世代居民对家乡乡愁情感更加强烈。居住时间越长的居民乡愁情感和乡愁记忆均值最高,感知强烈。

5.2.1.2 游客方面

(1) 代际特征

游客作为传统村落旅游地的乡愁主体之一。作为城市的第一代移民,很多人对生活的城市很难唤起乡愁,如果提到乡愁,第一时间想的还是自己生活长大的故乡,居住在城市却无法融入城市,其原因就是对自己身后故乡为自己年少时光般爱恋着的乡愁情结(郭海红,2015)。不同代际的游客在乡愁上是否有差异?数据分析显示,不同代际(年龄)的游客在文化维度上存在显著差异,在情感维度、记忆维度上没有显著差异,具体见表5-6。

在文化维度方面,游客的 Levene 统计量的 F 值为 0.432,$P=0.826$,大于 0.05,说明不同代际之间方差在 0.05 水平上没有显著差异,即方差齐性检验通过,从方差分析结果可以知道,F 值为 2.886,P 值为 0.014,小于 0.05,因此方差分析结果是显著的,表明不同代际之间的乡愁文化维度有显著性差异。

表 5-6 不同代际游客在乡愁维度的单因素方差数据描述统计

检验题项	代际区间	个数	均值	标准差	Levene 统计量	显著性	ANOVA F 检验	显著性
CD 文化维度	1930—1949 年	16	3.83	0.843	0.432	0.826	2.886	0.014
	1950—1959 年	26	4.45	0.660				
	1960—1978 年	182	4.25	0.744				
	1979—1989 年	144	4.00	0.845				
	1990—2000 年	146	4.12	0.915				
	2000 年以后	7	4.43	0.600				
	总数	521	4.15	0.829				

续表

检验题项	代际区间	个数	均值	标准差	Levene统计量	显著性	ANOVA F检验	显著性
ED 情感维度	1930—1949年	16	3.97	0.612	1.580	0.164	2.098	0.064
	1950—1959年	26	4.15	0.800				
	1960—1978年	182	4.18	0.643				
	1979—1989年	144	3.99	0.765				
	1990—2000年	146	3.96	0.843				
	2000年以后	7	3.79	0.488				
	总数	521	4.05	0.747				
MD 记忆维度	1930—1949年	16	3.95	0.856	1.090	0.365	1.830	0.105
	1950—1959年	26	4.29	0.830				
	1960—1978年	182	4.21	0.693				
	1979—1989年	144	4.07	0.775				
	1990—2000年	146	4.02	0.827				
	2000年以后	7	3.79	0.507				
	总数	521	4.11	0.768				

针对不同代际之间的乡愁文化作进一步分析,通过多重比较LSD法探求身份组别之间均值差异。从表5-7可以看到,1950—1959年出生的居民与1930—1949年出生的居民两个群体均值差为0.615(*),与1979—1989年出生的居民两个群体均值差为0.446(*),1960—1978年出生的居民与1930—1949年出生的居民两个群体均值差为0.421(*),与1979—1989年出生的居民两个群体均值差为0.252(*),表明1950—1959年与1960—1978年出生的游客乡愁文化两个群体均值显著高于1930—1949年出生以及1979—1989年出生的游客。"红卫兵"的一代(1950—1959年)和经济开放时期的一代(1960—1978年)大多数是出生成长在乡村,并经历了新中国建立后建设和开放的年代,对城镇和传统村落的历史变迁有着更深刻的印象。

表 5-7 文化维度不同代际游客 LSD 法事后比较结果

检验题项	(I)代际区间	(J)代际区间	均值差(I-J)	标准误	显著性	95%置信区间 下限	95%置信区间 上限
CD文化维度	1930—1949 年	1950—1959 年	−0.615*	0.261	0.019	−1.13	−0.10
		1960—1978 年	−0.421*	0.214	0.050	−0.84	0.00
		1979—1989 年	−0.169	0.216	0.435	−0.59	0.26
		1990—2000 年	−0.285	0.216	0.188	−0.71	0.14
		2000 年之后	−0.595	0.372	0.110	−1.33	0.14
	1950—1959 年	1930—1949 年	0.615*	0.261	0.019	0.10	1.13
		1960—1978 年	0.194	0.172	0.260	−0.14	0.53
		1979—1989 年	0.446*	0.175	0.011	0.10	0.79
		1990—2000 年	0.330	0.175	0.060	−0.01	0.67
		2000 年之后	0.020	0.350	0.954	−0.67	0.71
	1960—1978 年	1930—1949 年	0.421*	0.214	0.050	0.00	0.84
		1950—1959 年	−0.194	0.172	0.260	−0.53	0.14
		1979—1989 年	0.252*	0.092	0.006	0.07	0.43
		1990—2000 年	0.136	0.091	0.137	−0.04	0.32
		2000 年之后	−0.174	0.316	0.583	−0.80	0.45
	1979—1989 年	1930—1949 年	0.169	0.216	0.435	−0.26	0.59
		1950—1959 年	−0.446*	0.175	0.011	−0.79	−0.10
		1960—1978 年	−0.252*	0.092	0.006	−0.43	−0.07
		1990—2000 年	−0.116	0.096	0.228	−0.31	0.07
		2000 年之后	−0.426	0.318	0.181	−1.05	0.20

注：* 代表均值差的显著性水平为 0.05，表中只体现有显著差异的组别。

(2) 游客离家时间

基于离家时间的不同，对游客乡愁维度的差异进行单因素方差分析，数据分析显示，不同离家时间的游客在乡愁情感维度和记忆维度上存在显著差异。具体见表 5-8。

表 5-8 不同离家时间游客在乡愁维度的单因素方差数据描述统计

检验题项	离家时间	个数	均值	标准差	Levene统计量	显著性	ANOVA F检验	显著性
CD文化维度	未离开	165	4.14	0.825	1.474	0.185	0.964	0.449
	1—3 年	37	4.06	1.113				
	4—6 年	45	4.06	0.854				
	7—10 年	51	4.07	0.838				
	11—20 年	23	3.91	1.111				
	21—30 年	36	4.17	0.900				
	30 年以上	164	4.25	0.675				
	总数	521	4.15	0.829				
ED情感维度	未离开	165	3.95	0.801	1.700	0.119	2.301	0.033
	1—3 年	37	3.84	1.012				
	4—6 年	45	4.03	0.762				
	7—10 年	51	4.03	0.634				
	11—20 年	23	4.16	0.673				
	21—30 年	36	4.06	0.733				
	30 年以上	164	4.20	0.637				
	总数	521	4.05	0.747				
MD记忆维度	未离开	165	4.03	0.822	1.316	0.248	2.244	0.038
	1—3 年	37	3.83	0.997				
	4—6 年	45	4.10	0.729				
	7—10 年	51	4.06	0.773				
	11—20 年	23	4.15	0.674				
	21—30 年	36	4.10	0.846				
	30 年以上	164	4.26	0.628				
	总数	521	4.11	0.768				

第一,情感维度方面,游客的 Levene 统计量的 F 值为 1.700,$P=0.119$,大于 0.05,说明不同身份之间的方差在 0.05 水平上没有显著差异,即方差齐性检验通过,从方差分析表分析结果可以知道,F 值为 2.301,P 值为 0.033,小于 0.05,方差分析结果是显著的,表明不同离家时间之间的乡愁情感是有显著性差异的。

第二,记忆维度方面,游客的 Levene 统计量的 F 值为 1.316,$P=0.248$,大于 0.05,说明不同身份之间的方差在 0.05 水平上没有显著差异,即方差齐性检验通过,从方差分析表分析结果可以知道,F 值为 2.244,P 值为 0.038,小于 0.05,所以方差分析结果是显著的,表明不同离家时间之间乡愁记忆是有显著性差异的。

针对不同离家时间的游客情感维度和记忆维度差异作进一步分析,通过多重比较 LSD 法探求离家时间组别之间均值差异。从表 5-9 可以看到,情感维度方面,离家 30 年以上与未离开家乡两个群体均值差为 0.256(*),与离家 1—3 年群体均值差为 0.366(*),表明离家 30 年以上的游客情感维度均值显著高于未离开家乡以及离家 1—3 年的游客。可以看到,离开家乡在外工作生活超过 30 年以上的人在传统村落旅游时,其乡愁情感比起未离开家乡或离开家乡仅仅 1—3 年的人更加强烈。这与陆邵明(2016)观点"离别家乡时间越长,乡愁程度越浓"较为一致。

表 5-9 情感维度不同代际游客 LSD 法事后比较结果

检验题项	(I)离家时间	(J)离家时间	均值差(I-J)	标准误	显著性	95%置信区间 下限	95%置信区间 上限
ED 情感维度	未离开	1—3 年	0.111	0.135	0.413	−0.15	0.38
		4—6 年	−0.085	0.125	0.497	−0.33	0.16
		7—10 年	−0.081	0.119	0.496	−0.31	0.15
		11—20 年	−0.215	0.165	0.194	−0.54	0.11
		21—30 年	−0.114	0.136	0.404	−0.38	0.15
		30 年以上	−0.256*	0.082	0.002	−0.42	−0.10

续 表

检验题项	(I)离家时间	(J)离家时间	均值差(I-J)	标准误	显著性	95%置信区间 下限	95%置信区间 上限
ED情感维度	1—3年	未离开	−0.111	0.135	0.413	−0.38	0.15
		4—6年	−0.195	0.165	0.236	−0.52	0.13
		7—10年	−0.192	0.160	0.232	−0.51	0.12
		11—20年	−0.325	0.197	0.099	−0.71	0.06
		21—30年	−0.225	0.174	0.196	−0.57	0.12
		30年以上	−0.366*	0.135	0.007	−0.63	−0.10
	30年以上	未离开	0.256*	0.082	0.002	0.10	0.42
		1—3年	0.366*	0.135	0.007	0.10	0.63
		4—6年	0.171	0.125	0.171	−0.07	0.42
		7—10年	0.175	0.119	0.142	−0.06	0.41
		11—20年	0.041	0.165	0.803	−0.28	0.37
		21—30年	0.142	0.137	0.300	−0.13	0.41

注：*代表均值差的显著性水平为0.05，表中只体现有显著差异的组别。

记忆维度方面，从表5-10可以看到，离家30年以上与未离开家乡两个群体均值差为0.230(*)，与离家1—3年群体均值差为0.431(*)，表明离家30年以上的游客记忆维度均值显著高于未离开家乡以及离家1—3年的游客。可以看到，离开家乡在外工作生活30年以上的游客当来到陆巷、焦溪这样的传统村落，回忆起过去家乡时光，其乡愁记忆比起未离开家乡，或离开家乡仅仅1—3年的人更加深刻。

表 5-10 记忆维度不同代际游客 LSD 法事后比较结果

检验题项	(I)离家时间	(J)离家时间	均值差(I-J)	标准误	显著性	95%置信区间 下限	95%置信区间 上限
MD 记忆维度	未离开	1—3 年	0.201	0.139	0.147	−0.07	0.47
		4—6 年	−0.066	0.128	0.607	−0.32	0.19
		7—10 年	−0.032	0.122	0.795	−0.27	0.21
		11—20 年	−0.122	0.170	0.473	−0.46	0.21
		21—30 年	−0.067	0.140	0.634	−0.34	0.21
		30 年以上	−0.230*	0.084	0.007	−0.40	−0.06
	1—3 年	未离开	−0.201	0.139	0.147	−0.47	0.07
		4—6 年	−0.267	0.169	0.115	−0.60	0.07
		7—10 年	−0.233	0.165	0.157	−0.56	0.09
		11—20 年	−0.323	0.203	0.111	−0.72	0.07
		21—30 年	−0.268	0.179	0.134	−0.62	0.08
		30 年以上	−0.431*	0.139	0.002	−0.70	−0.16
	30 年以上	未离开	0.230*	0.084	0.007	0.06	0.40
		1—3 年	0.431*	0.139	0.002	0.16	0.70
		4—6 年	0.164	0.128	0.202	−0.09	0.42
		7—10 年	0.198	0.122	0.106	−0.04	0.44
		11—20 年	0.108	0.170	0.525	−0.23	0.44
		21—30 年	0.163	0.140	0.246	−0.11	0.44

注：*代表均值差的显著性水平为 0.05，表中只体现有显著差异的组别。

(3) 游客回家次数

基于回家次数的不同，对游客乡愁维度的差异进行单因素方差分析，数据分析显示，一年内回家次数不同的游客在乡愁情感维度和记忆维度上存在显著差异。具体见表 5-11。

① 情感维度方面，游客的 Levene 统计量的 F 值为 0.753，$P=0.556$，大于 0.05，说明不同回家次数之间的方差在 0.05 水平上没有显著差异，即方

差齐性检验通过。从方差分析结果可以知道，F 值为 3.719，P 值为 0.005，小于 0.05，方差分析结果是显著的，表明不同回家次数之间的乡愁情感是有显著性差异的。

② 记忆维度方面，游客的 Levene 统计量的 F 值为 1.125，$P=0.344$，大于 0.05，说明不同回家次数之间的方差在 0.05 水平上没有显著差异，即方差齐性检验通过。从方差分析结果可以知道，F 值为 4.078，P 值为 0.003，小于 0.05，方差分析结果是显著的，表明不同回家次数之间的乡愁记忆是有显著性差异的。

表 5-11　不同回家次数游客在乡愁维度的单因素方差数据描述统计

检验题项	回家次数	个数	均值	标准差	Levene 统计量	显著性	ANOVA F 检验	显著性
CD 文化维度	未离开	103	4.25	0.719	0.775	0.542	1.288	0.273
	1—3 次	127	4.07	0.834				
	4—6 年	44	3.98	0.960				
	7—10 年	102	4.13	0.911				
	11—20 年	145	4.20	0.790				
	总数	521	4.15	0.829				
ED 情感维度	未离开	103	4.01	0.688	0.753	0.556	3.719	0.005
	1—3 年	127	3.95	0.745				
	4—6 年	44	3.80	0.810				
	7—10 年	102	4.11	0.809				
	30 年以上	145	4.21	0.696				
	总数	521	4.05	0.747				
MD 记忆维度	未离开	103	4.08	0.770	1.125	0.344	4.078	0.003
	1—3 年	127	3.99	0.772				
	4—6 年	44	3.90	0.870				
	7—10 年	102	4.09	0.845				
	30 年以上	145	4.30	0.631				
	总数	521	4.11	0.768				

针对不同回家次数的游客情感维度和记忆维度差异作进一步分析，通过多重比较 LSD 法探求离家时间回家次数组别之间均值差异。从表 5-12 可以看到，情感维度方面，一年内旅游次数 7 次及以上与未离开家乡、1 次以及 1—3 次群体均值差分别为 0.199(*)、0.256(*)和 0.407(*)，4—6 次与 1—3 次群体均值差为 0.312(*)，表明一年内回家次数 7 次及以上的游客情感维度均值显著高于未离开家乡以及回家次数只有 1 次和 1—3 次的游客。可以看到，在外工作生活每年回老家次数较多的人在传统村落旅游时，乡愁情感比起未离开家乡或回家次数较少的人更加强烈。

表 5-12 情感维度不同回家次数游客 LSD 法事后比较结果

检验题项	(I)回家次数	(J)回家次数	均值差(I-J)	标准误	显著性	95%置信区间 下限	95%置信区间 上限
ED情感维度	未离开	1次	0.057	0.098	0.562	−0.14	0.25
	未离开	1—3次	0.209	0.133	0.118	−0.05	0.47
	未离开	4—6次	−0.103	0.103	0.319	−0.31	0.10
	未离开	7次及以上	−0.199*	0.095	0.037	−0.39	−0.01
	1次	未离开	−0.057	0.098	0.562	−0.25	0.14
	1次	1—3次	0.152	0.129	0.242	−0.10	0.41
	1次	4—6次	−0.160	0.098	0.104	−0.35	0.03
	1次	7次及以上	−0.256*	0.090	0.005	−0.43	−0.08
	1—3次	未离开	−0.209	0.133	0.118	−0.47	0.05
	1—3次	1次	−0.152	0.129	0.242	−0.41	0.10
	1—3次	4—6次	−0.312*	0.133	0.020	−0.57	−0.05
	1—3次	7次及以上	−0.407*	0.127	0.001	−0.66	−0.16
	4—6次	未离开	0.103	0.103	0.319	−0.10	0.31
	4—6次	1次	0.160	0.098	0.104	−0.03	0.35
	4—6次	1—3次	0.312*	0.133	0.020	0.05	0.57
	4—6次	7次及以上	−0.096	0.096	0.316	−0.28	0.09

续 表

检验题项	(I)回家次数	(J)回家次数	均值差(I-J)	标准误	显著性	95%置信区间 下限	95%置信区间 上限
ED情感维度	7次及以上	未离开	0.199*	0.095	0.037	0.01	0.39
		1次	0.256*	0.090	0.005	0.08	0.43
		1—3次	0.407*	0.127	0.001	0.16	0.66
		4—6次	0.096	0.096	0.316	−0.09	0.28

注：*代表均值差的显著性水平为0.05。

记忆维度方面，从表5-13可知，一年内回家次数7次及以上与未离开家乡、1次以及1—3次群体均值差分别为0.222（*）、0.316（*）和0.403（*），表明一年内回家次数7次及以上的游客记忆维度均值显著高于未离开家乡以及回家次数只有1次和1—3次的游客。可以看到，每年回老家次数较多的游客因回家次数频繁，对家乡更加眷恋，乡愁情感浓厚，因此在传统村落旅游时，其乡愁记忆比起未离开家乡或回家次数较少的人更加深刻。

表5-13　记忆维度不同回家次数游客LSD法事后比较结果

检验题项	(I)回家次数	(J)回家次数	均值差(I-J)	标准误	显著性	95%置信区间 下限	95%置信区间 上限
MD记忆维度	未离开	1次	0.094	0.101	0.349	−0.10	0.29
		1—3次	0.181	0.137	0.186	−0.09	0.45
		4—6次	−0.006	0.106	0.957	−0.21	0.20
		7次及以上	−0.222*	0.098	0.024	−0.41	−0.03
	1次	未离开	−0.094	0.101	0.349	−0.29	0.10
		1—3次	0.087	0.133	0.514	−0.17	0.35
		4—6次	−0.100	0.101	0.322	−0.30	0.10
		7次及以上	−0.316*	0.092	0.001	−0.50	−0.14
	1—3次	未离开	−0.181	0.137	0.186	−0.45	0.09
		1次	−0.087	0.133	0.514	−0.35	0.17
		4—6次	−0.187	0.137	0.173	−0.46	0.09
		7次及以上	−0.403*	0.131	0.002	−0.66	−0.15

续　表

检验题项	(I)回家次数	(J)回家次数	均值差(I-J)	标准误	显著性	95%置信区间 下限	95%置信区间 上限
ED情感维度	4—6次	未离开	0.006	0.106	0.957	−0.20	0.21
		1次	0.100	0.101	0.322	−0.10	0.30
		1—3次	0.187	0.137	0.173	−0.08	0.46
		7次及以上	−0.216*	0.098	0.028	−0.41	−0.02
	7次及以上	未离开	0.222*	0.098	0.024	0.03	0.41
		1次	0.316*	0.092	0.001	0.14	0.50
		1—3次	0.403*	0.131	0.002	0.15	0.66
		4—6次	0.216*	0.098	0.028	0.02	0.41

注：*代表均值差的显著性水平为0.05。

（5）游客赴乡村旅游次数

本研究基于游客近三年内赴乡村旅游次数的乡愁差异进行了分析，结果显示，近三年内赴乡村旅游次数不同的游客在文化维度上没有显著差异，在情感和记忆维度上有显著差异，具体见表5-14。

① 情感维度方面，游客的Levene统计量的F值为0.886，$P=0.458$，大于0.05，说明不同旅游次数之间的方差在0.05水平上没有显著差异，即方差齐性检验通过。从方差分析结果可以知道，F值为5.841，P值为0.001，小于0.05，方差分析结果是显著的，表明不同旅游次数之间的乡愁情感是有显著性差异的。

② 记忆维度方面，游客的Levene统计量的F值为1.375，$P=0.249$，大于0.05，说明不同旅游次数之间的方差在0.05水平上没有显著差异，即方差齐性检验通过。从方差分析结果可以知道，F值为5.932，P值为0.001，小于0.05，方差分析结果是显著的，表明不同旅游次数之间的乡愁记忆是有显著性差异的。

表 5-14 不同旅游次数的游客在乡愁维度单因素方差数据描述统计

检验题项	旅游次数	个数	均值	标准差	Levene统计量	显著性	ANOVA F检验	显著性
CD文化维度	1—3次	287	4.12	0.812	0.351	0.788	1.271	0.284
	4—6次	50	4.01	1.016				
	7—10次	28	4.18	0.799				
	10次以上	156	4.24	0.797				
	总数	521	4.15	0.829				
ED情感维度	1—3次	287	3.96	0.714	0.866	0.458	5.841	0.001
	4—6次	50	3.91	0.864				
	7—10次	28	4.13	0.899				
	10次以上	156	4.25	0.703				
	总数	521	4.05	0.747				
MD记忆维度	1—3次	287	4.03	0.735	1.375	0.249	5.932	0.001
	4—6次	50	3.88	1.001				
	7—10次	28	4.15	0.831				
	10次以上	156	4.31	0.694				
	总数	521	4.11	0.768				

针对不同旅游次数之间的游客乡愁情感和记忆作进一步分析,通过多重比较LSD法探求旅游次数组别之间的均值差异。乡愁情感维度方面,从表5-15可以看到,旅游次数在10次以上与1—3次群体均值差为0.286(*),与4—6次群体均值差为0.340(*),表示旅游次数10次以上的游客乡愁情感显著高于旅游次数1—3次和4—6次的游客。这说明赴乡村旅游次数多的人,其乡愁情感更加强烈。乡愁记忆维度方面,从表5-15可以看到,旅游次数在10次以上与1—3次群体均值差为0.271(*),与4—6次群体均值差为0.422(*),表示旅游次数10次以上的游客乡愁记忆显著高于旅游次数1—3次和4—6次的游客。这说明,赴乡村旅游次数多的人乡愁记忆亦更加深刻。

表 5-15　不同旅游次数游客 LSD 法事后比较结果

检验题项	(I)旅游次数	(J)旅游次数	均值差(I-J)	标准误	显著性	95%置信区间 下限	95%置信区间 上限
ED 情感维度	1—3次	4—6次	0.054	0.113	0.631	−0.17	0.28
		7—10次	−0.170	0.146	0.246	−0.46	0.12
		10次以上	−0.286*	0.073	0.000	−0.43	−0.14
	4—6次	1—3次	−0.054	0.113	0.631	−0.28	0.17
		7—10次	−0.224	0.174	0.199	−0.57	0.12
		10次以上	−0.340*	0.120	0.005	−0.58	−0.10
	7—10次	1—3次	0.170	0.146	0.246	−0.12	0.46
		4—6次	0.224	0.174	0.199	−0.12	0.57
		10次以上	−0.116	0.151	0.443	−0.41	0.18
	10次以上	1—3次	0.286*	0.073	0.000	0.14	0.43
		4—6次	0.340*	0.120	0.005	0.10	0.58
		7—10次	0.116	0.151	0.443	−0.18	0.41
MD 记忆维度	1—3次	4—6次	0.151	0.116	0.194	−0.08	0.38
		7—10次	−0.115	0.150	0.446	−0.41	0.18
		10次以上	−0.271*	0.075	0.000	−0.42	−0.12
	4—6次	1—3次	−0.151	0.116	0.194	−0.38	0.08
		7—10次	−0.265	0.179	0.138	−0.62	0.09
		10次以上	−0.422*	0.123	0.001	−0.66	−0.18
	7—10次	1—3次	0.115	0.150	0.446	−0.18	0.41
		4—6次	0.265	0.179	0.138	−0.09	0.62
		10次以上	−0.157	0.156	0.314	−0.46	0.15
	10次以上	1—3次	0.271*	0.075	0.000	0.12	0.42
		4—6次	0.422*	0.123	0.001	0.18	0.66
		7—10次	0.157	0.156	0.314	−0.15	0.46

注：*代表均值差的显著性水平为 0.05。

经过以上对游客的分析，可以得出以下结论：

特征 2：离开家乡在外工作生活越长的游客在传统村落旅游时，其乡愁情感和乡愁记忆比起未离开家乡或离开家乡较短的人更加强烈。回家次数频繁的游客，对家乡更加眷恋，乡愁情感浓厚，乡愁记忆深刻。赴乡村旅游次数越多的游客，其乡愁情感和乡愁记忆更加深刻。

5.2.2 乡愁触点的时间特征

在前文理论框架处，提及乡愁主体在什么时候会触发乡愁，即乡愁触点，调查发现其有一定的时间特征。引发居民和游客乡愁触点的时间特征主要集中在季节、天气、时辰和节假日几个方面。

（1）季节方面，从图 5-1 可见，触发居民和游客乡愁的季节集中在秋天（52.8%/68.7%）和冬天（42.2%/33.2%）；其次是春天（38.6%/29.9%）和夏天（30.3%/15.2%）。这与举家团圆的主要传统节庆如中秋、冬至和春节在秋天和冬天有一定的关系。这与陆邵明（2016）认为春季是乡愁的集中爆发期观点有一定的差异。

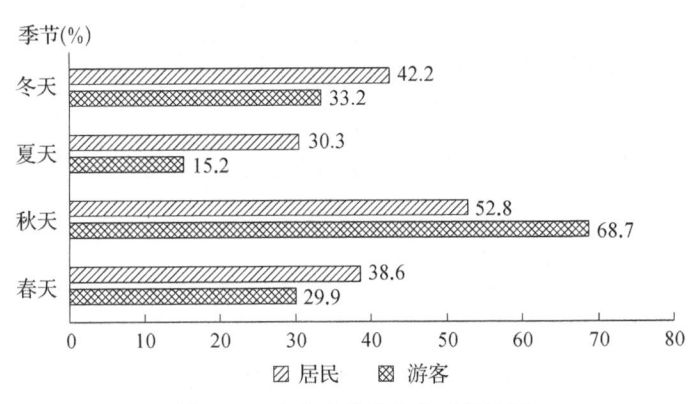

图 5-1 主客乡愁的季节时间特征

（2）天气方面，如图 5-2 所示，最能触发乡愁的天气，居民和游客都集中在下雨时（57.8%/66.4%）和落雪时（33.2%/29.4%），其次是晴天和风起。相对来说，天气不好时更容易让人产生乡愁。这与陆邵明（2016）认为从天气来看，雨季是乡愁的多发期，清明时节的雨夜最易唤起人们的乡愁情感观点较为一致。

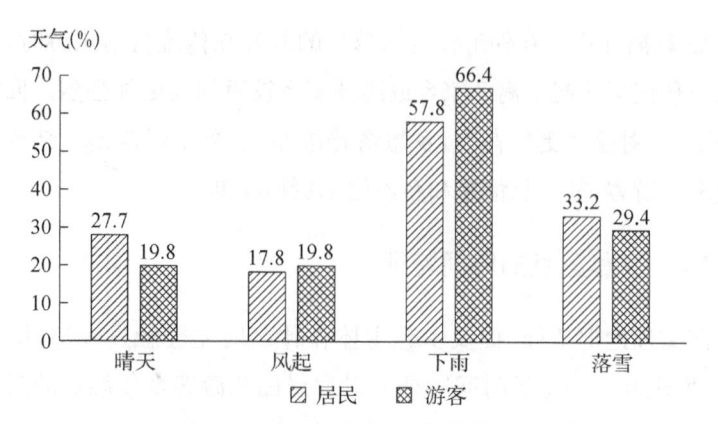

```
         天气(%)
      70
                                         66.4
      60                           57.8
      50
      40
                                                        33.2
      30   27.7                                              29.4
                       17.8 19.8
      20        19.8
      10
       0
             晴天         风起         下雨         落雪
                      ▨ 居民    ▨ 游客
```

图 5-2 主客乡愁的天气时间特征

（3）时辰方面，如图 5-3 所示，深夜（46.9%）/（48.6%）和傍晚（46.2%）/（50.9%）最能让居民和游客陷入乡愁的思绪中。相对而言，白天所占比例最小，这与白天大家都在工作学习和劳动有一定的关系。这与陆邵明（2016）认为夜深人静的语境最易激起乡愁思绪的观点较为一致。

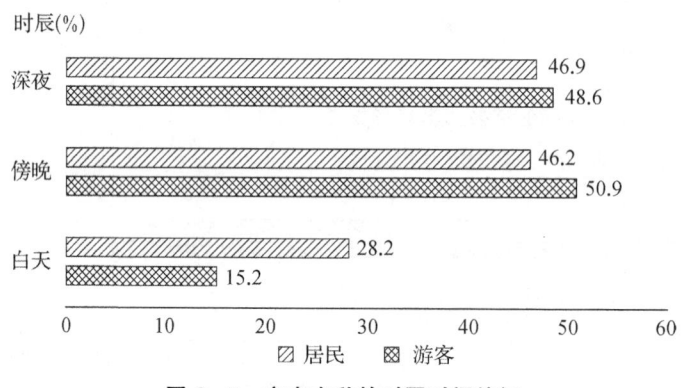

```
       时辰(%)
    深夜 ▨▨▨▨▨▨▨▨▨▨▨▨▨▨▨▨ 46.9
         ▨▨▨▨▨▨▨▨▨▨▨▨▨▨▨▨ 48.6
    傍晚 ▨▨▨▨▨▨▨▨▨▨▨▨▨▨▨▨ 46.2
         ▨▨▨▨▨▨▨▨▨▨▨▨▨▨▨▨▨ 50.9
    白天 ▨▨▨▨▨▨▨▨▨ 28.2
         ▨▨▨▨▨ 15.2
         0    10   20   30   40   50   60
                  ▨ 居民    ▨ 游客
```

图 5-3 主客乡愁的时辰时间特征

（4）节日方面，如图 5-4 所示，过年（居民 69.7%）/（游客 67.0%）是最能引发乡愁的节日，其次是中秋（居民 44.3%）/（游客 55.6%）和清明（居民 40.0%）/（游客 36.5%），可以发现，过年、中秋和清明都是要和家人团聚的日子或是纪念已故亲人的日子，再次是家乡特有节日（居民 34.8%）/（游客 39.0%），如家乡特有的赶集日子。这与陆邵明（2016）认为传统的除夕春节、清明节以及中秋节比较容易唤起对故人的思念的观点一致。

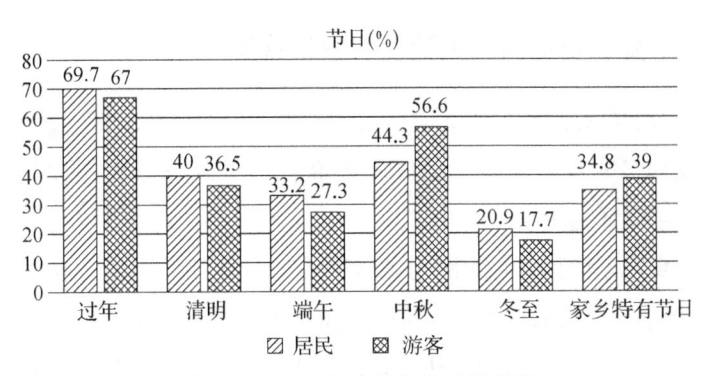

第5章 传统村落旅游地乡愁的时空特征

图5-4 主客乡愁的节日时间特征

（5）假日方面，如图5-5所示，作为平常休息日的周末占比最大（居民50.2%)/(游客55.1%），说明当大家结束一周工作到了周末休息空闲时，会想起家乡过去的时光，其次是寒假（居民50.2%)/(游客55.1%）和国庆假期（居民50.2%)/(游客55.1%）。

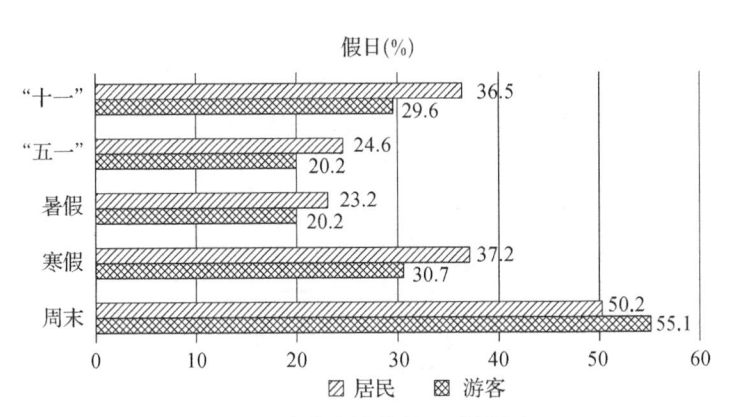

图5-5 主客乡愁的假日时间特征

综上所述，可以得出以下结论：

特征3：触发居民和游客乡愁的季节集中在秋天和冬天；天气集中在下雨和落雪时；时辰集中在深夜和傍晚时；节日集中在过年、中秋、清明和家乡特有节日；假日主要集中在周末、寒假和国庆假期。

5.2.3 乡愁记忆的时间阶段和频率特征

本研究对居民和游客乡愁记忆集中在哪处人生阶段、怀念家乡的哪段时光,以及回忆家乡过去时光的频率方面进行了调查分析,前两项是多选题,最后一项是单选题。

首先,乡愁记忆具有时间性,主要集中在童年时期的记忆。本研究调查了乡愁记忆集中在过去的哪处人生阶段。如图 5-6 所示,居民的乡愁记忆主要集中在童年(74.4%),其次是青少年(27.3%),成年(9.0%)以及老年(3.6%)相对较少。游客的乡愁记忆主要集中在童年(68.3%),其次是青少年(44.3%),成年(6.9%)以及老年(2.1%)相对较少。可以发现,主客乡愁记忆都主要集中在童年,其次是青少年,最后是成年和老年。这与陆邵明(2016)认为从生命周期来看,乡村记忆主要聚焦在青春与儿时的观点较为一致。

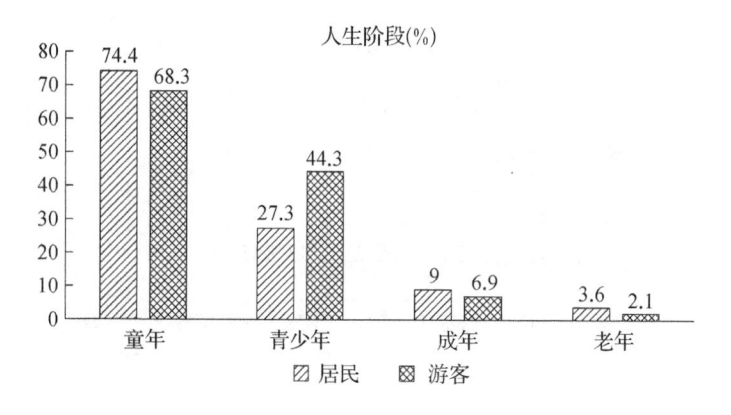

图 5-6 主客乡愁记忆的人生阶段特征

其次,对"您怀念家乡的哪段时光"的统计结果显示,如图 5-7 所示,明代居民和游客占比分别是 6.4% 和 6.3%,清代分别是 5.7% 和 10.6%,近代分别是 38.4% 和 43.6%,现代分别是 57.3% 和 52.2%。可以看到,居民和游客都对自己经历过的生活和记忆最深刻和直接,那些久远的历史和未曾经历的年代所留下的记忆在人们心中相对较少。

再次,居民回忆家乡过去时光(乡愁)的频率为不怎么想(32.0%)占比

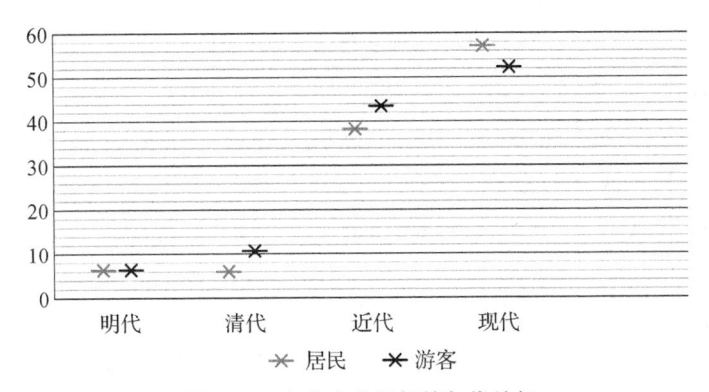

图 5-7 主客乡愁记忆的年代特征

最多,其次是每天(22.7%)和每月(22.7%)占比较多,而每周(16.6%)以及三天(5.9%)相对较少。游客回忆家乡过去时光(乡愁)的频率为每月(29.6%)占比最多,其次是不怎么想(29.0%)、每天(20.3%)占比较多,而每周(16.7%)以及三天(8.3%)相对较少。比较而言,游客乡愁的频率比起居民频率相对高一些。

特征 4:主客乡愁记忆都主要集中在童年,其次是青少年,最后是成年和老年;居民和游客乡愁集中的年代依次是现代、近代、清代和明代,主要集中在离自己生活比较近的年代;游客乡愁的频率比起居民频率相对高一些。

5.2.4 乡愁载体回忆顺序

本研究对居民和游客进行访谈调研时发现对乡愁载体提起的顺序具有一定的规律。在谈起乡愁时,最先会想到什么,他们大多数都会先提起家(人),然后再提起自己居住的乡村或离开的家乡。表 5-16 显示,居民选择将家人放在乡愁记忆的第一顺位(77.5%),家为第二顺位(55.9%),家乡为第三顺位(57.8%),国家为第四顺位(61.1%)。游客乡愁记忆第一顺位到第四顺位占比最多的依次是家人(70.1%)、家(47.2%)、家乡(47.0%)、国家(48.9%)。可以看到,居民和游客的选择是一致的。Batcho(1995)认为,任何年龄阶层的人都会很怀念家(人)。这与陆邵明(2016)在对乡愁与地理空间关系梳理的观点一致,其发现中国人的乡愁中对于"家园"的依恋比起"地方""民族"与"国家"的思念更强。

表 5-16　主客乡愁回忆顺序表(%)

回忆客体	家人		家		家乡		国家	
顺序	居民	游客	居民	游客	居民	游客	居民	游客
第一顺位	**77.5**	**70.1**	7.6	10.2	7.6	9.0	8.3	9.0
第二顺位	9.5	10.7	**55.9**	**47.2**	7.6	6.1	2.1	2.1
第三顺位	2.1	3.8	11.1	8.4	**57.8**	**47.0**	2.4	2.1
第四顺位	2.6	2.3	1.4	1.7	6.4	5.8	**61.1**	**48.9**

本研究在(传统)村落对在地居民进行访谈调研时,发现较多当地年长并有文化和情怀的居民首先提起的不是"家人""家",而是"家乡"。如焦溪村的 R19 所言"一见到古建筑、巷子时,心里会伤感,……夜深人静时,会想起家乡的过去,想到这些老建筑未来该怎么办……"。明月湾村的 R8 提到"主要怀念河水,十几岁在古码头洗澡时,下面的沙子是金黄色的,后来建房子运材料时,砖块乱扔"。这与在地居民并未离开自己的家乡有很大的关系,在地居民因为未离开家乡,未离开亲人,所以他们的关注点在发生巨大改变的家乡面貌上,尤其传统村落有着丰富的历史文化建筑遗传,当看到这些老房子、老街、老桥损坏、消失和得不到保护时,他们感到伤感。但在游客访谈时,因为很多游客都远离家乡,他们在泛起乡愁时,率先会想到家人,其次再是尺度变大到家、家乡和国家。因此可以得出以下结论:

特征 5:作为乡愁主体在乡愁记忆时,都会提到"家"和"乡"相关场所和空间,其回忆的顺序和重点是家人、家、家乡和国家。

5.3　乡愁的空间特征

情感地理学内容侧重情感位置、人与环境的情感联系和情感地理具象化三个方面(Davidson,2004)。地方本身具有空间结构,乡愁中的"乡"主要指的也是家乡、故乡和乡村为主的特指地方。因此,乡愁具有乡的空间属性,其主体、载体、情感也具有空间(约束)性,呈现了不同的空间特征。

5.3.1 乡愁主体的空间特征

本研究认为对于传统村落旅游地而言,居民包含离地居民以及外地游客都属于乡愁的主体。但居民是否居住在传统村落,对乡愁是否有一定的影响?以及不同客源地的游客,对本研究传统村落案例地的乡愁感受是否不一样?

5.3.1.1 居民方面

本研究问卷中包含"您是否居住在陆巷/焦溪"题项以及"是否出生在陆巷/焦溪",旨在探求在地居民和离地居民,是否生活和出生在自己的家乡,在乡愁上有一定的差异。本研究基于是否居住和出生在家乡对乡愁维度进行了独立样本 T 检验,结果显示,是否居住在家乡在乡愁上不存在显著差异。但是否出生在家乡在乡愁情感维度和记忆维度上存在显著差异,在文化维度上不存在显著差异,见表 5-17。

表 5-17 传统村落出生在乡愁维度的独立样本检验数据

检验题项	出生在传统村落	个数	均值	标准差	Levene 检验 F	显著性	t	显著性	均值差
文化维度	是	302	4.19	0.803	.138	0.711	1.310	0.191	0.114
	否	120	4.07	0.822					
情感维度	是	302	4.29	0.696	0.052	0.820	3.126	0.002	0.236
	否	120	4.06	0.708					
记忆维度	是	302	4.23	0.639	.034	0.853	2.713	0.007	0.193
	否	120	4.04	0.701					

文化维度方面,Levene 检验 F 值未达显著差异($F=0.138,P=0.711>0.05$),表示两组样本方差同质,t 值为 1.310,$P=0.191>0.05$ 显著水平,表示是否出生在传统村落的居民在乡愁文化维度上不存在显著差异。情感维度方面,从表 5-17 可以看到,Levene 检验 F 值未达显著差异($F=0.052,P=0.820>0.05$),表示两组样本方差同质,t 值为 3.126,$P=0.002<0.05$ 显著水平,表示是否出生在传统村落的居民在乡愁情感维度上存在显著差

异。均值差等于0.236,表示出生地在陆巷/焦溪和不在的居民在情感上有显著差异存在,其中出生地在陆巷/焦溪的居民乡愁情感显著高于出生地不在的居民。乡愁记忆维度方面,从表5-17可以看到,Levene检验F值未达显著差异($F=0.034, P=0.853>0.05$),表示两组样本方差同质,t值为2.713,$P=0.007<0.05$显著水平,表示是否出生在传统村落的居民在乡愁记忆维度上存在显著差异。均值差等于0.193,表示出生地在陆巷/焦溪和出生地不在的居民在乡愁记忆上有显著差异,其中出生地在陆巷/焦溪的居民乡愁记忆显著高于出生地不在的居民。

5.3.1.2 游客方面

本研究调查了游客的来源地。通过图5-8可见,陆巷游客主要集中在长三角区域,以江苏游客为主(55.5%)。其中,苏州市游客较多(22.3%),其次是上海的游客(12.59%)、南京(3.60%)和无锡(2.88%),再次是山东(5.4%)、安徽(4.2%)和河南(2.9%)、台湾(2.5%)和浙江(2.5%),以及其他省市。通过图5-9可见,焦溪游客主要集中在江苏(89.7%),其中常州占大多数(71.6%)、无锡(8.64%)、盐城(2.88%)、南通(1.65%)、苏州(1.23%)和南京(1.23%),其次是广东省(2.1%)和安徽省(1.2%),最后其他省份相对分散。

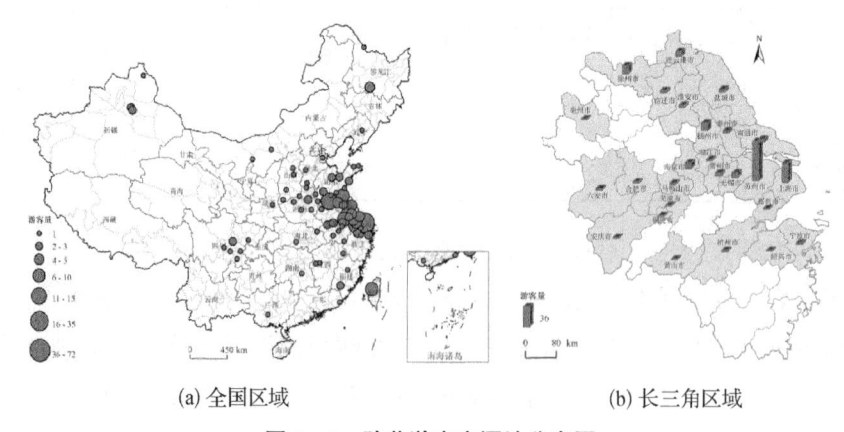

(a) 全国区域　　　　　　　　(b) 长三角区域

图5-8　陆巷游客客源地分布图

(a) 全国区域　　　　　　　　　(b) 长三角区域

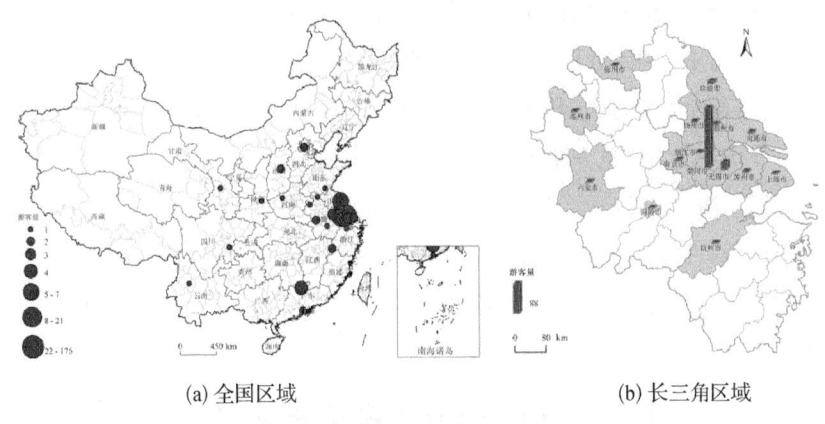

图 5-9　焦溪游客客源地分布图

　　两个传统村落旅游客源市场符合距离衰减规律,主要集中长三角区域(江苏、浙江、安徽和上海),符合靳诚(2010)对江苏省国内旅游客场的分析和判断。但其中略有差别的是,陆巷地处苏州,旅游开发十余年较为成熟,已是 5A 景区,知名度较高,不仅吸引苏州、上海等周边城市的游客,还有安徽、浙江附近省份的游客。而焦溪还未进行旅游开发,游客零零散散,因其地理位置位于常州和无锡交界,其客源主要来自常州和无锡两市。

　　本研究将游客的客源地为本市归为一类,将其他省市归为一类,基于游客客源地对乡愁维度进行独立样本 T 检验。数据分析显示,游客是否来自本市在乡愁的文化维度、情感维度和记忆维度上不存在显著差异。

　　特征 1:出生地在陆巷/焦溪的居民乡愁情感、记忆高于出生地不在的居民。游客客源地符合旅游市场距离衰减规律,主要集中在本市;客源地在乡愁三个维度上没有显著差异。

5.3.2　乡愁载体的空间特征

5.3.2.1　乡愁载体感知及空间类型划分

　　在第三章对居民和游客进行乡愁扎根理论研究时,可以发现居民和游客的乡愁载体包含物质文化载体,如山、水、树、田等自然景观,宗教宗祠、日常生活建筑、名人故居、特色建筑等建筑景观,河网交错、商业重镇等地理区位,水乡布局、古巷古路、古桥古码头等街巷格局,以及非物质文化载体,如神话人物、历史人物、近现代人物、生活人物、诗文传说等人物传说,童年场景、生活场景、生产场景、商业场景、人际交往等生活生产场景,日常食物、节庆食物等传统食物,地方特产、节日习俗、民风民俗等民俗节庆活动。本研究对居民和游客进行了乡愁载体空间特征的调研,对乡愁载体感知进行评价(见附录G、H)。从表5-18看到,乡愁载体要素之间均值差异较小,均值都大于3.5,同时主客之间乡愁载体均值差异较小,主客对乡愁载体要素有一致的认可。

表5-18 居民和游客乡愁载体空间类型均值表

载体类型	载体要素	居民陆巷	居民焦溪	居民均值	游客陆巷	游客焦溪	游客均值	载体均值
自然景观	山岳山峰	4.13	4.38	4.26	3.74	3.87	3.81	4.03
	河井湖泊	3.82	4.36	4.09	3.96	4.08	4.02	4.06
	树	4.26	4.29	4.28	3.89	4.01	3.95	4.11
	田	2.33	4.08	3.21	3.96	4.15	4.06	3.63
建筑景观	宗教宗祠	3.47	4.03	3.75	3.55	3.87	3.71	3.73
	日常生活建筑	3.42	4.10	3.76	3.70	4.03	3.87	3.81
	名人故居	4.06	4.25	4.16	3.61	3.97	3.79	3.97
	特色建筑	3.89	4.33	4.11	3.81	4.08	3.95	4.03
地理区位	河网交错	4.08	4.17	4.13	3.83	4.02	3.93	4.03
	商业重镇	3.34	4.26	3.80	3.69	4.02	3.86	3.83
街巷格局	水乡布局	3.60	4.24	3.92	3.90	4.07	3.99	3.95
	古巷古路	3.77	4.38	4.08	3.93	4.15	4.04	4.06
	古桥古码头	4.22	4.33	4.28	3.80	4.07	3.94	4.11
人物传说	神话人物	2.96	3.98	3.47	3.63	3.91	3.77	3.62
	历史人物	3.97	4.17	4.07	3.67	3.94	3.81	3.94
	近现代人物	3.03	4.00	3.52	3.52	3.89	3.71	3.61
	生活人物	3.93	4.19	4.06	4.11	4.15	4.13	4.10
	诗文传说	3.35	4.14	3.75	3.67	3.88	3.78	3.76

续　表

载体 类型	载体要素	居民 陆巷	居民 焦溪	居民 均值	游客 陆巷	游客 焦溪	游客 均值	载体 均值
生活生产场景	童年场景	3.85	4.29	4.07	4.10	4.15	4.13	4.10
	生活场景	3.80	4.27	4.04	4.00	4.19	4.10	4.07
	生产场景	3.88	4.17	4.03	3.88	4.02	3.95	3.99
	商业场景	3.34	4.23	3.79	3.59	4.07	3.83	3.81
	人际交往	3.90	4.15	4.03	3.87	4.05	3.96	3.99
传统食物	日常食物	3.94	4.34	4.14	4.02	4.18	4.10	4.12
	节庆食物	4.08	4.32	4.20	4.05	4.20	4.13	4.16
	地方特产	4.09	4.37	4.23	3.93	4.25	4.09	4.16
民俗节庆活动	节日习俗	3.92	4.23	4.08	3.97	4.15	4.06	4.07
	民风民俗	4.02	4.35	4.19	3.85	4.16	4.01	4.10

结果分析显示，主客对乡愁载体要素有一致的认可，并且所有的乡愁载体都有一定的空间指向。如乡愁物质文化载体中的山岳山峰、河井湖泊、树、田等自然景观表征为生态环境空间，非物质文化载体中的童年场景、生活场景、生产场景、商业场景和人际交往等生产生活场景表征为生活生产场景空间。在第三章扎根理论研究基础上，同时借鉴前人研究成果，将居民和游客寄托乡愁的载体所映射的空间划分为生态环境空间、建筑文化空间、聚落公共空间、人物精神空间、生活生产场景空间、节日仪式空间六种类型（见图5-10）。前三种属于乡愁的物质文化载体空间类型，后三种主要是非物质文化空间。

5.3.2.2 乡愁载体空间分布特征

本研究使用PPGIS方法，让居民在调研区域规划图上标注自己乡愁记忆的载体，形成居民乡愁载体空间特征。填图开始前，先让调查对象熟悉地图，帮助陆巷居民和游客辨认太湖、寒谷渡、紫石街、牌坊以及寒谷山等代表性地点，帮助焦溪居民和游客辨认龙溪河、三元桥、红星桥、老新街、南街等代表性地点，识别出村庄区位布局，以提高填图的准确性。每个调查对象可

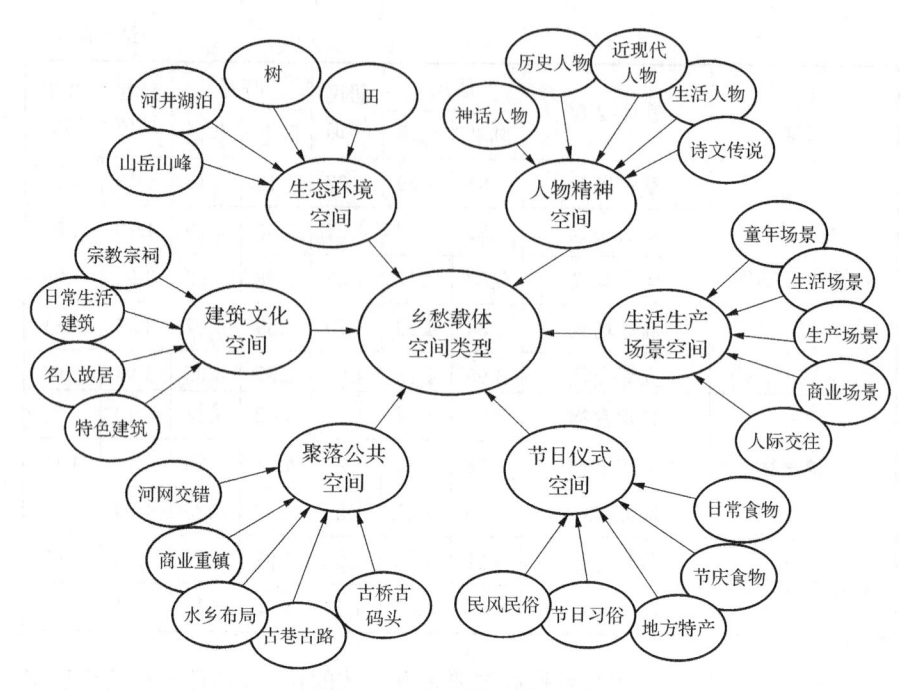

图 5-10　乡愁载体空间类型

以标识出引起乡愁的载体(东西)至少5—10个。由于非物质文化载体大多属于人物类的、场景类的,居民和游客在地图上都会将其标在依托的地点上,如诗文传说中的鹤山传说放在鹤山上,生活中的人物如老师、同学放在学校。

在研究中对居民和游客二类受访群体进行调研,二类群体人数一样,共做了400套,共计获得点数据9 883个(包括重复点),平均每个受访对象点出5—18个数据点。其中,陆巷村居民点数据有1 879个,游客点数据有1 430个,焦溪居民点数据有4 109个,游客点数据有2 465个。手动设置1—3、4—5、6—10、11—20、21—40、41—60、61—80为乡愁载体空间频数划分标准,运用Arcgis10软件绘制乡愁载体空间地图(见图5-11)。

(1) 陆巷居民乡愁载体空间分布

根据图5-11(a)根据被访对象提及频数可以看到,陆巷居民提及较多的乡愁载体主要有惠和堂(王鏊故居)(N=81)、太湖(N=67)、三座牌坊(N=57)、怀德堂(N=42)、寒谷山(N=41)、老菜场(N=36)、宝俭堂(N=

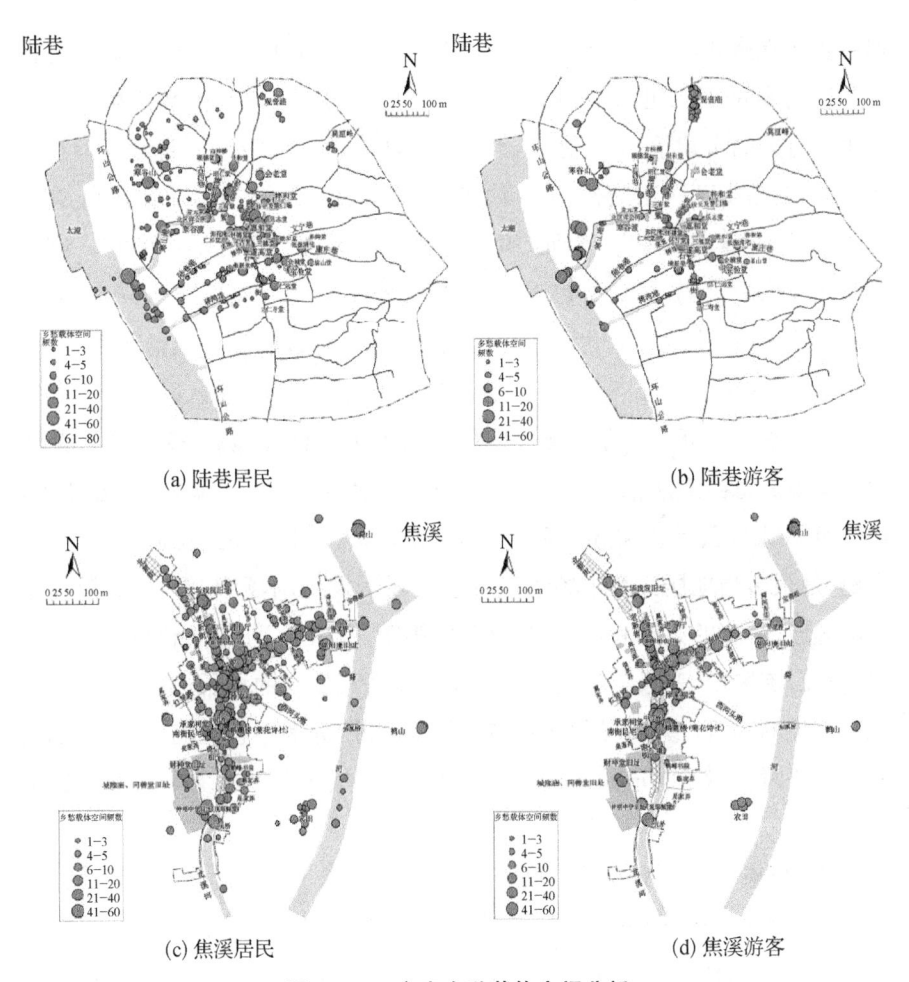

第 5 章 传统村落旅游地乡愁的时空特征

(a) 陆巷居民

(b) 陆巷游客

(c) 焦溪居民

(d) 焦溪游客

图 5-11 主客乡愁载体空间分析

35)、寒谷渡（N=35）、紫石街（N=32）等物质文化载体,以及父母（N=51）、河边洗菜洗衣（N=39）、太湖边游泳（N=38）等非物质文化载体。相对物质文化载体,非物质文化载体分布相对分散。居民乡愁载体主要集中在四个区域:惠和堂、牌坊和菜场的紫石街区域,太湖及沿岸区域,寒谷山区域,以及三个港口及沿街区域。

首先,惠和堂作为陆巷著名历史人物王鏊的故居,是当地居民心中的骄傲,同时惠和堂也承担了其他功能,在 2000 年前一直都是陆巷小学。陆巷小学新校建成,原居于惠和堂内的陆巷小学迁入新址,并由镇、村共同出资,把主要厅堂修缮后,辟为旅游景点,因为大多数陆巷居民的小学学业都是在惠和堂完成的,因此也成为几代人乡愁的共同载体。紫石街两侧聚集了众多明清时期的古建筑,如怀德堂、怀古堂、惠和堂、遂高堂、维新堂等。在明清时期,紫石街两边店铺林立,有钱庄、当铺、米行、鱼行、茶馆、南货店、客栈等,街上还有著名的探花、会元、解元三座明代牌楼。街北浜场旁有一座五开间四架椽的菜场,为民国初年所建,现建筑结构基本完好,至今仍为陆巷早市的菜场,这些地方承载了几代居民的集体记忆,成为乡愁的重要载体;其次,太湖区域,也是陆巷居民乡愁载体集中的区域,太湖见证了明清洞庭商帮的兴衰。1958年,陆巷成为吴县太湖人民公社驻地后,变成了繁荣的渔港集镇。每当渔船泊港期间,港中桅樯如林,街上熙熙攘攘,十分热闹,1961年因人民公社机关迁离后,又趋于冷清。同时,它是"太湖三白"的盛产地,是很多当地居民童年场景以及生活场景发生的场所;再次,分散在寒谷山区域,自家的茶场和枇杷树种植区;第四,寒山港、陆巷港和蒋湾港三个港口及沿街区域,三条港湾是当地居民主要洗菜洗衣的场所,也是很多童年玩耍嬉戏的场所;最后,其他乡愁载体较为分散,分散在各处民居附近,如居民在调研时会指认自己的房屋或老宅所在,回想起自己的父母以及附近的邻居。

(2) 陆巷游客乡愁载体空间分布

根据图5-11(b)可以看到,陆巷游客提及较多的乡愁载体主要有寒谷渡(N=48)、茶树(N=36)、太湖(N=29)、紫石街(N=27)、三座牌坊(N=24)、稻田(N=22)、寒谷山(N=19)、古井(N=19)、惠和堂(N=18)、老菜场(N=17)等物质文化载体,以及家人(N=39)、白玉方糕(N=37)、爬树(N=37)、河边洗菜洗衣(N=32)、过年祭祖(N=30)、太湖边游泳(N=26)、猪油膏(N=22)、王鏊(N=21)等非物质文化载体,其他载体较为分散。

陆巷游客的乡愁载体主要集中在四个区域,分别是寒谷渡口及沿河区域,惠和堂、三座牌坊较为集中的紫石街区域,赴观音庙沿线区域,太湖及岸边等区域。可以看到,陆巷游客乡愁载体集中在主要景点附近和主要街区沿途线路。陆巷自从开发旅游收取门票后,游客进入陆巷村的线路较为固定,从大门进入,沿着寒山港往前走上几十米,即为寒谷渡口和凉亭,是平日居民闲时摘菜聊天的公共空间,在周末和旅游旺季时也成为游客歇脚拍照的逗留区域。集中了三座牌坊和惠和堂等各种古建筑的紫石街,都让游客回到了过去的时光,触景生情。紫石街上售卖白玉方糕和猪油膏的小店,都能让游客想起苏南特有或者家乡类似的糕点。而未开放和开发的几个故居如三有堂、仁远堂,则未被游客提及和感知到。去观音庙登高望远的路上,看到碧螺春茶树、枇杷树还有杨梅树,都能感受到乡村生态景观,触发乡愁。太湖及岸边区域则让游客回忆起了童年游泳戏水、摸鱼摸虾等生活场景,"太湖三白"特产让游客触景生情,想起自己家乡的特产。

(3) 焦溪居民乡愁载体空间分布

从图 5-11(c)可以看到,焦溪居民提及较多的乡愁载体主要有:山水自然景观如龙溪河(N=43)、舜山(N=37)、鹤山(N=21)、稻田(N=41)等;古街古巷如老新街(N=56)、中街(N=55)、东街(N=55)、南街(N=52)、北新街(N=47)、奚家弄(N=37)、金山石街(N=16),古桥如三元桥(N=35)、惠通桥(N=35)、中市桥(N=35)、文星桥(N=30);古建筑如进士厅(N=49)、是家大院(N=30)、承氏宗祠(N=30)、仲明中学旧址(现耶稣堂)(N=26)等;建筑特色如黄石半墙(N=58)、木排门(N=45)、圈门(N=42)等物质文化载体,以及人物场景如父母(N=62)、焦丙(N=32)、季札(N=22)、商铺林立(N=58)、河边洗菜洗衣(N=57)、古桥跳水(N=53)、赶集(N=27)等非物质文化载体,相对物质文化载体,非物质文化载体分布相对分散。焦溪居民的乡愁载体主要集中在四个区域:老新街、中街、东街、南街等老街沿街区域;聚集三元桥、中市桥、咸安桥以及青龙桥等古桥的龙溪河沿河区域;仲明中学旧址(现耶稣堂)区域;舜山区域。

首先,焦溪的居民对老街以及老房子的感情非常深厚,几乎每个被访对象都要提到狭长的老街,街面上铺着狭长的金山麻石,延绵不绝的木质排门,以及旧时商行旺铺的热闹场面,还有"黄石半墙"建筑为特色的江南水乡风貌;其次,居民常常提及古桥文星桥、惠通桥、蔡庄桥、万兴桥被遗憾拆掉,宝善桥异地重建,原先的九座古桥只剩下四座,遗憾和难忘被填埋掉的西街河(现红星路)和南溪小河(现为西河头路)以及老舜河(1969年改道填埋),以及消失掉的承家弄、茅坑弄、油车弄、典当弄等弄堂,原先的十八弄只剩下十一弄,十一道圈门现均已拆除,每座圈门上镶有方砖四块,刻字四个,用来反映街道的特点和表达人民的愿望;再次,仲明中学遗址现为耶稣堂,以及附近的焦溪小学(现为焦溪幼儿园)都承载了无数当地居民童年和少年时期的记忆,也是乡愁载体比较集中的区域;最后,焦溪自古辖制为镇,2007年撤镇并入郑陆镇,因此北面的舜山也成为焦溪传统村落居民乡愁记忆的一部分,尤其很多关于虞舜帝、元末朱元璋帝师焦丙以及季札等著名历史人物及其传说,也成为居民回忆家乡过去岁月的重要载体。剩下的其他乡愁载体相对沿着街巷、弄堂,龙溪河两侧自然分散,表征了居民个人生活生产的记忆场所。

(4) 焦溪游客乡愁载体空间分布

从图5-11(d)焦溪游客提及较多的乡愁载体主要有:山水自然景观如龙溪河(N=55)、舜河古道(N=42)、舜山(N=37)、稻田(N=30)等;古街古巷如老新街(N=45)、中街(N=44)、奚家弄(N=40)、东街(N=32)、南街(N=34)、北新街(N=22)、金山石街(N=44),古桥古码头如三元桥(N=47)、青龙桥(N=45)、红星桥(N=43)、中市桥(N=42)、咸安桥(N=40)、码头(N=35);古建筑如进士厅(N=37)、是家大院(N=31)、承氏宗祠(N=27)、仲明中学旧址(现耶稣堂)(N=22)等;建筑特色如黄石半墙(N=46)、木排门(N=36)、圈门(N=42)等物质文化载体,以及人物场景如老人(父母)(N=56)、焦丙(N=38)、季札(N=30)、虞舜帝(N=29)、河边洗菜洗衣(N=67)、古桥跳水(N=47);民俗食物如赶集(N=27)、过年祭祖(N=40)、羊肉羊汤(N=61)、焦溪扣肉(N=48)、团子(N=38)、焦垫传说(N=26)和虞舜传说(N=22)等非物质文化载体。焦溪游客的乡愁载体主要集中在两个区域:老新街、中街、东街、南街等老街区域,以及后修建的红星桥附近等区域,相对集中。

首先,很多游客进入焦溪古村落之后,一般会沿着几条老街走走,对焦溪的古建筑、黄石半墙以及几座古桥印象非常深刻。只有上岁数的常州市区游客对原先的街巷格局略知一二,年轻的游客对拆掉的古桥、填埋的河道并不了解。相对来说,游客对目前保存较好、修旧如旧的老新街上的旧时商铺和木排门更有感觉。其次,红星桥附近三岔路口开了很多羊肉羊汤馆,以及卖焦溪扣肉、油酥饼和脚踏糕的店,这也是很多游客多次前来焦溪的旅游动机。同时,很多常州游客对焦溪名字的由来有所了解,会提到舜山和虞舜帝、焦丙、季札等传说,看到焦溪红星街路口以及村委会门口、杂货店门口、龙溪河畔码头边长凳上坐着聊天的老人以及嬉闹的小孩,就会想起自己的父母亲人、邻里乡亲,还有自己的儿时时光。

综上,从主客视角的角度来分析两村居民载体空间分布共同特征,如陆巷和焦溪都集中分布在老街区域,太湖或龙溪河沿岸,寒谷山或舜山区域,重要意义建筑如惠和堂(原小学)或仲明中学,以及菜场等。游客载体空间分布共同特征:主要以两村的游览路线为主,主要集中在老街区域,以及太湖或龙溪河沿岸,其他主要景点为辅。因此,传统村落旅游地乡愁载体的空间特征有以下结论:

特征2:居民乡愁载体呈现重要节点和带状轴心为中心的"大聚集、大分散"的空间结构。主要以老街(巷)带状区域、河湖及滨水带状区域为轴、以学校或菜场等为重要节点,其他载体较为分散;游客乡愁载体主要以(数条)老街(巷)区域,河湖及滨水带状区域为轴,知名景点为重要节点,相对集中,因此呈现重要节点和带状轴心为中心的"小聚集、小分散"的空间结构。

5.3.2.3 乡愁载体空间类型特征

按照前文乡愁载体空间类型划分(图5-10),主要有生产生活场景空间、建筑文化空间、生态环境空间、聚落公共空间、人物精神空间和节日仪式空间六种类型。本研究按照空间类型进行两村主客视角的乡愁载体空间类型分析,见图5-12、图5-13、图5-14、图5-15。

陆巷居民提及的1879个乡愁载体(含重复点),空间类型占比从高到低为:建筑文化空间(37.04%)、生态环境空间(14.74%)、生产生活场景空间(14.74%)、节日仪式空间(13.15%)、人物精神空间(10.48%)和聚落公共空间(9.85%)。通过图5-12可以看到,建筑文化空间呈面状分布,集中分布于紫石街及周边巷子区域,那里聚集了众多明清古建筑,其中惠和堂、三座牌坊、菜场等被提及次数较多;生态环境空间呈面状和点状分布,集中分布于寒谷山区域以及太湖区域,其中太湖、寒谷山以及山上的茶树、橘子树等

图 5-12 陆巷居民乡愁载体空间类型

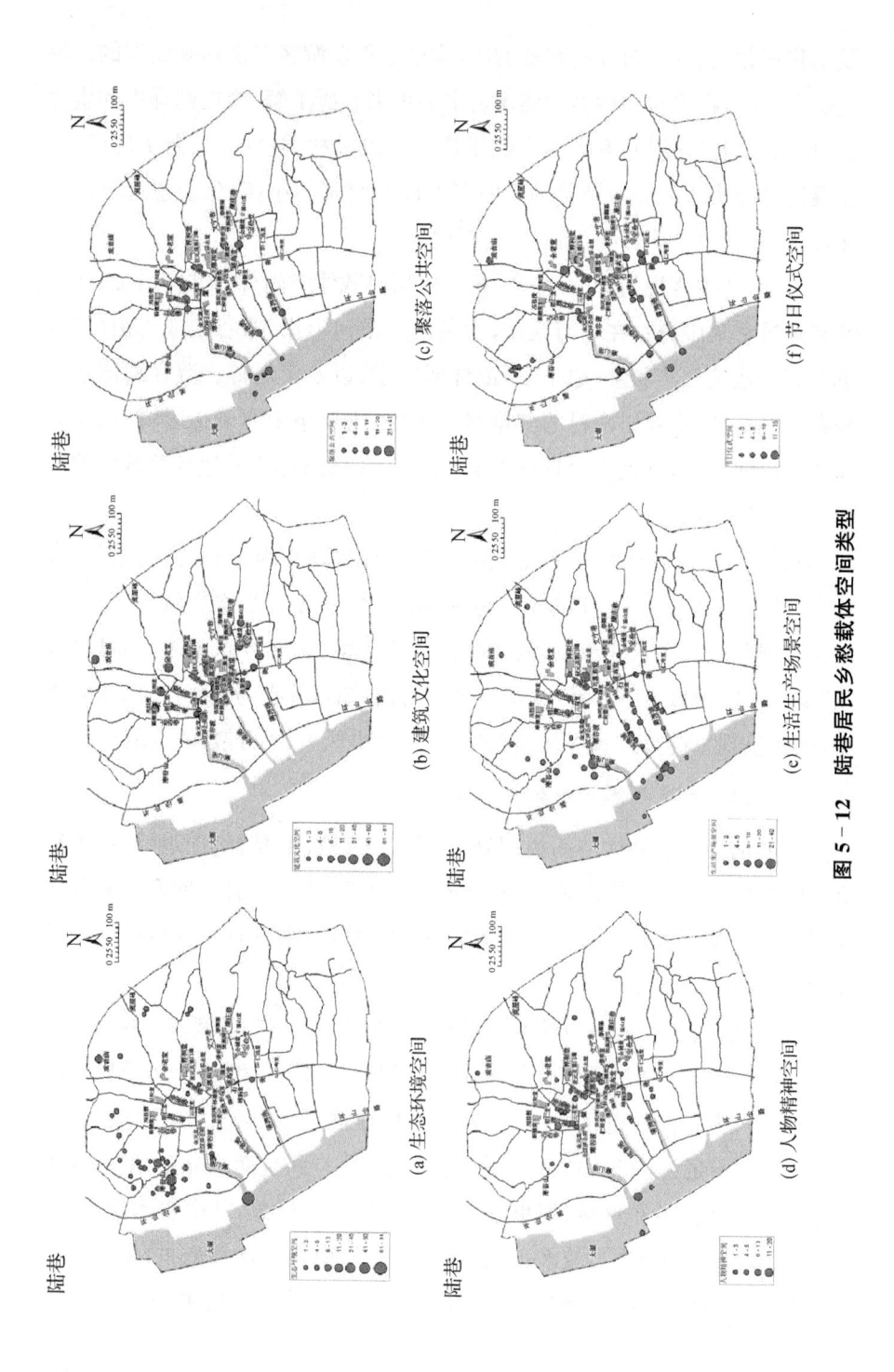

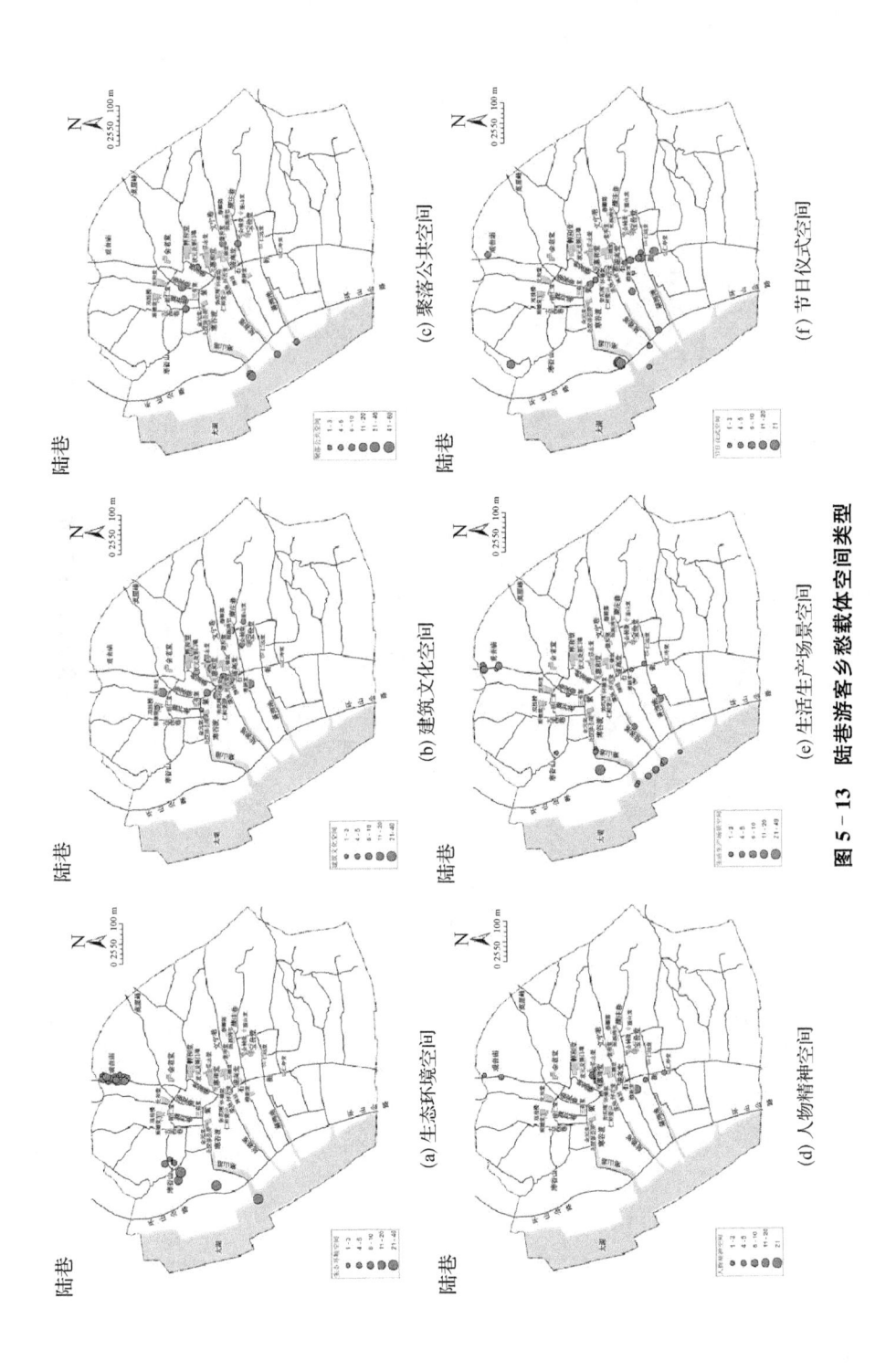

第5章 传统村落旅游地乡愁的时空特征

图 5-13 陆巷游客乡愁载体空间类型

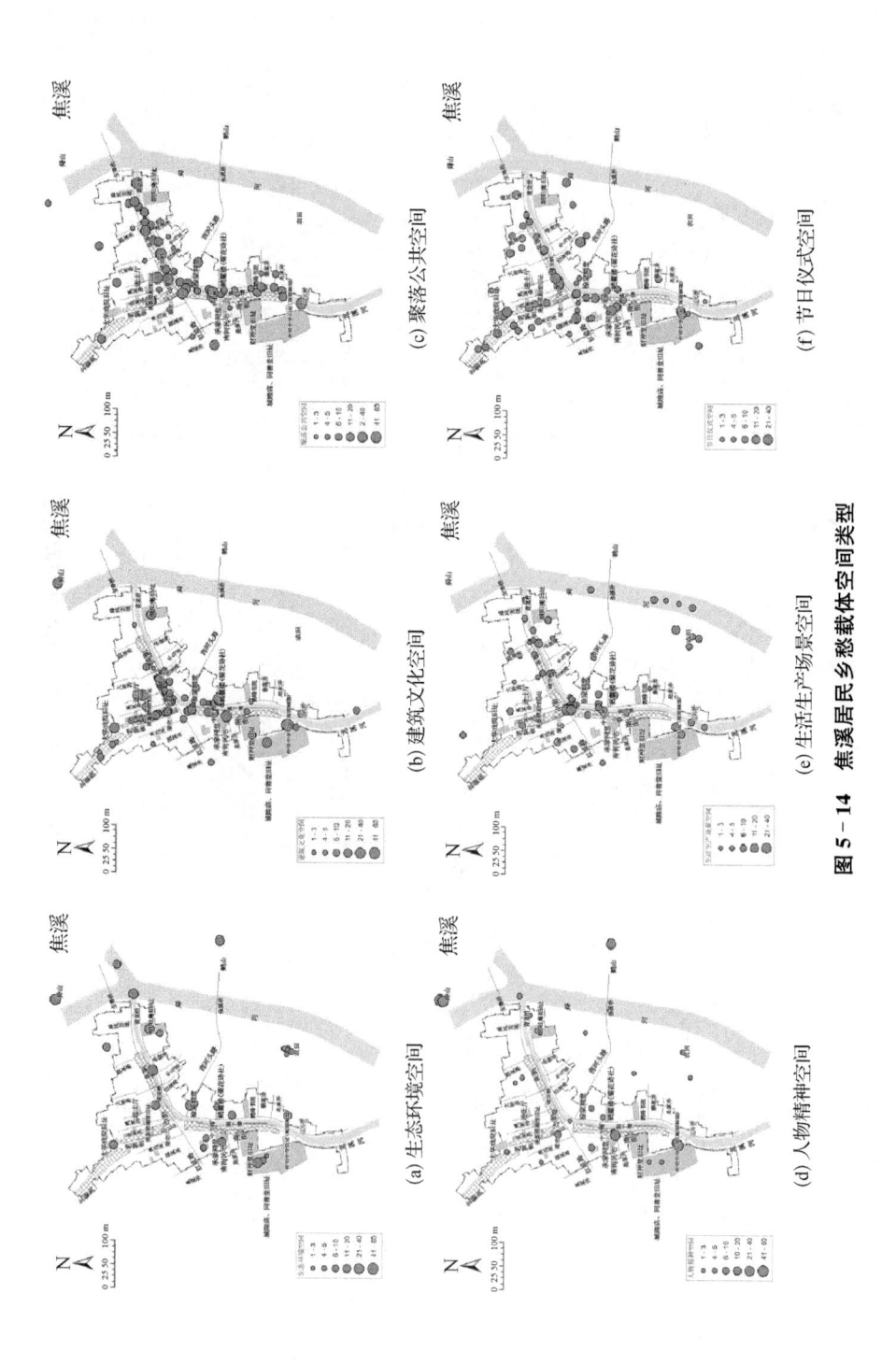

何处解乡愁——传统村落旅游地乡愁的时空特征及影响机理

图 5-14 焦溪居民乡愁载体空间类型

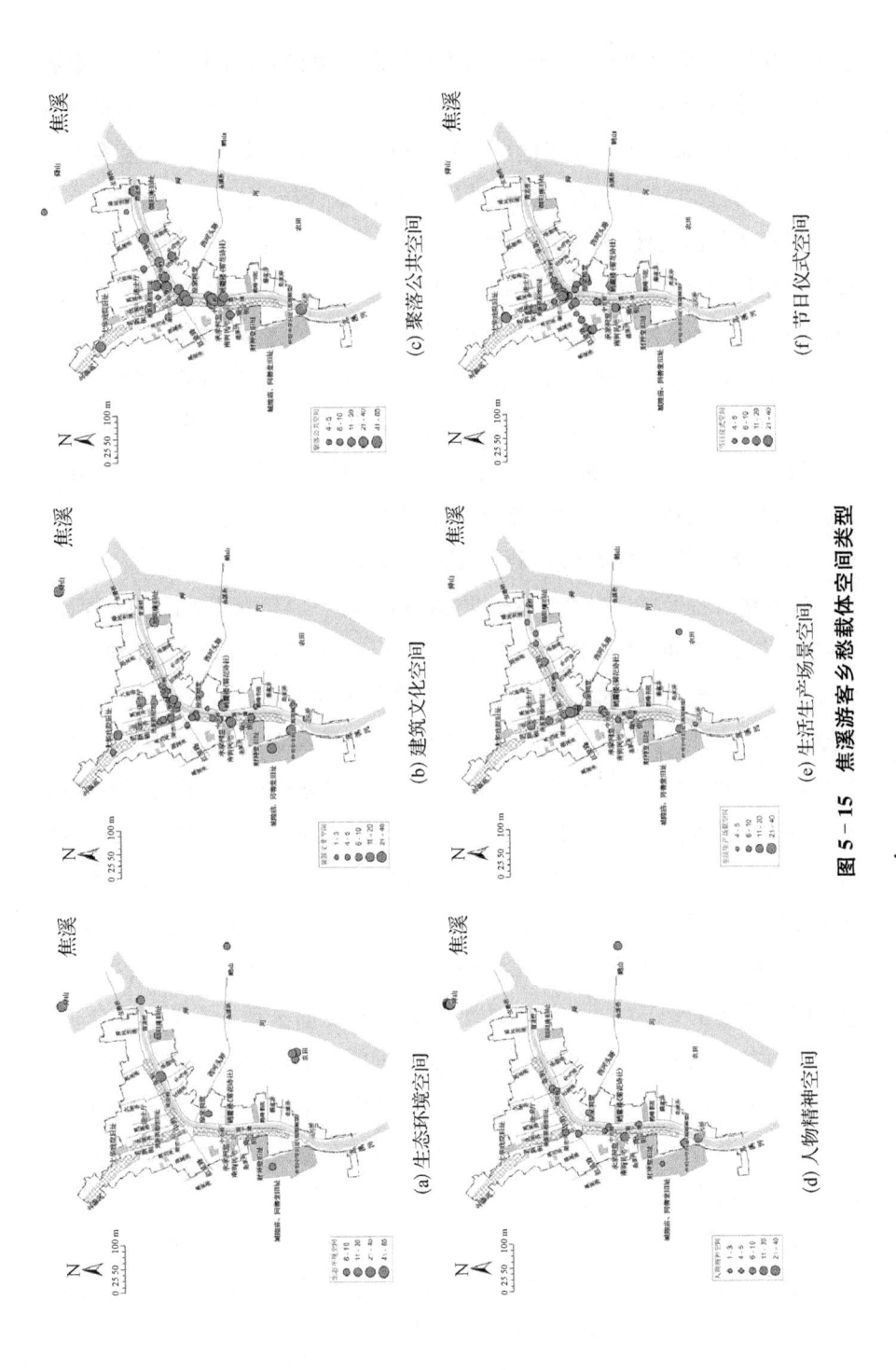

第 5 章 传统村落旅游地乡愁的时空特征

图 5-15 焦溪游客乡愁载体空间类型

被提及次数较多;生产生活场景空间主要呈点线面状分布,主要节点是惠和堂和寒谷渡口,惠和堂曾是几代人的小学,很多居民在那里留下许多童年场景的回忆,寒谷渡口及其亭子已成为村子里的一个公共空间,留下很多人际交往的回忆;线主要体现在三条港湾及码头附近区域、太湖湖边区域,面主要体现在寒谷山区域,这里留下很多童年回忆以及生活生产场景;节日仪式空间类型包括日常食物、节庆食物、民俗节庆等乡愁载体,呈现重要节点分布,主要集中分布于在紫石街、寒谷山、太湖及村门口区域,这里聚集了日常食物和地方特产如"太湖三白"、茶叶等,尤其村门口是节庆仪式经常举办的地方,其他分散在众多民居;人物精神空间呈现点面状,主要集中在紫石街及附近巷子的古建筑区域,主要节点在太湖,各种古建筑让人忆起很多历史人物,惠和堂、菜场等区域让人想起日常生活人物,如老师同学、邻里乡亲等,太湖主要是留下了很多童年回忆的场所,因此想起童年小伙伴。

  陆巷游客提及的1430个乡愁载体(含重复点),空间类型占比从高到低为:节日仪式空间(24.41%)、建筑文化空间(20.07%)、生态环境空间(20.07%)、生产生活场景空间(13.29%)、聚落公共空间(12.66%)和人物精神空间(9.51%)。通过图5-13可以看到,节日仪式空间呈现点线状分布,主要集中在紫石街上的各式特产和农家乐饭店里,这里聚集了很多游客提及的白玉方糕等食物,以及碧螺春、"太湖三白"等地方特产,重要节点是村门口以及寒谷山,村门口民俗节庆主要展演的地方,寒谷山是游客对茶叶、橘子和枇杷有直观感受的场所。建筑文化空间呈现面状分布,主要集中在紫石街及附近巷子区域的古建筑区域,主要节点是惠和堂、宝俭堂、遂高堂及三座牌坊等主要开放的旅游景点处;生态环境空间呈现核心节点状分布,主要集中在去太湖、寒谷山及观音庙道路附近的树木,直观体现了游客对陆巷自然景观印象最深刻的是山水树木;生产生活场景空间主要点线分布,线状主要有太湖沿岸及三条港湾及码头附近,游客在湖边看到渔船、戏水嬉戏等生产场景及童年场景,寒山港等码头附近能看到居民洗菜洗衣服等生活场景;聚落公共空间呈现线状特征,主要聚集在紫石街及几条巷子,还有古桥古码头等河网交错的水乡布局上;人物精神空间类型相对最少,呈核心节点特征,主要聚集在几处名人故居如王鏊故居、维新堂(叶氏故居)等。

焦溪居民提及的4 116个乡愁载体(含重复点),空间类型占比从高到低为:聚落公共空间(21.57%)、建筑文化空间(21.55%)、生态环境空间(19.97%)、节日仪式空间(15.99%)、生产生活场景空间(12.22%)和人物精神空间(8.70%)。通过图5-14可以看到,聚落公共空间呈现线状特征,主要聚集在东街、中街和南街等老街区域,沿街附近是龙溪河,河上及岸边的古桥古码头,居民会感慨"老街变样了,几座古桥不见了";建筑文化空间主要集中体现在老街及弄堂里的宗祠建筑、商铺旧址,以及黄石半墙、木排门等建筑特色突出的区域;生态环境空间呈现比较分散的节点状,重要节点有舜山、农田区域、龙溪河、舜河,其他分散节点是散落各处建筑附近的有年头的老树;节日仪式空间相对分散,主要体现在日常民居中、大华戏院旧址以及几条老街上的糕团店成为重要节点;生产生活场景空间主要集中在舜河和龙溪河、古桥和码头附近,当地居民会回忆起在河里挖河泥的生产场景、在古桥跳水和在码头洗菜洗衣服等童年场景和生活场景;人物精神空间呈现重要节点状,其他较为分散特征,主要集中在仲明中学及小学(现幼儿园)附近,以及承家祠堂和朝阳庵,分别让人回忆起老师同学及历史人物,其他分散点为被访居民提及自己民居中的家人及邻居。

焦溪游客提及的2 465个乡愁载体(含重复点),空间类型占比从高到低为:聚落公共空间(29.74%)、节日仪式空间(21.18%)、建筑文化空间(21.14%)、生产生活场景空间(14.74%)、人物精神空间(10.99%)和生态环境空间(6.90%)。通过图5-15可以看到,聚落公共空间呈现线状特征,主要聚集在东街、中街和南街等老街区域,仅存的四座古桥成为重要节点,"前街后河,前店后屋、依河而筑,临水而屋"的水乡布局及特色让游客回到旧日江南水乡;节日仪式空间呈现以红星桥为中心点向其他几条老街发散的特征,游客主要在老街上的羊肉羊汤店、糕团店中回忆起家乡的传统食物和特产;建筑文化空间主要呈现点线特征,聚集在承家祠堂、进士厅、耶稣教堂等重要节点,线状主要体现在老街上的店铺以及木排门特色、黄石半墙集中的区域。生产生活场景空间呈现分散的重要节点特征,主要集中在红星桥附近,这里是几条老街交会的枢纽节点,现在也聚集了很多羊肉羊汤馆,成为焦溪主要的商业中心和居民聚集聊天的公共空间,因此能让人回忆起生活场景、商业场景、人际交往,另外几个重要节点是四座古桥及附近码头,让游客回忆起游泳戏水等童年场景;人物精神空间主要呈点状结构,主要是徐家祠堂、承家祠堂以及仲明中学等较集中了历史人物和日常生活人物的记忆,以及咸安桥和三元桥等几座古桥会让人想起一起跳水、游泳的童年小伙伴,还有舜山和鹤山等聚集了虞舜帝、焦丙等诗文传说;生态环境空间呈现重要节点状,主要体现在龙溪河、舜山、鹤山及农田区域。

综上,从主客视角的角度来分析两村居民载体空间类型共同特征:首先,陆巷和焦溪排名前三的都有建筑文化空间、生态环境空间两种类型,这与两个传统村落明清建筑遗存较多有着一定的关系,同时两个村落都有山有水,对自然景观记忆比较深刻。其次,因村落具体情况差异,针对填河拆桥改变水乡布局较大的焦溪,乡愁载体最多的类型是聚落公共空间,陆巷位列第三的是生产生活场景空间,居民对童年场景、生活场景以及人际交往回忆较多。游客载体空间分布共同特征:首先,陆巷和焦溪排名前三的都有节日仪式空间、建筑文化空间两种类型,游客容易对传统村落的传统食物、地方特产、节日习俗、民风民俗触景生情,以及触发集体记忆和个人记忆的名人故居、宗教宗祠、旧日日常生活建筑(学校、菜场)、特色建筑。其次,陆巷位列第三的生态环境空间,陆巷山水树田等自然景观价值比较高,并且分布在村子周边,可达性较高,游客感知强烈,因此成为触发乡愁情感记忆的重要载体。焦溪游客乡愁载体最多的类型也是聚落公共空间,因焦溪水乡格局比较突出,古桥古码头、古街古巷沿河分布,故而能唤起游客对江南水乡的集体记忆。因此,传统村落旅游地乡愁载体空间类型特征有以下结论:

特征3:居民乡愁载体空间类型主要为建筑文化空间、生态环境空间,其次是聚落公共空间、生产生活场景空间。游客乡愁载体空间类型主要为节日仪式空间、建筑文化空间,其次是生态环境空间、聚落公共空间。

5.3.3 乡愁情感的空间特征

段义孚(2006)认为空间不是冰冷的几何空间,同时承载着人类丰富的情感体验。本研究在进行乡愁载体空间特征调研时,让居民和游客结合村落地图,标识出引起乡愁的载体(5—10个),其中选出乡愁情感最为强烈的

3—5个载体,其中陆巷村居民点数据有398个,游客点数据有301个,焦溪居民点数据有430个,游客点数据有300个,运用Arcgis10.2软件绘制乡愁情感强度空间和核密度分析,见图5-16、图5-17。核密度估计法是识别密度变化较为有效的方法。采用Silverman的"经验法则"并根据乡愁空间载体的数目和研究对象村域面积合理确定带宽,两村搜索半径设置为30 m,之后运用ArcGIS 10.2的核密度模块对PPGIS采集的乡愁情感最强烈的乡愁载体点数据空间分布特征进行分析,并以Jenks自然断裂法(Natural Breaks)绘制核密度图。

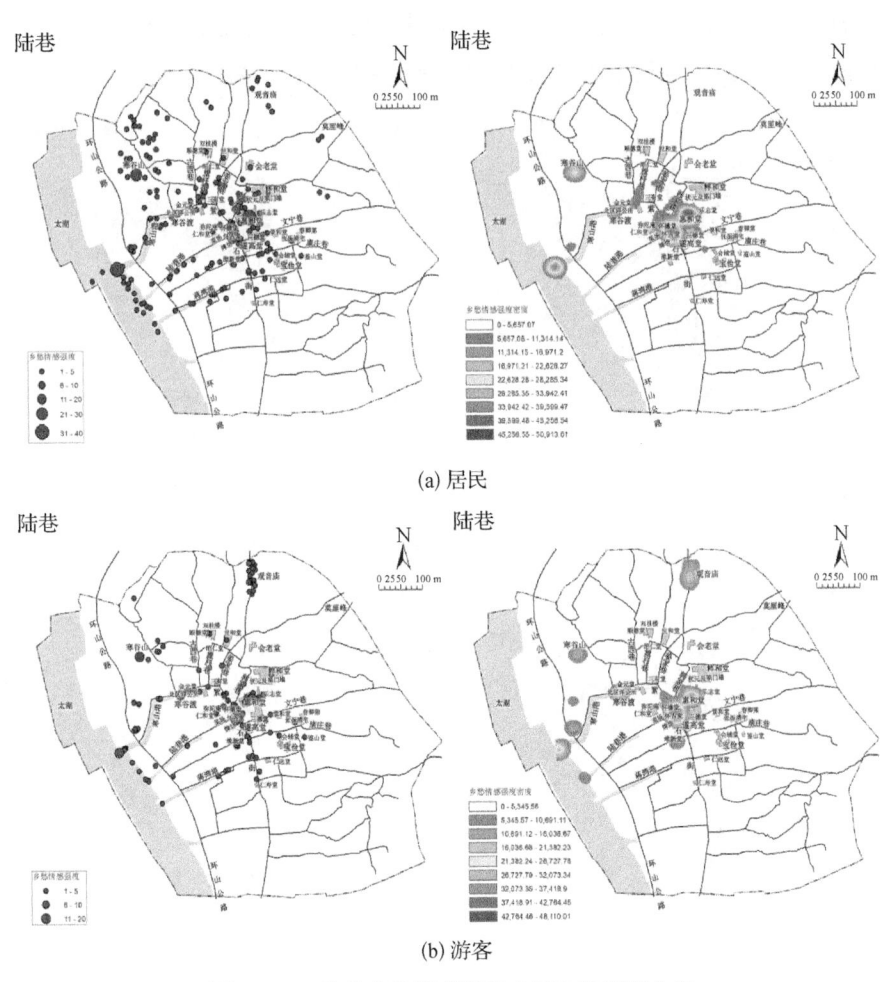

(a) 居民

(b) 游客

图5-16 陆巷乡愁情感强度空间和核密度分析

通过图5-16(a)可以看到,陆巷居民乡愁情感强度比较高的是惠和堂区域、紫石街、牌坊、菜场区域,次之是太湖区域和寒谷山区域。这些区域是乡愁载体比较集中的区域,也成为乡愁情感比较强烈的空间。通过图5-16(b)可以看到,陆巷游客乡愁情感强度比较高的地方是紫石街及牌坊区域、惠和堂区域,次之是太湖区域、寒谷山观音庙及沿途区域。很多游客会通过旅游标识牌的指引,顺着姜家巷爬到寒谷山东侧,去山上的观音庙转转,顺便登高望远,因此对沿途的自然景观如茶树、枇杷树等印象深刻,与居民相比多了一个观音庙区域。总体而言,游客没有居民乡愁情感强度高,传统村落旅游地毕竟不是游客的家乡,没有过去的生活记忆,自然也没有投射过多的情感,但在村落里会触景生情,并向往乡村生活,找寻宁静平和,抒发自己的乡愁情感。

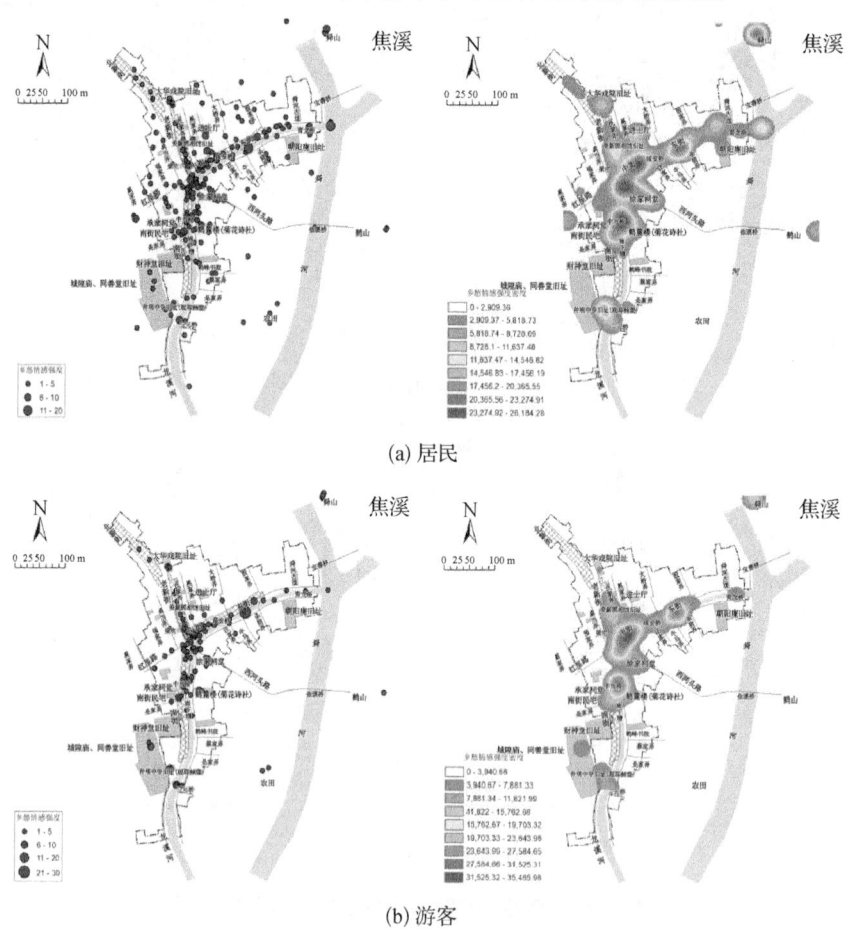

(a) 居民

(b) 游客

图 5-17 焦溪乡愁情感强度空间和核密度分析

通过图 5-17(a)可以看到,焦溪居民乡愁情感强度比较高的是沿着龙溪河两侧的南街、东街、中街以及北面的老新街区域,并且集中在河上的四座古桥和多个码头区域,次之是舜山区域和仲明中心旧址(现耶稣堂)区域,也会在已经消失的河道和古桥、弄堂附近投射自己的情感,如舜河古道附近。焦溪居民的乡愁情感非常强烈并且分散在多个区域,因此乡愁情感比较强烈的空间主要集中在建筑、街巷,沿着主要街巷的弄堂呈发射状。在访谈调研时能够深切感觉到,尤其是年龄大的居民对焦溪的现状深感惋惜和遗憾,并且希望古村保护工作能有效和快速实施,可见其乡"愁"。通过图 5-17(b)可以看到,因为焦溪还未开放旅游,没有特别打造的知名景点,游客在焦溪乡愁情感比较强烈的区域是红星桥附近区域,这里是焦溪几条街交汇的地方,成为村里的公共空间,并且有很多羊汤馆、糕团店,也有很多老人聚集聊天,食物特产、人际交往等生活场景成为最能唤起游客乡愁的载体。其次是龙溪河沿岸的古桥和老街等区域,主要集中在中市桥和东街,这里也是焦溪游客主要游览的地方。因此,游客乡愁情感强度比较高的地方主要是游览的景点路线周边空间,相对集中。

因此,传统村落旅游地乡愁情感空间特征有以下结论:

特征 4:居民乡愁情感强烈的载体首先体现在学校、菜场、村落公共空间等重要节点,其次童年记忆场景、生活场景、重要的家人以及人际交往方面,所依托的空间相对比较分散;游客乡愁情感强烈的载体主要体现在山水景观、食物以及人际交往和生活场景等空间,主要分布在主要游览的景点和路线周边空间,分布相对集中。

5.4 乡愁的时空交互特征

乡愁时间交互特征方面,探寻不同代际的乡愁载体是否有所传承和空间差异,并根据旅游地生命周期阶段划分,将处于探查阶段的焦溪和发展阶段的陆巷作为研究对象,识别不同发展阶段的传统村落旅游地的乡愁载体空间差异。

5.4.1　代际视角下的乡愁空间特征差异

本研究通过问卷调查可以获知被访者的代际特征,代际仍沿用上文的划分标准,具体有迎接胜利的一代(1930—1949年),"红卫兵"的一代(1950—1959年),经济开放时期的一代(1960—1978年),新新人类的一代(1979—1989年),跨世纪的一代(1990—2000年),以及新千年(2000年之后)。本研究将其代际数据与被访对象的乡愁载体点数据进行匹配,对其进行基于不同代际的乡愁载体空间差异分析,见图5-18、图5-19、图5-20和图5-21。

通过图5-18可以看到,不同代际的陆巷居民之间乡愁载体分布有一定的相似性,都集中在太湖及周边以及寒谷山,还有紫石街、惠和堂、牌坊周边区域,那里也有老菜场,以及港口码头附近,这些地方主要集中了陆巷的生态文化、建筑文化、水乡街巷文化。江南古镇(村)空间主要的特征是"因水成市、因水成街、枕河而居",因此古镇(村)空间基本构成要素包含水、街巷、建筑(秦宝权,2015)。这体现了该村的文化基因在代际之间进行了传承,目前1960—1978年、1979—1989年两代的居民成为乡愁记忆的主体。这部分群体也是在地居民人口构成的主体部分。但也要看到有很多陆巷消失的建筑,或者改变功能的建筑空间,很多年轻的居民已经毫不知情了,所以根本没有出现在其乡愁记忆中,如北区洋公所原先是陆巷的救火机构,而2000年之后出生的这代根本不知情。

通过图5-19可以看到,在陆巷随机调研乡愁载体空间特征的游客群体只有1960—1978年、1979—1989年和1990—2000年三代,不同代际的游客之间载体空间分布基本一样,集中在太湖及周边,还有紫石街、惠和堂、牌坊周边区域,以及寒谷渡附近,还有去往寒谷山观音庙的沿途茶树、枇杷树等自然景观上。这些地方主要代表了陆巷的生态文化、建筑文化、水乡街巷文化、地方特产文化,也被开发成主要旅游景点、特产店和餐馆,因此也成为三代游客主要游览的区域。

通过图5-21可以看到,焦溪随机调研的游客群体有五代,无2000年之后这一代,同时1930—1949年和1950—1959年这两代人数较少,因此

第 5 章　传统村落旅游地乡愁的时空特征

(a) 1930—1949年

(b) 1950—1959年

(c) 1960—1978年

(d) 1979—1989年

(e) 1990—2000年

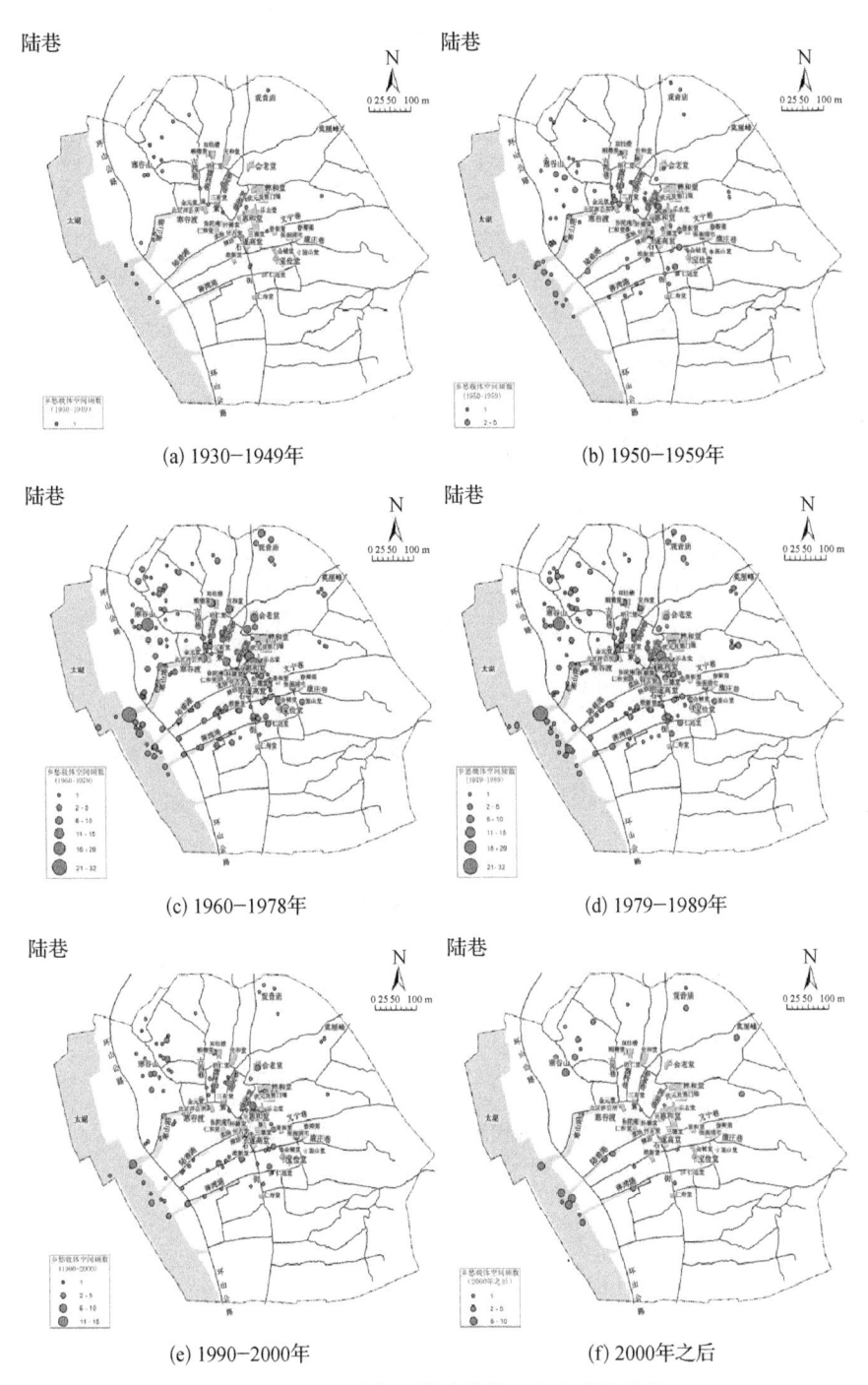

(f) 2000年之后

图 5-18　不同代际的陆巷居民乡愁载体空间

何处解乡愁——传统村落旅游地乡愁的时空特征及影响机理

(a) 1960-1978年

(b) 1979-1989年

(c) 1990-2000年

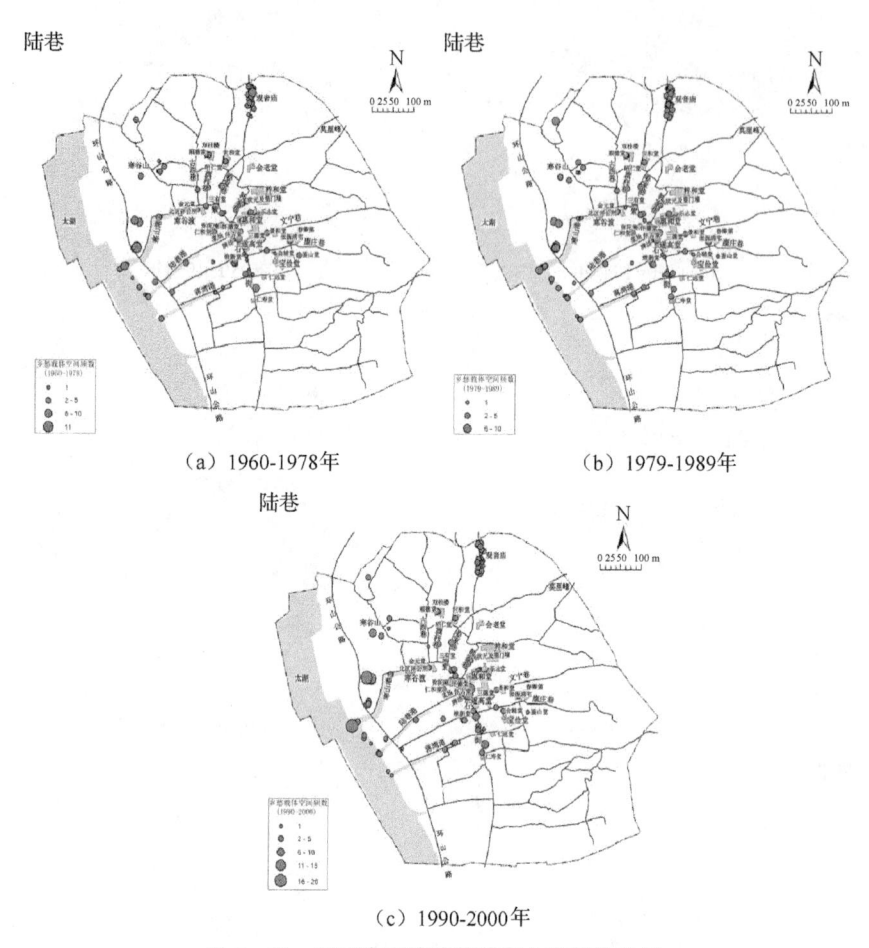

图 5-19 不同代际的陆巷游客乡愁载体空间

第5章 传统村落旅游地乡愁的时空特征

(a) 1930—1949年

(b) 1950—1959年

(c) 1960—1978年

(d) 1979—1989年

(e) 1990—2000年

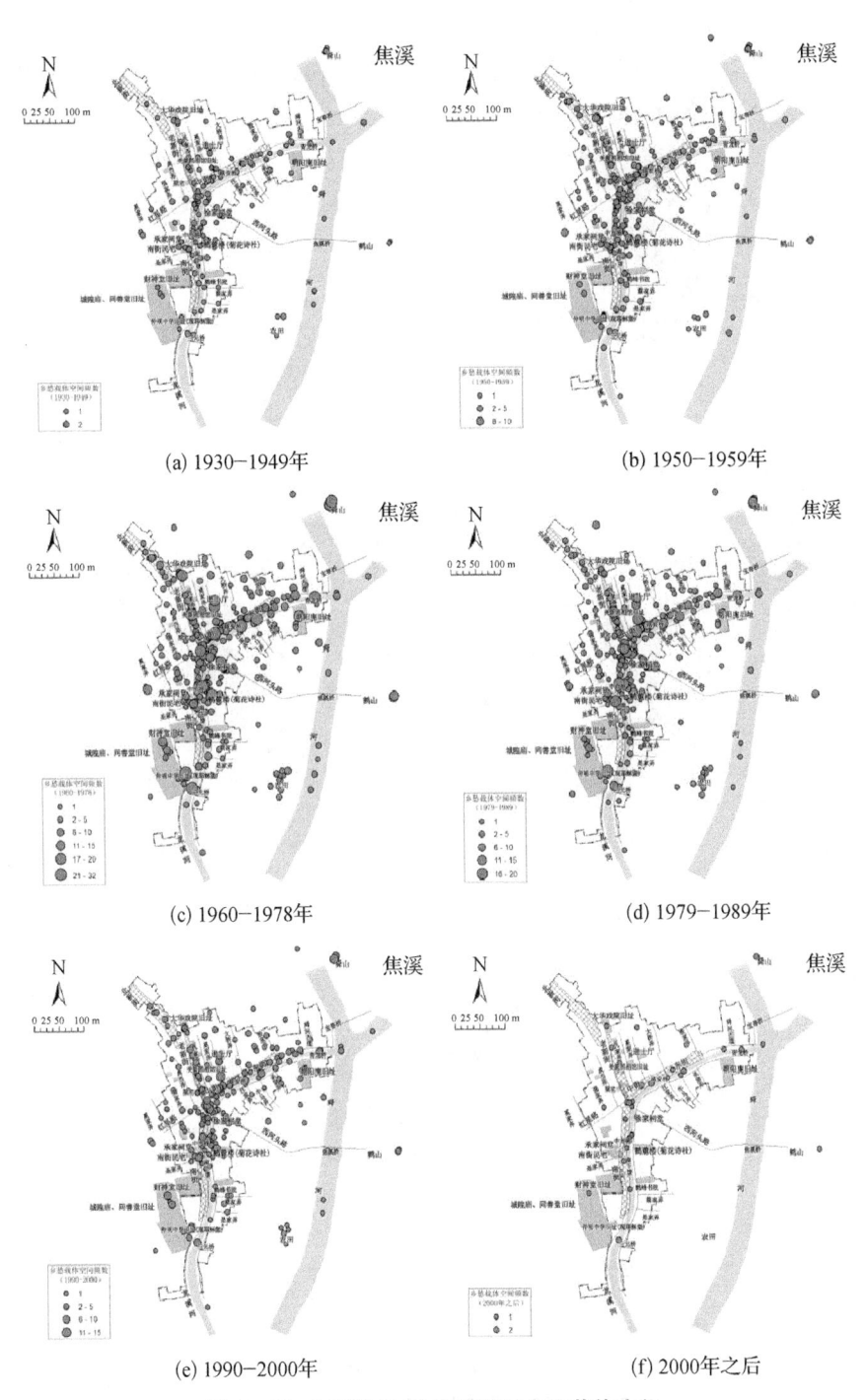

(f) 2000年之后

图 5-20 不同代际的焦溪居民乡愁载体空间

何处解乡愁——传统村落旅游地乡愁的时空特征及影响机理

(a) 1930—1949年

(b) 1950—1959年

(c) 1960—1978年

(d) 1979—1989年

(e) 1990—2000年

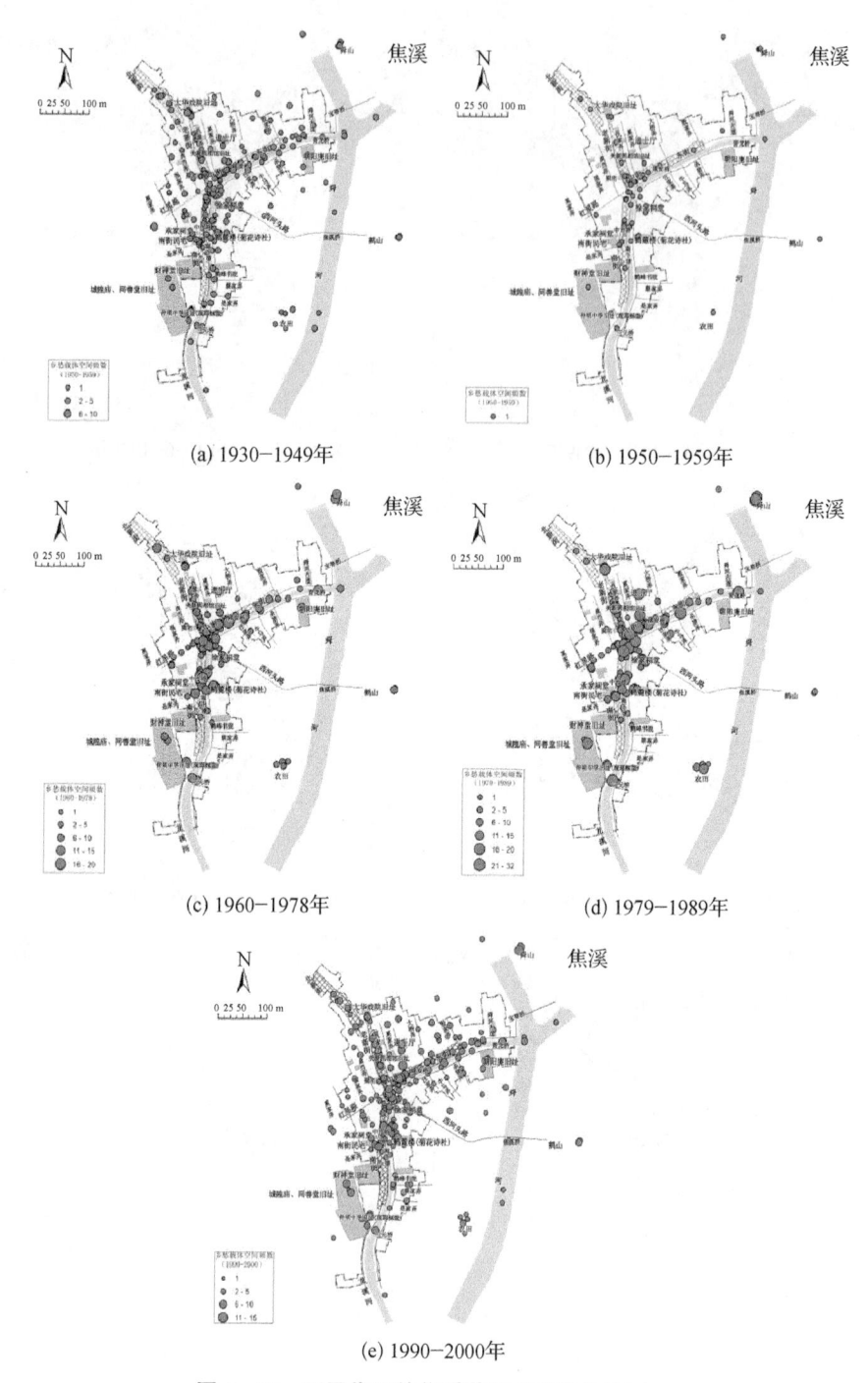

图 5-21　不同代际的焦溪游客乡愁载体空间

乡愁载体数量也较少，游客主要集中在 1960—1978 年、1979—1989 年和 1990—2000 年三代，不同代际的游客之间载体空间分布类似，集中在老街附近和龙溪河两畔，游客对古街古建筑古桥古码头引发的乡愁记忆较多，同时也会提到红星桥附近的羊肉羊汤等餐馆所展示的地方特产，这些主要代表了焦溪的生态文化、建筑文化、水乡街巷文化、地方特产文化，因此也成为不同代际游客主要游览的区域和寄托乡愁的空间。

因此，通过以上分析可以发现，不同代际的传统村落旅游地乡愁载体空间特征有以下结论：

特征 1：不同代际居民乡愁载体都聚集在传统村落文化基因集中的地方，传统村落文化在代际之间进行了传承；不同代际的游客之间载体空间分布类似，都集中在传统村落主要街巷和山湖附近，主要围绕旅游景点和旅游线路周边引发乡愁记忆。

5.4.2　旅游发展生命周期理论视角下的乡愁空间特征差异

近年来，乡村开发旅游促进了当地经济发展，解决了当地村民的就业，也给城市居民带来了亲近自然、闲暇放松的好去处，但对于存有丰富历史文化遗存的村落，旅游开发在带来经济效益的同时，是否在历史文化保护等方面也起到促进作用？这是很多学者在考察传统村落开发旅游时会思考的问题。

旅游地有一定的生命周期，而旅游地的居民态度随着旅游地处于不同的生命周期也有相应的变化（保继刚，1999）。那居民和游客的乡愁与村落旅游开发的程度有没有什么关系呢？本章尝试对此进行分析。本研究的调研区域为苏南六个传统村落，这六个传统村落的旅游开发程度不同，主要有以下三种类型：第一种处于旅游地生命周期的探查阶段（exploration stage），这是旅游地发展的初始阶段，特点是旅游地游客很少，未因旅游活动影响其环境变化。如礼社还未进行旅游规划，焦溪游客三三两两（如焦溪、礼社、严家桥村）；第二种处于参与阶段（involvement stage），旅游地进行了简单的设施维护和景点的打造，偶尔有大巴游客来，商铺应景打开，无组织的游客，只能见到冷冷清清的老街，无任何商铺营业（杨桥村）；第三种处于发展阶段(development stage),旅游市场相对成熟,游客规模增大,广告宣传吸引外来投资,接待设施和场所更加成熟和商业化,当地环境显著改变(明月湾村和陆巷古村)。两村都已经开始收取门票,村里村外本地人开的农家乐遍地开花,集餐饮与住宿功能于一体。同时,很多外来投资建造的精品客栈和主题客栈也洒落周围。本研究兼顾苏锡常区域位置选择了其中的两个村落进行乡愁和旅游关系的研究,分别为常州的焦溪(探查阶段)、苏州的陆巷古村(发展阶段),因焦溪位于常州和无锡交界处,同时焦溪和陆巷在地生活居民人口数量较多,遗址建筑保留较多且较为完好。

根据上文对陆巷和焦溪主客采集的点数据(见图5-11),进行ArcGIS核密度分析。两村搜索半径设置为30m,运用ArcGIS 10.2核密度模块对PPGIS采集的乡愁载体点数据的空间分布特征进行分析,并以Jenks自然断裂法(Natural Breaks)绘制核密度图,见图5-22和图5-23。

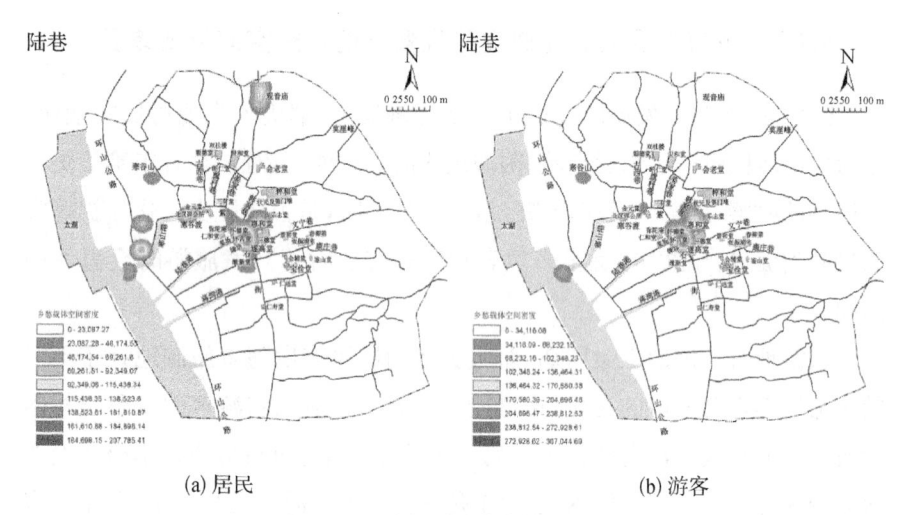

(a) 居民　　　　　　　　　　　　　　(b) 游客

图 5-22　陆巷乡愁载体核密度分析

陆巷居民乡愁载体只有一个密度集中区域,少于游客。陆巷2000年开始发展旅游,很多建筑得以保护,很多民居修旧如旧,街巷格局得到保护,在一定程度上恢复了一些居民的乡愁记忆。因此,居民的乡愁载体主要集中在既是名人故居又是几代人小学的惠和堂,以及紫石街、牌坊和老菜场周边,那里记载了几代人的繁华和热闹,也是陆巷文化基因最集中的区域。相对居民只有一个密度集中区域,而游客却有三个集中区域,见图5-22。除了与居民一样集中在紫石街区域,寒山渡、陆巷大门以及太湖周边区域,寒谷山观音庙周边自然景观区域,这与陆巷旅游开发不无关系。相对于焦溪,陆巷的标识系统、住宿餐饮、特产品店、景区解说等旅游要素配备齐全,游客能更好地了解陆巷的文化和景观,进而熟悉陆巷的区域,因此乡愁载体分布比较广泛。

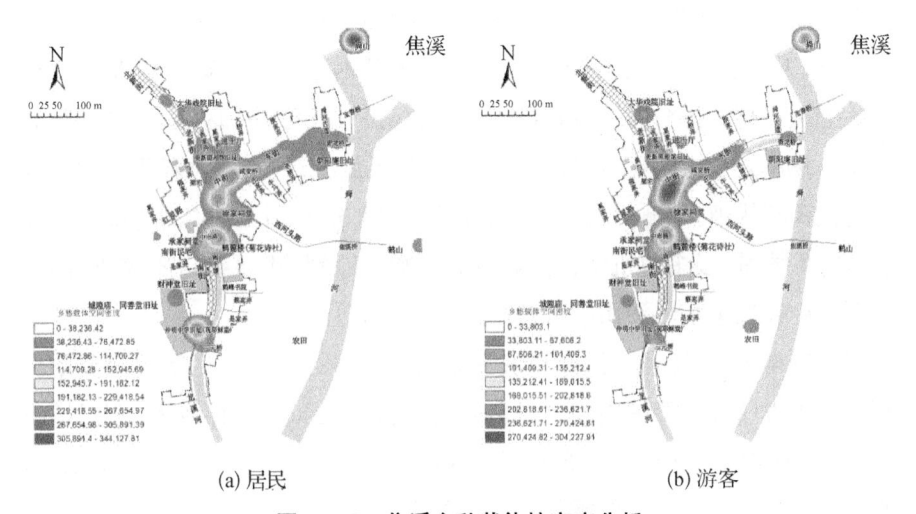

(a) 居民　　　　　　　　　　　　(b) 游客

图 5-23　焦溪乡愁载体核密度分析

焦溪居民乡愁载体有五个集中区域,多于游客。 焦溪村落格局改变较大,填河成路,古桥被拆,圈门消失,古建筑倒塌失火,岌岌可危,因此焦溪居民的乡愁要比陆巷的居民来得更加强烈。而且,焦溪目前保护相对落后,外来资本介入较少,政府开发旅游举措还未落实,因此焦溪居民尤其是老年居民心里非常焦虑,被访时,他们急盼政府加大保护力度或赶紧开发旅游,希望早日恢复焦溪昔日繁华场景。因此体现在密度图上的特征是居民有五个集中区域,多于游客,见图5-23。因为焦溪还没有开发旅游,大多数游客到访很多是因为美食如羊肉、焦溪扣肉,或者得知这附近有个传统村落,但来了之后仅仅逛逛几条老街,然后走走一两座古桥,就打道回府了,留下村落破败不堪的印象,因此游客停留时间段、活动区域有限,所以密度集中区域只有几条老街附近,主要靠近红星桥附近,因为那里聚集了几家羊肉羊汤店和糕团店,甚至很多外地游客根本不清楚焦溪的主要历史建筑在哪里,以及主要的建筑特色是什么。另外,因为焦溪游客中71.6%来自常州,尤其是焦溪周边区镇,对焦溪舜山和虞舜帝、焦丙、季札等历史传说较为熟悉,因此舜山也成为乡愁载体密度集中区域。

以上分析结果显示,陆巷乡愁载体分布呈现特征为:居民只有一个密度集中区域,而游客却有三个集中区域。三个集中区域与主要景点和旅游线路紧密联系,陆巷旅游开发成熟,陆巷的标识系统、景区解说等旅游要素配备齐全,因此游客游览范围较广,进而乡愁载体分散在游览景点及路线周边。焦溪乡愁载体分布呈现特征为:居民有五个密度集中区域,而游客只有三个。焦溪处于旅游探查阶段,还未正式进行旅游开发,居民对焦溪现在保护情况深感忧虑,因此提及的焦溪载体呈现"大分散,小聚集"的特征。因焦溪未开发旅游,很多建筑未得到修复和开放,旅游标识系统也不完善,因此主要集中在红星桥羊汤馆附近及周边几条老街上。

可以得知,旅游业对保存和恢复居民和游客的乡愁记忆起到重要的作用。黄震方(2015)等提出乡村是留守的乡村居民和在外怀乡人士存放"乡愁"的精神家园。适当开发旅游可以保护传统村落,成为保存乡村记忆、传承地域文化和记住乡愁的重要手段。旅游是乡村文化的重要载体,文化是乡村旅游的灵魂(黄震方,2015)。旅游开发可以帮助居民和游客记住乡愁,同时依托当地文化基因进行适度的旅游开发,可以传承地域文化,保护传统村落不要在城镇化大潮中消失和失去村落的特色。因此,针对不同旅游发展阶段的传统村落旅游地,乡愁载体空间特征有以下结论:

特征2:处于旅游探查阶段的焦溪居民乡愁载体呈现"大分散,小聚集"的特征,游客则相对集中。处于旅游发展阶段的陆巷居民乡愁载体相对集中,游客呈现"大分散,小聚集"的特征。旅游业对保存恢复居民和游客的乡愁记忆起到重要的作用。

第 6 章 传统村落旅游地乡愁的影响机理

无论是伤感的乡情还是美丽的故土,都映射了乡愁主体对家园小环境与自然大环境的责任与敬畏(陆邵明,2016)。不管是游客还是居民,因为自身因素以及环境因素等,其乡愁感受会有一定程度上的差别(Batcho,1995)。不同地区有着独特的自然禀赋、文化禀赋(黄震方,2015)。什么引起了乡愁?乡愁为什么会存在一定的差异?异地性问题,环境带来的变化,与现代反差太大,触景生情,文化基因,社会变化,生活方式的变化,乡村空心化,产业的发展,政策、生态环境的变化,旅游开发中受益不均?乡愁的影响因素有哪些?本研究基于前人研究成果,从个人因素、社会文化因素、环境认知因素、旅游开发因素等方面,结合扎根理论访谈结果,从居民和游客视角进行调查分析,通过实证研究分析主客对传统村落旅游地乡愁的影响因素及认知差异,并剖析传统村落旅游地乡愁的影响机理。

6.1 乡愁的影响因素

6.1.1 现代性的疏离

在前全球化时代,人的生产能力限制了人类活动的区域性以及人际交往的局限性,因此"地方性"显著(种海峰,2008)。伴随着人类技术的进步以及全球经济的一体化发展,现代性遍及人类生活的各个方面,用"科学和理性的支配方式"去理解和解释世界(彭兆荣,2007)。吉登斯(Giddens)将断裂或非延续性以及全球化看作是现代性的基本特征。国内学者王宁(2009)指出"现代性中的社会空间秩序包括地域人口的民族化和城市化、城市空间的抽象化、经济的全球化趋势"。技术变革使地球演变为"村落",现代性所带来的流动性对人类生活观念和社会价值改变巨大,使人成为现代漂泊者(董培海,2013)。传统的"乡土中国"在快速的工业化、城市化和现代化冲击下慢慢瓦解,现代性冲淡了传统家园带来的安全感等情感寄托(熊剑峰,2012),近年来"乡愁热"体现了中国人当前面临的困境和复杂情感。

6.1.2 恋家乡土情结

由于长期处在农耕文明时代,以及"父母在,不远游"为代表的儒家文化思想影响,因此中国人有着深深的恋家情结和乡土情结。家乡、故乡的概念是中国传统文化中一根敏感的神经。中国有"安土重迁"的传统文化,家庭温情并倡导孝道等优秀道德品质的传承,即使到了现代,"家"在中国人心中的位置也是无法被撼动的。中国特有的超大规模交通迁徙"春运"则是极具说服力的证据。在传统的农业社会,大自然养活了古先民,令中国人抹不去对田园的依恋(张劲松,2018)。天人合一、人地和谐是人类总结摸索出来的自然观(孙璐,2017)。但目前快速的全球化和城市化背景下,传统的乡土情结和恋家情结却面临着无处安放的境地。

6.1.3 乡村文化基因

刘沛林(2010,2015)提出传统村落"景观基因"的概念,认为"留住乡愁"的前提就是保留和传承文化基因。刘沛林(1994)认为祠堂、大树、水塘、流水和桥、屋顶与山墙等要素构成了中国传统村落意象。李久林等(2018)认为村落内部特征主要有超过半数的祠堂都分布在古徽州传统村落的核心空间内,主要街道和聚落的空间核心具有较高的重合度,通行较为频繁的街巷多位于空间核心处,或者与空间核心相连。传统村落空间组织形态呈现内向的布局特征。

不同地区有着独特的自然禀赋、文化禀赋。但同属于某一文化区域的地区也会有着共同的文化基因,如苏南传统村落同属于吴文化基因,拥有河网密布、古街古巷、古桥古码头、古建筑、自古是传统市镇、人文盛地、节庆风俗等共同特征(钱智,1998)。在访谈中,六个传统村落的居民都会提及村落的生产耕作、四时变迁、节气迎送、民俗信仰、赶集节庆、美食特产、神话传说等乡村文化。而游客对乡村文化的感知主要集中在乡情淳朴、乡村生态环境优良、乡村菜肴可口等方面。因此,传统村落中的乡土文化及建筑、自然景观等体现了乡村文化基因,传统村落是寄托乡愁的主要载体,因此要保护好传统村落(郑文武,刘沛林,2016)。

6.1.4　政府政策制度

《国民经济和社会发展第十二个五年规划建议》中提出文化事业大发展、大繁荣的目标,古村落面临着重大的发展机遇。在《国务院关于促进旅游业改革发展的若干意见(国发[2014]31号)》中针对乡村旅游提出"发展有历史记忆、地域特色的旅游小镇",引导乡村走旅游为导向的新型城镇化道路。2015年中央一号文件《中共中央国务院关于加大改革创新力度加快农业现代化建设的若干意见》指出"扶持建设一批具有历史、地域、民族特点的特色景观旅游村镇"。

为了保护古村,东山镇制定了相应的规划与法规,2005年委托苏州园林设计院制定了《苏州东山陆巷古村落保护与整治规划》,2008年请上海同济大学编制了《陆巷古村建设总体规划》;在2006年制定了《东山陆巷古村落保护管理暂行办法》,对古村的保护起到了重要的作用。《常州市国民经济和社会发展第十二个五年规划的建议》提出"加大地方文化遗产保护力度,申报国家历史文化名城"。在此背景下,政府高度重视焦溪古村落的保护,使其成为常州历史文化名城的有机组成部分,在2015年常州市规划设计院编制了《常州焦溪历史文化名村保护规划》。正是因为国家和省市各级政府对传统村落的重视和保护措施实施,在很大程度上保障了传统村落的留存和修缮,因此传统村落才能留下很多自然和文化景观,成为保存乡村记忆、传承地域文化和记住乡愁的重要载体。

6.1.5　环境感知评价

Baker与Kennedy(1994)认为怀旧情感需要有情境的刺激才能产生。王江萍和邓静(2016)认为,乡愁的承载体可以直接触发人们的乡愁感受。

薛婧(2012)则认为红色景点的游客的怀旧显著高于其他景点。根据本研究第三章扎根理论研究显示,乡愁的载体有物质载体和非物质载体,这其中包含了生态环境和人文环境的变化。汤南南(2016)从乡愁诗歌和绘画中的自然时空景观变化来探寻乡愁的引发机制。王新歌(2018)认为影响乡愁体验的因素包含触发要素特征。

6.1.5.1 生态环境的改变

Graybill(2013)发现因气候变化影响了人类家园及对"家"情感与记忆的变化,产生了"环境乡愁"。在村落调研时,陆巷和焦溪的居民都纷纷叹息水质的改变,原先清晰的河水不见了,尤其是焦溪的生活污水还排在龙溪河里,现在基本已没有居民在河里洗菜了,只能洗洗拖把。两村原先的河水可以清晰地看到小鱼,可以在里面游泳。陆巷的太湖原先大家都可以去游泳和戏水,但现在政府管制,不能像以前一样肆无忌惮地玩耍。而焦溪原有的西街河被填埋成道路等,鹤山凿山挖石等破坏了焦溪居民对故土的记忆。

6.1.5.2 人文环境的改变

路璐等(2018)认为在城镇化背景下,乡村日益凋零和消失,很多传统的文化景观消失,因此产生了"乡愁"。闫妍(2015)指出,农业生产生活空间包括物质空间和心理空间的改变触发了"乡愁"。如焦溪街上原有九座古桥,更有18弄,还有11座圈门,商店超过200家,百年老字号的商店就多达38家,目前九座古桥只剩四座。尽管还保留了600多间明清老房,但当年热闹非凡的闹市已成了徒有虚名的空壳古村落,到处是残墙灾迹,这种物质空间巨大的变化和家乡落寞的心落差是焦溪居民乡愁最重要的影响因素。张建宏(2017)认为乡村呈现熟人社会特点,人际交往建立在血缘基础上。旅游从业者以及游客不断涌入乡村,致使原先互助互让、重义轻利的淳朴乡俗消减。调研访谈时,陆巷个别居民反映现在的人际交往比以前淡薄了很多,很多农家乐之间的竞争甚至导致了邻里纠纷。但相对城市邻里之间的陌生,乡村人情还是很纯真淳朴的。乡村空心化严重也是乡愁的重要影响因素。很多乡村目前年轻人都外出打工,周末或逢年过节回家,或者考学出去在城市安家立业,留守在村里的几乎只有老人和儿童,在调研六个村落时,几乎很难看见年轻人,村里租住了很多在附近工厂打工的外地人,常看到很多老人扎堆聊天。

6.1.5.3　城市生活环境认知

城市压力大、生活节奏快催生了游客的乡愁。很多游客在周末逃离城市,向往乡村的慢生活,得到心灵的宁静平和,这种对原乡和乡村的本能的亲近,促进了乡村旅游的发展,同时也慰藉了游客乡愁的需求。谢新丽等(2017)认为快速城镇化背景下,城市居民开始思念记忆中的乡村生活,希望逃离枯燥的城市生活模式,乡愁便成为萦绕在城市居民头脑中的念想。王欣欣(2018)认为城市环境恶化等因素驱使越来越多的人前去乡村旅游和休闲,体验乡村文化和满足内心情感需求。

6.1.6　旅游开发因素

6.1.6.1　居民旅游开发认知

调查显示,两村居民认为家乡旅游业(开发)发展的最大受益者是地方政府(64.4%),其次是旅游企业(48.8%),再次是所有居民(40.0%),最后是参与旅游的居民(33.4%)和其他地区或社区(8.5%)。在受益者是所有居民方面,焦溪居民为62.4%,认知远远高于陆巷居民(33.6%)。除了地方政府,焦溪居民(63.4%)略低于陆巷居民(67.7%),在其他几个受益者选择方面,焦溪居民都高于陆巷居民。这与焦溪目前还没有开发旅游,处于旅游地生命周期阶段的探查阶段有一定的关系。在焦溪对当地居民访谈时,大多数居民都盼望政府能进行旅游开发,及时保护和修缮历史建筑,恢复焦溪过去繁华的街市,因此焦溪居民对旅游开发的态度是强烈支持的,并认为这是一件多方受益的事情。

陆巷古村处于旅游地生命周期阶段的发展阶段,古村已经开始收取门票,村里村外本地人开的农家乐遍地开花,集餐饮与住宿功能于一体。同时,很多外来投资建造的精品客栈和主题客栈也洒落周围。陆巷居民在旅游中获益高低不同,由于与他人比较而产生的主观不公平感,使部分居民认为旅游开发是无益的,反对开发旅游,因此对过去的回忆是非常美好的,如认为以前种的红桔林很漂亮,以前的水很清,并且会因为居民参与旅游的分类而产生态度的差异。开农家乐和餐馆以及种植枇杷和茶叶的居民会对游客产生不同的态度。如开农家乐住宿和餐馆的居民对游客是非常欢迎的,而种植枇杷的居民往往会抱怨游客随意摘枇杷、桔子,影响了他们的利益。相对来说,在旅游中获益较多的居民,相对会从个人情感角度出发,回忆过去的岁月,并未认为因为旅游使得很多东西消失。

6.1.6.2 游客涉入程度

游客的涉入程度其中包含娱乐/愉悦,以及重要性(张宏梅,2011;陆相林,2017),同时也包括游客对当地所造成的示范效应及其他影响(吴丽敏,2015)。

本研究使用问卷中其他有关题项来进一步说明问题。在调研时发现游客的旅游动机方面,观光游览占比为53.4%,其次是休闲度假、文化体验、乡愁怀旧等,分别占39.0%、22.6%和16.7%。乡愁怀旧排名第四,说明游客认为传统村落能满足自己的乡愁怀旧,重要性非常高。同时对游客三年内到乡村旅游的次数进行了调研,数据表明1—3次占比最高,为45.5%;其次是4—6次和10次以上,分别占26.3%和19.0%;最后是7—10次,占9.2%。这表明了乡村旅游能够给很多游客带来愉悦和情感需求的满足,因此游客会把乡村旅游作为重要的选择。同时,很多游客对所游村落的了解程度,也会影响其旅游体验,如有的游客会反映,"这儿的房子有的被改造已经失去了江南水乡那种民居的味道了""和前几年比起来,这个村落保护的不是很好,有好多房子都倒了或着火了,你看那鹤山,砍石挖山的,没个样了"。游客对于乡村旅游的重要性评价以及给他们带来的愉悦程度,和对所游村落的了解程度和评价,都会影响其乡愁的形成和程度。

游客对当地所造成的示范效应会影响居民和自身的乡愁。调研时常碰到家长带着小孩在写生或者拍照,焦溪的古色古香勾起了父母对过去时光的回忆,同时也由父母亲自讲解,把记忆和文化传承下去。陆巷当地居民怨声载道,在访谈时,很多居民抱怨周末回家时车根本无处停放。在古村调研时,会看到有居民驾驶的三轮车在巷子里碰到挡路的游客,大声长时间地按喇叭,引起游客的反感。游客在传统村落的涉入程度会影响到与居民的互动关系,同时也会影响游客在传统村落的旅游体验以及对过去时光的回忆。

6.1.7 个体自身属性

前人研究成果表明,情绪不稳定的人因更需要归属感,容易产生乡愁(Seehusen,2013)。个人越孤单,乡愁感会越强(Wildschut,2006)。个人与所在地的文化差异程度越大,越易引发自身乡愁情感(Brumann,2015)。前文扎根理论研究中也发现,生病、肚子饿等身体感受,心情低落,高兴时想分享等情绪感受的变化,也对居民和游客的乡愁产生一定的影响。

居民和游客都是传统村落旅游地乡愁的主体,因与乡村的情感联系不同,二者在传统村落的乡愁有所差异,尤其在乡愁载体空间、乡愁情感空间等方面侧重点不同。人口统计学特征方面,不同代际的居民和游客乡愁有一定的差异,各个代际都存在乡愁,但相对来说,年龄越大的居民和游客乡愁在各个维度感知较为强烈。另外,居住时间的长短、祖辈是否居住的身份、收入多少、职业的不同以及文化水平高低,都会对传统村落旅游地居民的乡愁有一定的影响。相对暂居村落的外来人口,三代以上的世代居民对家乡乡愁情感更加强烈。不同离家时间以及赴乡村旅游次数多少的游客在乡愁上存在显著差异。离开家乡在外工作生活超过30年以上的人在传统村落旅游时,其乡愁情感比起未离开家乡或离开家乡仅仅1—3年的人更加强烈。

6.2 乡愁影响因素的差异

6.2.1 主客乡愁影响因素均值分析

基于上文对传统村落旅游地乡愁的影响因素分析,结合乡愁、怀旧以及传统村落集体记忆等形成和发展的影响因素进行归纳和汇总,参考了黄震方(2015、2018)、周尚意(2015)、成志芬(2015)、汪芳(2015)、刘沛林(2015)、陆邵明、李蕾蕾(2015)、钱莉莉(2015)、薛婧(2012)等学者的研究成果,同时结合第三章乡愁扎根理论研究中分析梳理的乡愁影响因素指标。在调研时作为问卷的第四部分,请居民和游客进行选择。本研究首先分析游客和居民乡愁影响因素指标均值差异(见表6-1),然后通过探索性因素分析抽取游客和居民的乡愁影响因素构面。

主客双方都比较认同乡愁的影响因素,均值都大于3.5。居民方面,高于4的影响因素测量指标主要有19项:X37(4.40)＞X38(4.34)＞X13(4.28)＞X12(4.26)＞X15(4.23)＞X14(4.22)＞X8(4.21)＞X10(4.19)＞X16(4.17)＞X31(4.15)＝X11(4.15)＝X28(4.15)＝X30(4.15)＞X36(4.12)＞X7(4.11)＞X9(4.06)＞X29(4.03)＞X1(4.02)＝X34(4.02)。游客方面,高于4的影响因素测量指标主要有21项:X37(4.28)＞X38(4.25)＞X13(4.19)＝X1(4.19)＞X2(4.13)＞X12(4.12)＞X8(4.11)＞X3(4.08)＝X31(4.08)＝X14(4.08)＞X15(4.07)＝X36(4.07)＞X29(4.06)＞X10(4.05)＞X4(4.04)＞X30(4.03)＝X11(4.03)＝X5(4.03)＝X7(4.03)＞X28(4.02)＞X34(4.01)。可以看到,游客对X1远离家乡、X2离开家乡多年、X4城市生活节奏过快排序较高,尤其X2离开家乡多年、X3回家频率少、X4城市生活节奏过快、X5城市生活压力大四个测量指标,没有出现在居民的前19位中。

在均值大于3.5的测量指标方面,居民方面主要有19项,X17(3.99)＞X21(3.98)＝X23(3.98)＞X18(3.97)＞X20(3.95)＝X16(3.95)＞X6(3.95)＞X2(3.94)＞X24(3.93)＝X33(3.93)＞X3(3.91)＞X32(3.89)＞X26(3.85)＝X21(3.85)＞X25(3.84)＞X20(3.83)＞X17(3.81)＝X18(3.81)＞X22(3.68)。游客方面有17项,X9(3.98)＞X24(3.96)＝X35(3.96)＞X16(3.95)＞X23(3.93)＞X33(3.92)＞X32(3.90)＝X6(3.90)＞X19(3.89)＝X27(3.89)＞X25(3.87)＞X26(3.85)＝X21(3.85)＞X20(3.83)＞X17(3.81)＝X18(3.81)＞X22(3.68)。可以看到,排在居民前面的主要有X17乡村产业结构优化、X18乡村文化产业兴旺、X21居民参与旅游开发、X23乡村基础设施完善等与旅游产业相关的测量指标,而游客排在前面的测量指标主要有X9与家乡记忆空间类似、X24乡村居民生活富裕、X35居民主体地位提升、X16庆典仪式活动传承等,这些能让游客在传统村落触景生情。

第6章 传统村落旅游地乡愁的影响机理

基于被调查对象是游客或居民对38项乡愁影响因素测量指标进行独立样本 T 检验,通过表6-1可以看到,X1、X2、X3、X4、X10、X11、X12、X14、X15、X16、X17、X18、X19、X21、X37共15个因素指标均达到了0.05的显著性水平,其中X16达到了0.001的显著性水平,其余23个因素在居民和游客两个群体上不存在显著差异。在具有显著差异的影响因素中,只有"X1远离家乡""X2离开家乡多年""X3回家频率少""X4城市生活节奏过快"4个因素测量指标上游客评分高于居民,其他影响因素测量指标都是居民认可程度更高。

可以看出,居民和游客对传统村落旅游地乡愁影响因素测量指标有共同的认识,也各有侧重,因此本研究将从主客视角分别对传统村落旅游地乡愁影响因素进行探索性因素分析,探析居民和游客的影响因素构面。在此基础上,分析陆巷和焦溪两村居民乡愁影响因素的差异。

表6-1 居民和游客对传统村落旅游地乡愁影响因素的认知程度

影响因素指标	群体均值 居民	群体均值 游客	t 值
X1 远离家乡	4.02	4.19	2.332*
X2 离开家乡多年	3.94	4.13	2.559*
X3 回家频率少	3.91	4.08	2.510*
X4 城市生活节奏过快	3.91	4.04	2.050*
X5 城市生活压力大	4.00	4.03	0.465
X6 城市生态环境恶劣	3.95	3.90	−0.796
X7 对乡村亲近的本能	4.11	4.03	−1.303
X8 乡村山水生态较好	4.21	4.11	−1.823
X9 与家乡记忆空间类似	4.08	3.98	−1.598
X10 乡村街巷建筑古朴	4.19	4.05	−2.362*
X11 江南水乡河网密布	4.15	4.03	−2.044*
X12 邻里乡亲关系亲密	4.26	4.12	−2.494*
X13 乡村传统美食味道	4.28	4.19	−1.631

续 表

影响因素指标	群体均值 居民	群体均值 游客	t 值
X14 乡村生产生活场景	4.22	4.08	−2.364*
X15 传统风俗习惯延续	4.23	4.07	−2.862*
X16 庆典仪式活动传承	4.17	3.95	−3.645***
X17 乡村产业结构优化	3.99	3.81	−3.039*
X18 乡村文化产业兴旺	3.97	3.81	−2.521*
X19 乡村旅游产业壮大	4.06	3.89	−2.725*
X20 旅游等新业态涉入	3.95	3.83	−1.941
X21 居民参与旅游开发	3.98	3.85	−2.031*
X22 旅游利益分配不均	3.74	3.68	−0.876
X23 乡村基础设施完善	3.98	3.93	−0.880
X24 乡村居民生活富裕	3.93	3.96	0.449
X25 新闻媒体的引导	3.84	3.87	0.553
X26 国家政策的解读	3.80	3.85	0.787
X27 景点的旅游解说	3.86	3.89	0.545
X28 与当地居民交流	4.07	4.02	−0.885
X29 当地居民口传	4.03	4.06	0.438
X30 亲身经历的事件	4.07	4.03	−0.658
X31 家乡发生较大变化	4.15	4.08	−1.267
X32 乡村保护落后	3.89	3.90	0.183
X33 乡村空心化	3.93	3.92	−0.139
X34 年轻人打工或上学	4.02	4.01	−0.093
X35 居民主体地位提升	4.06	3.96	−1.656
X36 居民生活方式改变	4.12	4.07	−0.780
X37 居民盼望家乡美好	4.40	4.28	−2.268*
X38 居民对家乡的自豪	4.34	4.25	−1.722

注："*"表示 $P<0.05$，"***"表示 $P<0.001$。

6.2.2 居民的乡愁影响因素分析

本研究对传统村落旅游地居民乡愁的影响因素进行探索性因素分析(EFA)。首先,针对38个影响因素测量指标进行了KMO统计量分析和巴特勒球形检验(Bartlett's test)。利用SPSS21.0软件处理数据得到,KMO值为0.942,Bartlett's球形检验值为11 368.197,自由度为703,相伴概率$P=0.000$,拒绝原假设,说明相关系数不是单位矩阵,适合做因子分析。本研究采用主成分萃取方法和方差最大化正交旋转法,采用特征根值大于1的标准。提取因子的过程中,按照所有因素的因素负荷量小于0.40或该题目因素负荷量有两个以上大于0.40(横跨两个因素以上)的题项删除标准,先后删除了X7、X26、X36、X37、X38、X18、X17、X25等15个题项,最后有23项参与因子分析,共萃取出6个公因子,如表6-2所示。

表6-2 居民乡愁影响因素的因子分析

提取因子	测量指标	因子载荷	信度系数	特征根值	贡献率
因子1: 乡村文化景观	X10 乡村街巷建筑古朴	0.750	0.863	3.431	14.916
	X11 江南水乡河网密布	0.719			
	X12 邻里乡亲关系亲密	0.702			
	X14 乡村生产生活场景	0.667			
	X8 乡村山水生态较好	0.630			
	X16 庆典仪式活动传承	0.511			
因子2: 交流互动作用	X30 亲身经历的事件	0.767	0.861	3.019	13.125
	X29 当地居民口传	0.733			
	X28 与当地居民交流	0.683			
	X31 家乡发生较大变化	0.663			
因子3: 时空距离效应	X2 离开家乡多年	0.888	0.909	2.672	11.616
	X1 远离家乡	0.867			
	X3 回家频率少	0.831			

图 6-1 居民乡愁影响因素 CFA 模型

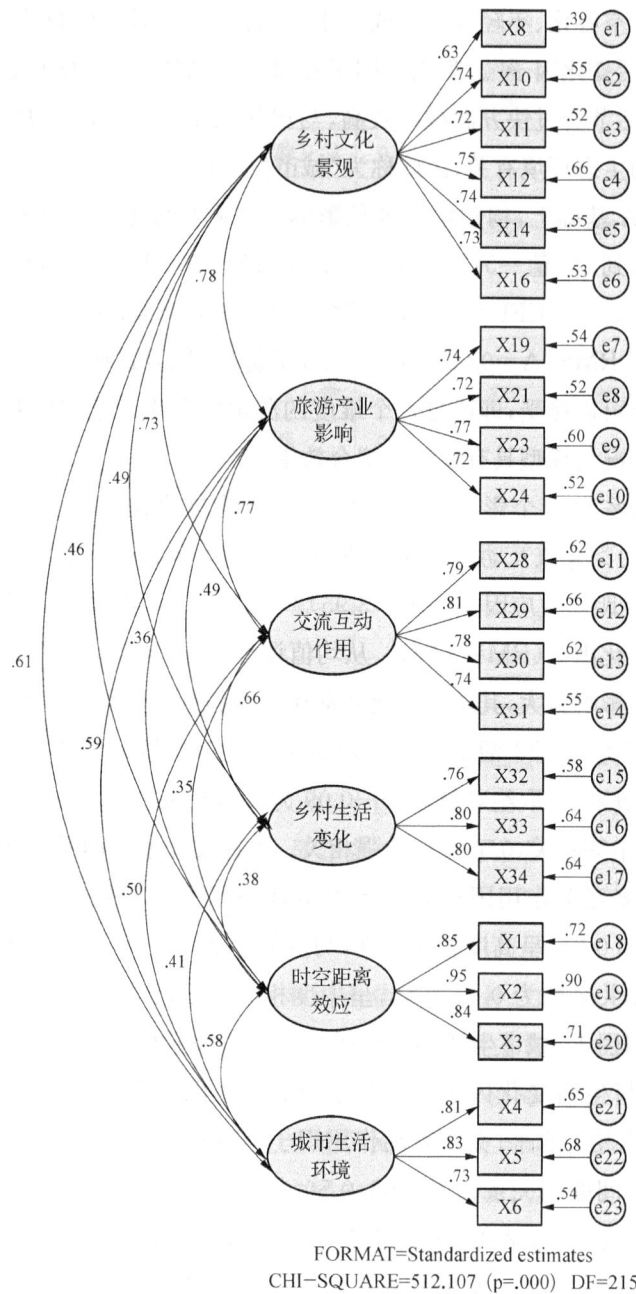

FORMAT=Standardized estimates
CHI-SQUARE=512.107 (p=.000) DF=215
CHI/DF=2.382
GFI=.905 CFI=.946
RMSEA=.057

变化因子及城市生活环境因子之间的相关系数均小于0.5,呈中度相关水平;城市生活环境因子与乡村生活变化因子之间相关系数为0.41,呈中度相关水平。因此可以看到,居民乡愁的6个影响因素呈现中高度相关,互相作用和互相影响,对乡愁产生影响。

居民乡愁影响因素测量指标具体分析方面:① 乡村文化景观因子中有6个测量变量路径系数都大于0.63,有显著的正向影响。X12邻里乡亲关系亲密影响最大,路径系数为0.75,X10乡村街巷建筑古朴和X14乡村生产生活场景均为0.74,X16庆典仪式活动传承为0.73,X11江南水乡河网密布为0.72,X8乡村山水生态较好为0.63,说明了非物质文化和物质文化等感知和记忆共同作用于乡村文化景观。② 旅游产业影响因子有4个测量变量,其路径系数都大于0.7,X23乡村基础设施完善影响系数为0.77,X19乡村旅游产业壮大为0.74,X21居民参与旅游开发和X24乡村居民生活富裕影响系数皆为0.72,说明了村落旅游开发和居民参与旅游开发,以及带来的基础设施完善和居民生活富裕等强化了旅游的正面影响。③ 交流互动作用因子中,X29当地居民口传、X28与当地居民交流、X30亲身经历的事件和X31家乡发生较大变化的影响系数为0.81、0.79、0.78和0.74,表明了当地居民的传播和交流对乡愁有绝对正向的影响关系。④ 乡村生活变化因子中涉及X33乡村空心化、X34年轻人打工或上学和X32乡村保护落后,影响系数为0.80、0.80和0.76,表达了年轻人打工或上学出现的乡村空心化改变了乡村生活,进而影响乡愁的产生。⑤ 时空距离效应因子中,X2离开家乡多年、X1远离家乡、X3回家频率少影响系数都高达0.80以上,尤其X2离开家乡多年影响系数为0.95,说明居民离开家的时间长短对影响最大,其次距离远近和回家频率高低,都对乡愁产生有重要的影响。⑥ 城市生活环境因子中,X5城市生活压力大、X4城市生活节奏过快和X6城市生态环境恶劣的影响系数分别为0.83、0.81和0.73,不管是离地居民还是在地居民,都对城市生活的负面感知较为强烈,因此共同作用下的城市生活环境的感知,会对家乡慢节奏的乡村生活有一定的思念,进而影响乡愁。

6.2.3 游客的乡愁影响因素分析

同上文所用方法,首先进行 KMO 统计量分析和巴特勒球形检验(Bartlett's test)。KMO 值为 0.956,Bartlett's 球形检验值为 16 527.789,自由度为 703,相伴概率 $P=0.000$,先后删除了 X16、X26、X25、X37、X7、X38、X23、X35 等 17 个题项,最后有 21 项参与因子分析,共萃取出 6 个公因子,如表 6-3 所示。游客乡愁影响因素的内部一致性系数为 0.944,且各个公因子的内部一致性系数(Cronbach's alpha)均在 0.70 以上(见表 6-2),具有较好的内部一致性。6 个公因子的累计贡献率为 74.650%。

表 6-3 游客乡愁影响因素的因子分析

提取因子	测量指标	因子载荷	信度系数	特征根值	贡献率
因子 1:乡村文化景观	X14 乡村生产生活场景	0.737	0.883	3.291	15.673
	X8 乡村山水生态较好	0.704			
	X11 江南水乡河网密布	0.690			
	X12 邻里乡亲关系亲密	0.687			
	X9 与家乡记忆空间类似	0.578			
因子 2:交流互动作用	X27 景点的旅游解说	0.775	0.865	2.721	12.957
	X28 与当地居民交流	0.721			
	X24 乡村居民生活富裕	0.704			
	X31 家乡发生较大变化	0.588			
因子 3:时空距离效应	X2 离开家乡多年	0.865	0.875	2.625	12.502
	X1 远离家乡	0.851			
	X3 回家频率少	0.786			
因子 4:旅游产业影响	X19 乡村旅游产业壮大	0.760	0.858	2.386	11.364
	X17 乡村产业结构优化	0.708			
	X21 居民参与旅游开发	0.676			

续　表

提取因子	测量指标	因子载荷	信度系数	特征根值	贡献率
因子5：乡村生活变化	X33 乡村空心化	0.769	0.798	2.349	11.118
	X32 乡村保护落后	0.721			
	X36 居民生活方式改变	0.644			
因子6 城市生活环境	X5 城市生活压力大	0.786	0.839	2.303	10.966
	X4 城市生活节奏过快	0.782			
	X6 城市生态环境恶劣	0.684			
累计贡献率					74.650
样本总体信度系数			0.944		

通过因子分析，第一个因子同样聚焦在乡村生产生活场景、乡村山水生态较好、江南水乡河网密布、邻里乡亲关系亲密、与家乡记忆空间类似等乡村物质文化和非物质文化景观变量上，可称为"乡村文化景观因子"。第二个因子主要是在景点的旅游解说、与当地居民交流、乡村居民生活富裕、家乡发生较大变化方面载荷较高，侧重于主客之间的交流和互动，称为"交流互动作用因子"。第三个因子主要是在离开家乡多年、远离家乡、回家频率少方面载荷较高，侧重离家的时间和空间距离，称为"时空距离效应因子"。第四个因子主要是乡村旅游产业壮大、乡村产业结构优化、居民参与旅游开发等旅游产业影响方面，可称为"旅游产业影响因子"。第五个因子在乡村空心化、乡村保护落后、居民生活方式改变方面载荷较高，可称为"乡村生活变化因子"。第六个因子在城市生活压力大、城市生活节奏过快、城市生态环境恶劣方面载荷较高，与居住在城市的生活压力、生活节奏以及城市的生态环境有关，因此称为"城市生活环境因子"。

在 EFA 基础上，构建游客乡愁影响因素测量模型，分析六个影响因素的影响程度，以及各因素之间的路径系数和相关关系。通过图 6-2 CFA 结果可以看到，χ^2 值 $=509.436(P=0.000)$；$\chi^2/df=2.928$，符合小于 3.0 的标准；GFI$=0.919$、CFI$=0.952$，均符合大于 0.9 的标准；AGFI$=0.893$，也接近 0.9 的要求；RMSEA$=0.061$，小于 0.08 的标准，综合这些配适度指标可以认为该模型可以接受,即通过六个维度的测量模型来表达游客对乡愁影响因素认知情况的模型具有良好的拟合效果。

游客对乡愁六个影响因素重要性的评价排序是时空距离效应因子(RM=4.13)>乡村文化景观因子(RM=4.06)>城市生活环境因子(RM=3.99)>交流互动作用因子(RM=3.98)>乡村生活变化因子(RM=3.96)>旅游产业影响因子(RM=3.85)。从均值评分来看,游客认为时空距离效应对乡愁影响最大,其次是乡村文化景观、城市生活环境、交流互动作用和乡村生活变化,旅游产业影响的影响最小。

乡村文化景观因子与其他五个因子之间的相关系数均大于0.5,呈高度相关水平;旅游产业影响因子与交流互动作用因子、乡村生活变化因子、城市生活环境因子之间的相关系数为0.81、0.78、0.60,呈高度相关,与时空距离效应因子之间的相关系数为0.35,呈中度相关水平;交流互动作用因子与乡村生活变化因子、城市生活环境因子之间的相关系数为0.84、0.60,呈高度相关,与时空距离效应因子的相关系数为0.47,呈中度相关水平;乡村生活变化因子与城市生活环境因子之间的相关系数为0.62,呈高度相关水平,与时空距离效应因子的相关系数为0.46,呈中度相关水平;时空距离效应因子与城市生活环境因子之间的相关系数为0.59,呈高度相关水平。可以看到,游客乡愁的6个影响因素呈现中高度相关,互相作用和互相影响,对乡愁产生影响。

游客乡愁影响因素测量指标具体分析方面:① 乡村文化景观因子中有5个测量变量路径系数都大于0.70,有显著的正向影响。X11江南水乡河网密布和X14乡村生产生活场景影响最大,路径系数为0.80,X12邻里乡亲关系亲密为0.79,X9与家乡记忆空间类似为0.76,X8乡村山水生态较好为0.72,说明了非物质文化和物质文化等感知和记忆共同作用于乡村文化景观,同时游客会对与家乡记忆空间类似的文化景观更加深刻。② 旅游产业影响因子有3个测量变量,其路径系数都大于0.80,X19乡村旅游产业壮大为0.84,X17乡村产业结构优化为0.82,X21居民参与旅游开发影响系数为0.80,说明了乡村旅游产业壮大以及乡村产业结构更加优化居民参与旅游开发,以及带来的基础设施完善和居民生活富裕等强化了旅游的正面影响。

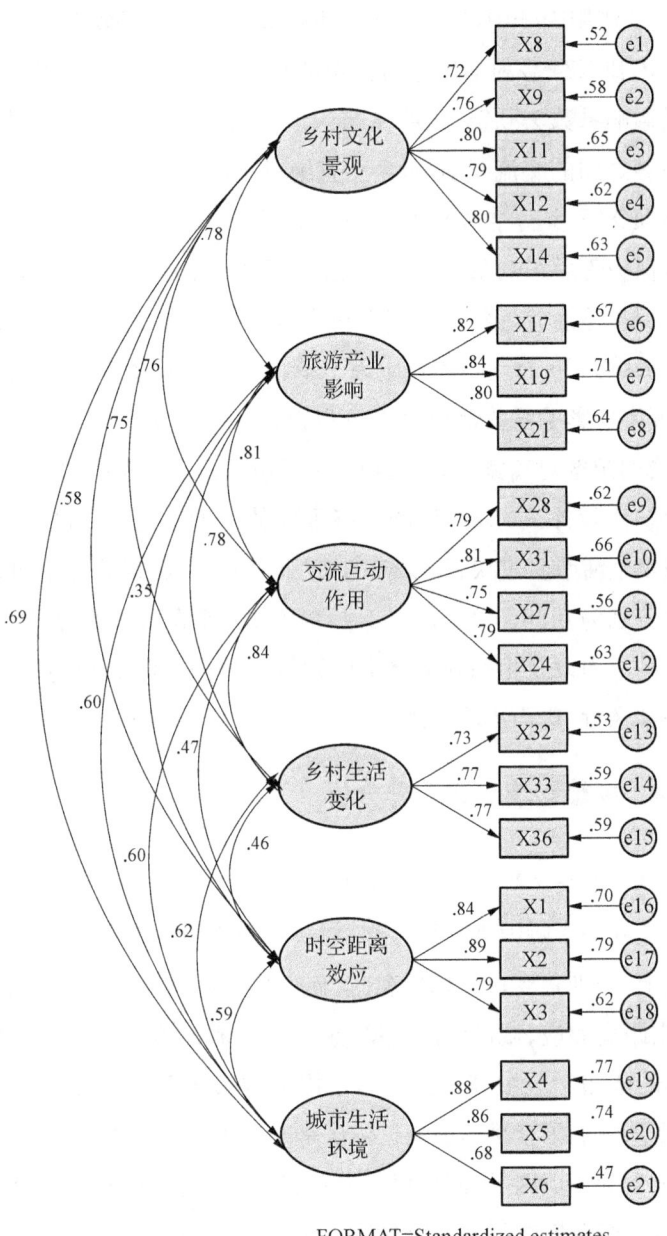

第6章 传统村落旅游地乡愁的影响机理

FORMAT=Standardized estimates
CHI-SQUARE=509.436 (p=.000) DF=174
CHI/DF=2.928
GFI=.919 CFI=.952
RMSEA=.061

图 6-2 游客乡愁影响因素 CFA 模型

③交流互动作用因子中,X31家乡发生较大变化影响系数为0.80,X28与当地居民交流和X24乡村居民生活富裕的影响系数皆为0.79,X27景点的旅游解说的影响系数为0.75,表明了与当地居民的交流以及景点的旅游解说强化了主客之间的交流互动,对乡愁有绝对正向的影响。④乡村生活变化因子中涉及X33乡村空心化和X36居民生活方式改变影响系数为0.77,X32乡村保护落后影响系数为0.73,表达了乡村空心化、居民生活方式改变以及乡村保护落后等近年来中国乡村出现的乡村变化和主要问题,对乡愁有一定的影响。⑤时空距离效应因子中,X2离开家乡多年、X1远离家乡、X3回家频率少影响系数都高达0.79以上,其中X2离开家乡多年影响系数为0.89,说明游客对离家的时间、距离远近以及回家频率等时空距离所带来的影响感知比较深刻,对乡愁产生有重要的影响。⑥城市生活环境因子中,X4城市生活节奏过快、X5城市生活压力大和X6城市生态环境恶劣的影响系数分别为0.88、0.86和0.68,游客尤其是来自城市的游客对城市生活的所带来的压力以及生态环境恶劣感知较为强烈,因此会对乡村生活有一定的向往和亲近,进而影响乡愁。

6.2.4 乡愁影响因素差异分析

6.2.4.1 主客乡愁影响因素差异

从上文乡愁影响因素分析可知,居民和游客的乡愁影响因素都体现在六个维度上,分别是乡村文化景观、旅游产业影响、交流互动作用、乡村生活变化、时空距离效应、城市生活环境,说明居民和游客对六个乡愁影响因素有着一致的认知。但主客视角下六个影响因素的重要程度却有所不同侧重,游客乡愁影响因素排名前三位依次是时空距离效应因子、乡村文化景观因子、城市生活环境因子;而居民前三位是乡村文化景观因子、交流互动作用因子、旅游产业影响因子。首先比较而言,游客和居民都对乡村文化景观因子感知比较强烈,自然生态良好、建筑街巷古朴、民俗文化丰富、人际交往淳朴等这些区别于城市的乡村特有文化景观,正是乡村的文化基因和独特魅力,是会让所有人产生乡愁的最核心吸引资源。其次对游客来说,对时空距离效应和城市生活环境因子感知比较强烈,主要因为大多数游客是离开家乡在异地(城市)工作的人,远离家乡的时空距离是其乡愁产生的重要条件之一,因此感知比较强烈,同时城市生活压力大、节奏快、生态环境恶劣等让很多城市人纷纷想逃离城市,回归家乡(乡村),这也是游客感知强烈的一个因素。再次对居民而言,对交流互动作用因子、旅游产业影响因子感知比较强烈,当地居民口传以及互相交流、亲身经历的事件,会让居民感受到家乡发生了较大变化,今昔对比,回忆起往日时光,因此对乡愁有着绝对的正向影响。

主客视角乡愁影响因素中个别因子中题项数量和内容有所不同(见表6-4),区别于游客,如居民在乡村文化景观中有"X16 庆典仪式活动传承""X10 乡村街巷建筑古朴",交流互动作用因子中"X30 亲身经历的事件""X29 当地居民口传",乡村生活变化因子中的"X34 年轻人打工或上学"、旅游产业影响因子中的"X23 乡村基础设施完善"。居民对这些与自身生活密切相关的测量题项感知较为强烈,认为是影响乡愁的重要因素,如庆典仪式活动传承,乡村老年人居多,人口流失严重,使得较多民间传统文化、演艺活动开始快速消逝,而游客短暂停留几天,很难有机会感受到相应的活动,因此游客对其感知不强烈。

表6-4　居民和游客乡愁影响因素测量题项验证汇总表

影响因素	主客角色	测量题项					
乡村文化景观	居民	X8	X10	X11	X12	X14	X16
	游客	X8	X9	X11	X12	X14	
旅游产业影响	居民	X19	X21	X23	X24		
	游客	X17	X19	X21			
交流互动作用	居民	X28	X29	X30	X31		
	游客	X24	X27	X28	X31		
乡村生活变化	居民	X32	X33	X34			
	游客	X32	X33	X36			
时空距离效应	居民	X1	X2	X3			
	游客	X1	X2	X3			

续　表

影响因素	主客角色	测量题项		
城市生活环境	居民	X4	X5	X6
	游客	X4	X5	X6

而游客主要对"X9 与家乡记忆空间类似""X17 乡村产业结构优化""X27 景点的旅游解说""X36 居民生活方式改变"感知较为强烈,如传统村落与家乡记忆空间类似,会成为引发乡愁的重要影响因素,以及景点提供旅游解说会让游客更好地了解村落概况和历史,游览兴趣提高,游览范围增大,游览体验丰富。居民生活方式改变是游客对发展旅游的传统村落的直观感受,感觉乡村产结构优化,当地居民可以选择不用再辛苦劳作,利用合适机会选择旅游就业,因此以上是游客视角下的乡愁影响因素题项。

6.2.4.2　陆巷和焦溪乡愁影响因素差异

焦溪和陆巷处于旅游地生命周期的不同阶段,因此本研究尝试分析不同村落的居民和游客对乡愁的影响因素是否有差异。

焦溪和陆巷的居民乡愁影响因素差异方面。本研究对居民的六个乡愁影响因素基于两个传统村落进行独立样本 T 检验。结果如表 6-4,可以看到陆巷和焦溪居民在旅游产业影响、交流互动作用和乡村生活变化三个影响因素方面上存在一定的显著差异,均值差分别为 -0.328、-0.346 和 -0.251,表明陆巷居民在三个乡愁影响因素方面感知低于焦溪居民。焦溪居民认为与过去相比,乡村生活变化很大,乡村保护落后。根据自己的亲身经历以及与其他居民交流,大家都对家乡落后、变化大一致认可,这是催生乡愁的重要原因。焦溪居民急盼旅游开发,参与其中,可以让乡村基础设施完善,居民富裕,村落也能得到较好的保护和发展。而已经参与旅游的陆巷居民在这三方面的感知没有焦溪居民强烈。陆巷和焦溪居民在乡村文化景观、时空距离效应以及城市生活环境三个影响因素不存在显著差异,说明两村居民在这三方面感知较为一致。

焦溪和陆巷的游客乡愁影响因素差异方面。表 6-5 显示陆巷和焦溪游客在交流互动作用、旅游产业影响两个影响因素方面上存在一定显著差异,均值差分别为-0.201和-0.182,表明陆巷游客在交流互动作用、旅游产业影响两个乡愁影响因素方面感知低于焦溪游客。在景点的旅游解说、与当地居民交流、乡村居民生活富裕、家乡发生较大变化方面陆巷游客感知没有焦溪游客强烈。焦溪旅游讲解志愿者在讲解自己家乡历史的骄傲和惋惜,以及每个居民浓浓的乡愁都在和游客的交流中传递给游客。同时,焦溪游客认为乡村旅游产业壮大、乡村产业结构优化、居民参与旅游开发可以更好地保护传统村落,恢复焦溪往日的繁华,因此对村落的保护和旅游开发的期望和支持非常强烈。而陆巷部分游客认为有些民居的改造已经失去了传统村落的味道,邻里乡亲关系因旅游利益感知不公平而变得紧张,周末人满为患,主客关系有时紧张,因此游客感知与焦溪相比较低。陆巷和焦溪游客在乡村文化景观、乡村生活变化、时空距离效应以及城市生活环境四个影响因素不存在显著差异,说明两村游客感知较为一致。

表6-5 基于不同传统村落的居民乡愁影响因素差异分析

检验题项	传统村落	个数	标准差	Levene检验 F	Levene检验 显著性	均值方程t检验 t	均值方程t检验 显著性	均值方程t检验 均值差
乡村文化景观	陆巷	217	1.048	.670	.414	-1.348	0.178	-0.131
	焦溪	205	0.943					
时空距离效应	陆巷	217	0.930	0.472	.492	-1.088	0.277	-0.105
	焦溪	205	1.068					
旅游产业影响	陆巷	217	1.055	7.373	.007	-3.426*	0.001	-0.328
	焦溪	205	0.910					
交流互动作用	陆巷	217	1.110	8.104	.005	-3.638**	*0.000	-0.346
	焦溪	205	0.833					
乡村生活变化	陆巷	217	0.935	0.499	.480	-2.601*	0.010	-0.251
	焦溪	205	1.050					
城市生活环境	陆巷	217	1.028	2.056	.152	-0.829	0.408	-0.080
	焦溪	205	0.964					

注:"*"表示$P<0.05$,"***"表示$P<0.001$。

表6-6 基于不同传统村落的游客乡愁影响因素差异分析

检验题项	传统村落	个数	标准差	Levene检验 F	显著性	均值方程 t 检验 t	显著性	均值差
乡村文化景观	陆巷	278	1.013	0.023	0.878	-1.727	0.085	-0.151
	焦溪	243	0.979					
交流互动作用	陆巷	278	0.959	2.289	0.131	-2.305*	0.022	-0.201
	焦溪	243	1.035					
时空距离效应	陆巷	278	1.034	1.436	0.231	-0.997	0.319	-0.087
	焦溪	243	0.959					
旅游产业影响	陆巷	278	1.021	0.410	0.522	-2.086*	0.037	-0.182
	焦溪	243	0.967					
乡村生活变化	陆巷	278	0.997	0.011	0.916	-0.193	0.847	-0.016
	焦溪	243	1.004					
城市生活环境	陆巷	278	1.028	1.669	0.197	-1.267	0.206	-0.111
	焦溪	243	0.964					

注:"*"表示 $P<0.05$。

6.3 乡愁的影响机理

基于前文对乡愁客观影响因素的总结,如现代性的疏离、恋家乡土情结、政府政策制度等社会文化影响因素和个人自身属性等因素,结合乡愁影响因素的主客评价及量化研究结果,剖析乡愁影响因素的内在逻辑关系,本研究从社会文化因素、个人因素、环境感知条件、内外动力以及催化作用角度来分析乡愁的影响机理(见图6-3)。

首先,本研究从宏观的社会背景和微观的个人因素方面分析了居民和游客的乡愁影响因素。① 现代性的疏离、恋家乡土情结和政府政策制度是传统村落旅游地乡愁的社会文化影响因素。现代性的疏离主要指的是地域的城市化和经济的全球化,传统的"乡土中国"慢慢解体,现代性冲淡了传统家园带来的安全感等情感体验。恋家乡土情结是根深蒂固的中国传统文化

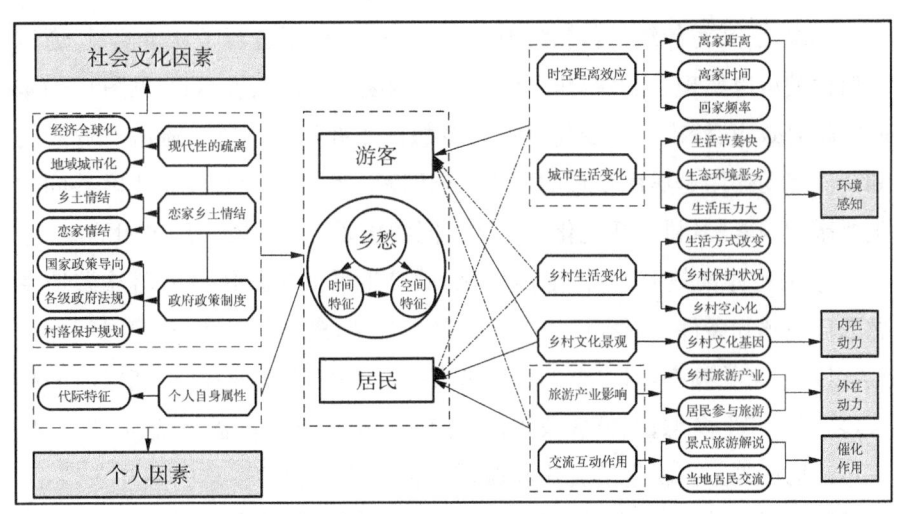

第6章 传统村落旅游地乡愁的影响机理

图 6-3 传统村落旅游地乡愁的影响机理

"家园"价值观念体现,倡导孝道的儒家观念和"安土重迁"的传统,培育了恋家情结,天人合一、人地和谐的自然观塑造了依恋乡村田园的乡土情结。政府政策制度为传统村落的保护和开发导向提供一定的保障。近年来,各级政府高度重视传统村落的保护以及中华优秀传统文化的时代价值,力求"让居民望得见山,看得见水,记得住乡愁"。各种法规和保护规划的制定和实施,可以确保传统村落在全球化和城市化的快速发展中仍能保持特色和个性,避免千篇一面和"无地方"的悲剧,成为乡愁记忆可以寄托的地方。
② 个人因素主要指的是传统村落旅游地乡愁主体的个人自身属性。乡愁是"人地关系"的体现,居民和游客都是传统村落旅游地乡愁的主体,对乡愁主体的关注是尊重每个个体的情感和生存权利。个人特征与其乡愁有着密切的联系,如代际特征、居民的居住时间、村民身份特征、游客赴乡村旅游的次数等,都不同程度影响了乡愁,年纪大的居民和游客在乡愁各个维度感知较为强烈,居住时间越长的居民乡愁情感和乡愁记忆均值最高,感知强烈,三代以上的世代居民乡愁情感更加强烈;赴乡村旅游次数多的游客,其乡愁情感和乡愁记忆更加深刻。情绪和身体感受以及个人与所在地的文化差异程度,也对乡愁产生一定的影响。

· 207 ·

其次，前文对传统村落旅游地主客乡愁影响因素进行了评价测量，通过均值比较可以发现，主客视角下的六个影响因素评价侧重不同（见图6-3），时空距离效应、城市生活变化是游客乡愁的主要影响因素。旅游产业影响和交流互动作用是居民乡愁的主要影响因素。乡村文化景观是主客共同的重要影响因素，乡村生活变化是主客共同的次要影响因素。具体如下：

① 时空距离效应、乡村生活变化、城市生活变化是传统村落旅游地乡愁的环境感知条件。时空距离效应是基本条件，离家的距离、离家时间的长短，以及回家的频率，对乡愁的程度都有一定的影响，离家越远、离家时间越长，越容易产生乡愁；回家次数频繁的游客对家乡更加眷恋，乡愁情感浓厚，乡愁记忆深刻。乡村生活变化和城市生活变化是触发乡愁的感知条件，无论是居民还是游客，家乡是乡村还是城市，在城镇化的今天，都能密切感知城市生活的变化，如城市生活压力大、生活节奏快、生态环境恶劣，让人想逃离城市，回归田野，产生对乡村本能的亲近，城市生活变化成为游客乡愁的主要影响因素。而乡村生活变化主要体现在传统村落目前保护还比较落后，乡村出现空心化，乡村生活方式改变，今非昔比，令居民和游客不禁追忆乡村往日时光。

② 乡村文化景观是传统村落旅游地乡愁的内在动力。乡村文化景观包含物质文化和非物质文化景观，是寄托乡愁的重要载体，如江南水乡特色的传统市镇、街巷格局、宗祠文化、商贾遗风、崇德尚学、华夏圣贤聚集的人文盛地，都体现主要体现了苏南传统村落共有的乡村文化基因，成为影响乡愁及其时空特征的重要基础。旅游产业影响是传统村落旅游地乡愁的外在动因。

③ 旅游产业影响是传统村落旅游地乡愁的外在动力。处于旅游生命周期不同阶段的传统村落，居民和游客的乡愁载体空间分布存在一定的差异。乡村旅游产业发展状况和居民对旅游开发的态度和获益情况对乡愁有一定影响，获益感知评价不公平的居民认为过去的记忆更加美好，对现实有所不满，乡愁程度更浓；获益感知评价公平的居民认为旅游开发恢复了中断多年的节庆民俗，有助于唤起乡愁记忆和情感。乡村旅游作为乡村文化的重要载体，通过旅游发展唤醒文化记忆，促进乡村文化传承、本土特色塑造，

达到满足居民和游客的乡愁需求。

④ 交流互动作用是传统村落旅游地乡愁的催化剂,起到一定催化作用。交流和沟通有利于唤起对过往记忆和乡村记忆,触发情感,增加情感。在传统村落旅游地,有以下几种交流类型:居民之间在乡村公共活动空间如菜场、凉亭等地的交流,居民和游客的互动交流,游客和景点志愿者及导游的交流互动,主客交流互动的介入加速了乡愁的产生和反应程度,因此起到一定的催化作用。

总之,传统村落旅游地乡愁的产生及时空特征差异是个人、乡村、政府、旅游产业,以及社会背景等多种因素及其多重效应综合作用的结果。现代性的疏离、恋家乡土情结和政府政策制度是乡愁的社会文化影响因素,个人自身属性是个人因素。时空距离效应、乡村生活变化、城市生活环境是环境感知条件。乡村文化景观是内在动力,体现了乡村文化基因,是"人地关系"理论背景下乡愁载体构成的重要基础。旅游产业影响是主要动力,从外部作用于传统村落旅游地,进而影响居民和游客乡愁的产生。交流互动作用是催化剂,传统村落旅游地居民游客的沟通交流状况,加速了乡愁的产生和反应程度。因此,各种因素相互作用,影响了传统村落旅游地主客视角下的乡愁及其时空特征。

第 7 章 研究结论与展望

7.1 主要研究成果

乡愁是人类共有的情感,在新的时代背景下,内涵与特征发生了变化和拓展。本研究以城镇化为背景,以苏南传统村落旅游地为案例地,以居民和游客为研究视角,以"乡愁理论构建—乡愁测度—乡愁时空特征—乡愁影响机理"为研究主线,探讨传统村落旅游地乡愁的理论构建、构成维度、时空特征与影响机理,主要采用扎根理论、参与式地理信息系统(PPGIS)、结构方程(验证性因子 CFA)、单因素方差、GIS 空间分析等定性和定量方法,得出以下研究成果:

7.1.1 构建了传统村落旅游地乡愁的理论模型

基于苏南三市六个传统村落旅游地居民和游客深度访谈资料,使用扎根理论构建了传统村落旅游地乡愁理论模型,并探讨乡愁的内涵,进行了主客视角的乡愁异同分析。

从"乡愁产生条件—乡愁触点—乡愁主体—乡愁载体—乡愁情感—乡愁愿景"构建了传统村落旅游地理论模型。乡愁产生条件主要有空间的转移、时间的逝去、向往原乡、触景生情。乡愁主体不仅包括离开村落的人们,也包括在地居民和前往传统村落旅游的城市居民,这验证了 Albrecht、周尚意等国内外学者的观点。乡愁的产生,会因某个乡愁触点而使居民或者游客唤醒对过去的回忆。乡愁触点主要包括时间要素、场合要素和个人要素。乡愁载体主要包括物质文化载体和非物质文化载体,体现了乡村文化基因,这与汪芳、李蕾蕾等国内学者主要观点较为一致。乡愁情感分为情感记忆和情感现实,积极情感占主要部分,这与国内学者陆邵明的观点较为一致。乡愁情感有一定的能动性,当居民产生乡愁情感后则会产生一定的情感反应和行为意向,即乡愁愿景,主要体现在期望传统村落得到保护,以及旅游开发支持态度较为强烈。传统村落旅游地的乡愁是特定的人地关系的体现,由情感、记忆、文化三个维度构成,有一定的时空特征。

主客视角下乡愁的差异主要为游客的乡愁,不仅包括对家乡过去时光的怀念,也包括对乡村(原乡)的向往和亲近,传统村落居民乡愁不仅侧重对过去的回忆,也侧重对家园"未来"的期望,而游客对家乡未来的发展侧重较少。与游客相比,居民乡愁触点范围更加广泛,乡愁载体类别更多,承载了更多乡村文化,居民乡愁的情感现实是以消极为主。游客乡愁愿景除了关注自己家乡的发展,同时也会聚焦于所游览村落的发展。

7.1.2 开发了主客视角下的传统村落旅游地乡愁量表

结合文献回顾和质性访谈等方法,并经过专家讨论,提出从文化维度、情感维度、记忆维度开发主客视角的传统村落旅游地乡愁量表,通过探索性因素分析和验证性因素分析探讨并检验了传统村落旅游地乡愁的"文化—情感—记忆"三维度构成。文化维度、情感维度、记忆维度三个维度之间呈高度正相关关系。主客乡愁三维度之间相关系数都大于0.5,尤其乡愁情感和乡愁记忆之间相关系数最高。这表明随着乡愁记忆更加深刻,乡愁情感也更加强烈,反之,乡愁情感更加强烈,乡愁记忆也更加深刻。通过对居民和游客乡愁维度比较分析发现,主客双方乡愁三个维度均值都较高,说明主客双方乡愁强度较高。经对比分析,在乡愁文化维度上,主客二者感知差异不大,居民略高于游客;在情感和记忆方面,二者差异较大,居民的乡愁情感和记忆感知都比游客强烈一些。总体来说,居民乡愁维度和测量项目均值都高于游客。

7.1.3 揭示了传统村落旅游地乡愁的时空特征

传统村落旅游地乡愁的时间特征主要从乡愁主体、乡愁触点、乡愁记忆游客的乡愁影响因素体现在六个维度,分别是乡村文化景观、旅游产业影响、交流互动作用、乡村生活变化、时空距离效应、城市生活环境,说明居民和游客对六个乡愁影响因素有着一致的认知。主客视角下六个影响因素的重要程度有着不同侧重。时空距离效应、城市生活变化是游客乡愁的主要影响因素。旅游产业影响和交流互动作用是居民乡愁的主要影响因素。乡村文化景观是主客共同的重要影响因素,乡村生活变化是主客共同的次要影响因素。结合前文研究,从社会文化因素、个人因素、环境感知条件、内在动力、外在动力以及催化剂多个角度,提出传统村落旅游地乡愁的影响机理。社会文化影响因素主要包括现代性的疏离、恋家乡土情结和政府政策制度;个人因素主要包括个体自身属性,如代际特征等;环境感知条件主要包括时空距离效应、乡村生活变化、城市生活环境等因素;乡愁主体进行环境感知后会触发乡愁情感,乡村文化景观是乡愁载体的重要基础,体现了乡村文化基因,是内在动力;旅游产业影响是外在动力,乡村旅游作为乡村文化的重要载体,通过旅游发展可以唤醒乡愁记忆,居民参与旅游和游客涉入程度对乡愁都有一定的影响;交流互动作用是催化剂,主客内部及彼此之间的交流和互动加速了乡愁的产生和反应程度,因此起到一定的催化作用。

7.2 研究启示与建议

7.2.1 乡愁的资源价值

乡愁研究不仅具有学术价值,还有重要的社会应用价值(李蕾蕾,2015)。所谓"资源",《现代汉语词典》认为是"生产资料或生活资料的天然来源"。目前资源的定义已不局限在自然资源方面,其概念相对泛化,凡可供人类开发利用且能产生效益的所有来源,都可称为资源(毕曼,2015)。意识是物质的反映,它一经产生,就成为一种能动的力量(郭海红,2015)。乡愁是人类共同的情感,作为人的一种意识,也具有一定的能动性和价值。价值是特定客体对于主体需要的意义判断(王丽丽,2016),因此,乡愁资源具有一定的价值。乡愁已经不仅是精神层面的怀旧情绪,而且是地方发展可依托的新型文化资源(王新歌,2018,2019)。在乡愁多维测度基础上,结合主客访谈中的"乡愁愿景",本研究认为传统村落旅游地乡愁有情感联结价值、文化认同和传承价值、保护和开发价值,见图 7-1。

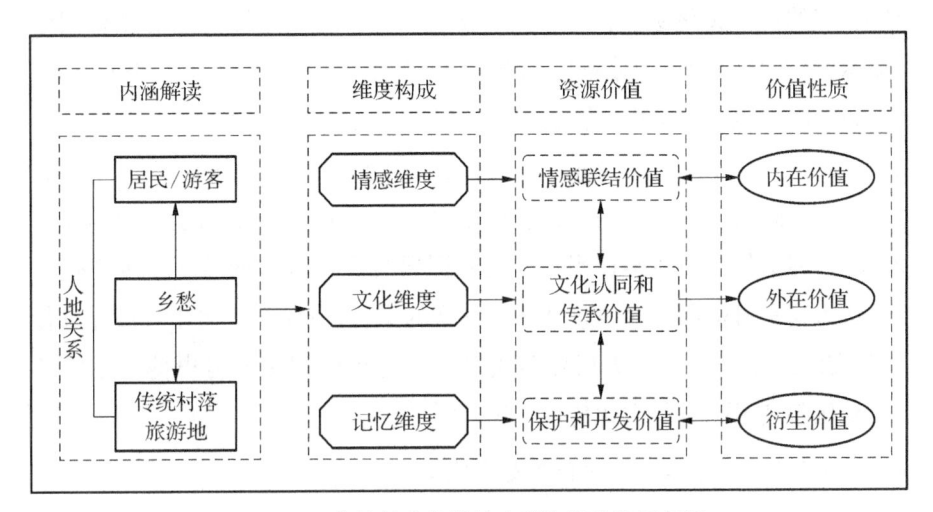

图 7-1 传统村落旅游地乡愁资源价值框架图

7.2.1.1 乡愁具有情感联结价值

乡愁是一种源自主体"人"的情感(李蕾蕾,2015),乡愁的"愁"是一种记忆与怀念,是内心深处的一份柔软情感(刘沛林,2015),是人们情感对一个地方的映射(成志芬,2015)。乡愁记忆既能对游子产生一种无声无形的"磁力",也能够让栖居者与返乡人找到精神的原点与起点(陆邵明,2016)。苏南传统村落作为一种活态发展的人居型遗产,蕴含着独特的水乡文化底蕴和温情的人性关怀。情感联结价值,是其基本价值,是乡愁的内在价值,蕴含了人们在物质生活得到极大满足后产生的文化和精神层面的需求和情感(Orth,2008)。

家乡不仅仅是"物质生活空间",更是"心理生活空间",已经在人们的心里形成了一个具有依附作用的"心理场"(汪芳,2017)。居民和游客产生乡愁后,都会对自己家乡或乡村(原乡)产生情感依恋,因此乡愁有一定的情感联结价值。

7.2.1.2 乡愁具有文化认同和传承价值

文化认同和传承价值是乡愁的外在价值。"乡"是文化建构的结果（周尚意，2015），乡愁具有独特的地方性和本土性（李蕾蕾，2015），许多具有"乡愁记忆"的物质文化遗产和非物质文化遗产都是具有中国特色的乡愁载体（成志芬，2015）。乡愁对象常与传统村落体现的价值观相联系（汪芳，2015）。因此，乡愁体现了传统文化、乡村文化，并传承了地方文化基因。乡愁可视为游客（人）与旅游地（地方）之间产生的本土文化认同（王新歌，2018）。乡愁的"愁"是一种文化感受、文化启迪或文化认同感（刘沛林，2015）。苏南传统村落会让当地居民和同属吴文化区域的游客产生文化认同，认为这是村落所特有或该地区所共有的文化，由此产生文化自信并进行文化交流。通过祖辈口头相传形式以及存有集体记忆的村史博物馆等建筑，乡愁起到了一定的文化传承作用。

7.2.1.3 乡愁具有保护和开发价值

保护和开发价值，是乡愁的衍生价值（Cass，2019）。个人或群体的态度和行为显著地受到他们赋予特定地方的情感、意义和价值的影响。访谈中显示，居民和游客的乡愁愿景体现在对家乡和乡村有一定的期望、保护行为及对旅游开发的意愿态度，故乡愁具有保护和开发价值。目前，国内各地围绕"乡愁元素（即资源）"打造"乡愁经济"，建设乡愁主题公园，开发乡村旅游。

由此可见，新型城镇化需要借助乡愁的理念，为老百姓的乡愁留足记忆空间，实现"记得住乡愁"的城镇人文复兴（陆邵明，2016）。显化乡愁的情感联结和文化认同价值，进而吸引新乡贤，推动人才振兴，培养文化自信，促进乡村治理、旅游开发和乡村振兴。"留住乡愁"应就地城镇化，建设特色小城镇，优化"三生空间"（刘春芳，2019）。乡愁旅游活动开展已经成为乡村旅游目的地留住乡愁的积极尝试与实践，以乡村旅游作为乡村文化的重要载体，通过旅游发展唤醒文化记忆，构筑"乡愁"载体，促进乡村文化传承、本土特色塑造和旅游产业发展（黄震方，2015），具有一定现实意义。

7.2.2 乡村振兴背景下"记住乡愁"的途径

2013年12月,习近平总书记在中央城镇化工作会议上强调保护和弘扬传统优秀文化,要"记得住乡愁"。党的二十大报告对全面推进乡村振兴做了全面部署,强调"发展乡村特色产业,拓宽农民增收致富渠道"。要因地制宜发展乡村旅游,为全面推进乡村振兴赋能。在乡村振兴战略背景下,传统村落价值得到国家重视和社会认可。中国绝大多数物质和非物质文化遗产都分布在乡村,乡村是中华传统文明的载体,乡村文化是中华文化的源头和重要基因库,是留守的乡村居民和在外怀乡人士存放"乡愁"的精神家园,也是乡村旅游发展的根基和依托(黄震方,2015)。乡村旅游是实现乡村振兴的重要途径。因此,应将传统村落建设成为宜居宜游的美丽乡村,成为让居民和游客"记住乡愁"和寄托乡愁的地方。

7.2.2.1 "记住乡愁"的前提是重视乡村文化基因,加强文化保护

传统村落作为农耕文明的文化载体和符号表征,传承村落文化对实现中华文化自信自强、弘扬和承继中华农耕文明、增强中华农耕文明传播力和影响力意义非凡(唐承财,2023)。传统村落旅游地乡愁载体主要包括物质文化载体和非物质文化载体,体现了乡村文化基因。每个传统村落都有自己的地方特色,同时也有共有的乡村文化,尤其是同文化区域的传统村落。在传统村落进行旅游开发时,应考虑尊重历史、尊重自然、尊重原貌,保存当地传统文化和乡村特色,不要让传统村落千篇一律。旅游开发的基础是地方性,即区别于其他地方的独特性(唐文跃,2013)。居民和游客共同认为在苏南传统村落生活/旅游能感受到典型的传统村落(乡村)文化,感受到(苏南)传统村落厚重的历史文化,苏南传统村落是水乡文化的典型代表。乡村旅游发展应重视保护、利用和提升传统乡土文化(黄震方、陆林,2015)。

自乡愁概念提出以来,政府高度重视乡愁文化资源,挖掘乡愁资源(王新歌,2018)。传统村落旅游地的乡愁记忆中带有乡村文化、历史文化及地域特色文化,如水乡文化,因此可以通过切实保护乡村自然生态文化和人文

历史文化风貌,保留文化基因、传承文化记忆、营造文化品牌、打造特色景观等方式,满足居民和游客乡愁情感诉求。如老街、金山石街、青石板路、古桥古码头等文化载体要素会触发对苏南传统村落水乡街巷格局的回忆。传统村落文化深深镌刻着乡愁文化,所以乡村振兴必须尊重和传承传统文化和坚持当地文化特色,因为这样人们可以连接故乡情感,可以追寻故乡记忆,可以传承乡村文化。

7.2.2.2 "记住乡愁"的核心是对人情感的关怀,对积极情感的引导

加拿大地理学家 Relph 认为,"地方"充满了人们生活的经验和情感。乡愁正是人们的情感对一个地方的映射(成志芬,2015),对乡愁的关怀也就是对人性、人际交往情感和人地和谐关系的关怀(陆邵明,2016)。居民对旅游地积极的情感联结可以引导居民实施负责任行为,同时有助于主客关系的和谐和旅游地的可持续发展(葛凌亚,2013)。本研究认为乡愁情感中积极情感占主要部分,而且乡愁情感有一定的能动性,当居民产生乡愁情感后则会产生一定的情感反应和行为意向,即乡愁愿景,主要体现在期望传统村落得到保护,以及旅游开发支持态度较为强烈。因此,记住乡愁和留住乡愁,可以让人们关爱家乡、关爱乡村,可以满足不同代人对乡愁的需求和诉求,建设适宜的栖居空间。

在乡愁背景下的传统村落保护和旅游开发,应能让当地居民在泛起乡愁时,涌起的更多是自豪和美好,即使有对时光不再的遗憾和对美好回忆怀念的淡淡的忧伤,而不是失望和悲伤,那是对历史建筑年久失修的心痛,对家乡现在冷冷清清、死气沉沉的惋惜,是对家园旅游开发后自己未受益的失望。因此,在旅游开发时,应注意保证居民参与旅游权利,重视居民旅游获益公平,避免没有直接参与旅游业的居民通过带人逃票获利,这样会引起居民和游客对当地旅游发展的负面情感。管理部门可以通过旅游收益的二次分配来保障居民权益,引导对旅游开发的态度,进而影响乡愁情感色彩和趋势。

因此,在乡村振兴和新城镇建设中,要考虑保护自然环境,重视人与自然和谐共生为主要内涵的生态文明建设。保护和恢复寄托乡愁情感的场所

第 7 章　研究结论与展望

场景,如学校、街道等,以及传承民俗文化等,不要切断居民对家乡的情感依恋,觉得陌生,同时可以让游客体验乡村文化和当地特色文化,满足其对乡村的亲近和熟悉感。

7.2.2.3 "记住乡愁"的手段是进行旅游适度开发,保护和恢复乡愁记忆

近年来的乡村旅游热、古镇热,是人们追逐"乡愁"的集中表现,这也明确了乡村旅游是保护和恢复乡愁记忆的重要手段。

首先,深度挖掘和展示乡愁元素,打造乡愁载体,寄托乡愁情感。物质文化载体如自然景观、建筑景观、地理区位和街巷格局等有形乡愁载体。如建筑文化类型在两村居民和游客乡愁载体空间排名中都位于前三,两村居民更加重视生态环境空间和聚落公共空间两种类型,因此居民乡愁记忆更加集中在物质文化载体上,如触发集体记忆和个人记忆的名人故居、宗教宗祠、旧时日常生活建筑(学校、菜场)、特色建筑等。新型城乡关系下的乡愁空间要义,应关注和重视原住民和弱势群体的空间权利(孙璐,2017)。新型城镇化发展必须考虑人地和谐发展,让乡愁情感有所寄托和发挥能动性(陆邵明,2016)。

其次,旅游开发除了保护自然景观和修缮历史建筑,同时也应对标志性的物体进行关注。乡愁往往跟几个标志物有联系,因此在打造旅游景点过程中,要特别注意保留或者恢复标志性建筑如宗祠、牌坊、古桥、古井和亭子等。再次,两村游客乡愁记忆载体更多是非物质文化载体,其中陆巷游客节日仪式空间占比为24.41%,焦溪游客节日仪式空间为占比为21.18%,由此可见,游客容易对所游传统村落的传统食物、地方特产、节日习俗、民风民俗触景生情。许多乡村吸引游客的不仅是自然景观,而且也包括民俗文化,以及主客之间正能量互动(张建宏,2017)。因此,当地可开发旅游文化活动,传承传统民俗文化,保护和恢复当地特有的"乡愁记忆"。

最后,要想留住乡愁,传统村落应注意旅游适度开发。乡村旅游地必须从主客视角出发,选择或创造合适的乡村旅游发展模式,将传统村落建设成为能让人"记住乡愁"的宜居宜游的美丽乡村。

7.3 不足与展望

本研究仍存在一些不足之处,有待在今后研究中进一步完善和深化。

7.3.1 研究内容

本研究主要从乡愁主体的"主位"视角下进行的调研分析,因为资料获取困难,未从物理时间角度对传统村落案例地进行纵向比较,以及缺少与现实空间演变的响应。同时,由于乡愁理论模型中的乡愁愿景研究与本研究研究问题不是紧密相关的,可以在今后研究中进一步探讨乡愁的能动作用。

7.3.2 研究方法

在结合扎根理论研究和文献回顾基础上,尝试开发的传统村落旅游地乡愁量表,经过实证研究具有一定的科学性,但仍需进一步探索和检验,以增强其适用性。问卷题项过多,某种程度上影响了受访者做题的耐心,并且调查对象中有些是当地老年居民和离退休老年游客,由于视力原因需要调查小组为他们阅读解释,在问卷内容理解上难免会有差异,对问卷的信度有一定影响,日后应对量表进一步检验。

7.3.3 案例地

未来可以在扩大传统村落旅游地案例地选择的基础上,对比不同文化区域的传统村落乡愁维度构成,或者将选择不同尺度的研究案例地,对比城市旅游地乡愁和传统村落旅游地乡愁的共同和差异。同时可对同一案例地如焦溪进行长期持续性研究,对比其旅游地生命周期阶段发生变化情况下,居民和游客的乡愁时空特征以及影响因素的变化和原因,进一步拓展旅游地乡愁的研究范围和研究视角,提高研究的科学性。

附　　录

附录A　关于乡愁的访谈提纲（居民）

铺垫

您觉得这几年家乡变化大吗？主要体现在哪些地方？这种变化会引起您对家乡过去时光的怀念吗？

引入正题

1. 当您怀念时，都会想到什么，有什么感受？当您怀念时，想到的物质文化（地理环境、村落布局、建筑、树木）有哪些？能说出来具体名称吗？其中哪些变化比较大？

2. 当您产生乡愁时，想到的非物质文化（文化符号、民俗、人物、人际关系、农耕生活、家乡美食等）有哪些？同上。

3. 您一般什么时候会有怀念过去，勾起乡愁的情绪？

4. 用一些形容词描述一下您的乡愁情感？

乡愁和旅游的关系及建议

5. 村里开发旅游有让您回忆起家乡过去时光没，有没有哪些东西得到恢复？

6. 随着经济的发展和旅游的开发，您觉得古村的发展应该要注意什么？

★32位主要受访者相关信息（传统村落居民）

编号	性别	年龄	职业	调研地点	所属城市	居住状态
R-1	男	52	农家乐	陆巷古村	苏州	在地居民
R-2	女	52	农家乐	陆巷古村	苏州	在地居民

续　表

编号	性别	年龄	职业	调研地点	所属城市	居住状态
R-3	男	50	果户	陆巷古村	苏州	在地居民
R-4	男	63	小卖店老板	陆巷古村	苏州	在地居民
R-5	女	43	务农	陆巷古村	苏州	在地居民
R-6	男	22	苏州地铁	陆巷古村	苏州	离地居民
R-7	女	50	退休教师	陆巷古村	苏州	在地居民
R-8	女	50	农家乐	明月湾村	苏州	在地居民
R-9	男	58	农户	明月湾村	苏州	在地居民
R-10	男	60	农户	明月湾村	苏州	在地居民
R-11	男	23	城管局	杨桥古村	常州	离地居民
R-12	女	48	工人	杨桥古村	常州	在地居民
R-13	女	71	务农	杨桥古村	常州	在地居民
R-14	女	23	护士	杨桥古村	常州	离地居民
R-15	女	85	无业	杨桥古村	常州	在地居民
R-16	男	66	无业	杨桥古村	常州	在地居民
R-17	女	54	无业	杨桥古村	常州	离地居民
R-18	女	78	务农	杨桥古村	常州	在地居民
R-19	女	53	古村办公室	焦溪古村	常州	在地居民
R-20	女	45	古村办公室	焦溪古村	常州	在地居民
R-21	男	60	村书记退休	焦溪古村	常州	在地居民
R-22	男	69	供销社退休	焦溪古村	常州	在地居民
R-23	男	61	五金店	焦溪古村	常州	在地居民
R-24	女	67	五金店	焦溪古村	常州	在地居民
R-25	女	26	供电局(女儿)	焦溪古村	常州	离地居民

续　表

编号	性别	年龄	职业	调研地点	所属城市	居住状态
R-26	女	21	大学生	焦溪古村	常州	离地居民
R-27	女	21	经营店铺	礼社村	无锡	在地居民
R-28	女	43	纪念馆馆长	礼社村	无锡	在地居民
R-29	男	45	古玩店老板	礼社村	无锡	在地居民
R-30	男	79	退休教师	严家桥村	无锡	在地居民
R-31	女	40	村委办公室	严家桥村	无锡	在地居民
R-32	男	75	退休工人	严家桥村	无锡	在地居民

附录B:关于乡愁的访谈提纲(游客)

铺垫

您来这个村落旅游的动机有哪些?这个村落会让您想起您的家乡或记忆中的乡村吗?为什么?

引入正题

1. 该村哪些东西或场所会引起您的乡愁,让您思念家乡?(随便说,多说一些)

2. 当您产生乡愁时,想到的物质文化(地理环境、村落布局、建筑、树木)有哪些?

3. 当您产生乡愁时,想到的非物质文化(文化符号、民俗、人物、人际关系、农耕生活、家乡美食等)有哪些?

4. 您一般什么时候会怀念过去,勾起乡愁的情绪?

5. 用一些形容词描述一下乡愁(这种怀念家乡过去时光)的情感?

乡愁和旅游的关系及建议

6. 随着经济的发展和旅游的开发,您觉得古村的发展应该要注意什么?

★21位主要受访者相关信息(传统村落游客)

编号	性别	年龄	职业	调研地点	客源地	家乡
T-1	男	25	学生	陆巷古村	南京	河南开封
T-2	男	37	规划师	陆巷古村	南京	甘肃兰州
T-3	女	36	中专教师	陆巷古村	苏州	湖南益阳
T-4	男	44	大学教师	陆巷古村	上海	江苏镇江
T-5	男	36	经商	陆巷古村	上海	江西上饶
T-6	男	26	学生	陆巷古村	南京	新疆昌吉
T-7	女	58	退休教师	陆巷古村	苏州	江苏连云港

续　表

编号	性别	年龄	职业	调研地点	客源地	家乡
T-8	男	22	学生	陆巷古村	南京	江苏常州
T-9	男	39	房产局	明月湾村	常州	江苏常州
T-10	男	36	工程师	明月湾村	常州	江苏连云港
T-11	女	26	会计	明月湾村	常州	江苏常州
T-12	女	23	社保局	杨桥古村	常州	江苏常州
T-13	女	48	工人	杨桥古村	常州	在地居民
T-14	男	30	文员	焦溪古村	常州	江苏常州
T-15	女	44	教师	焦溪古村	常州	江苏常州
T-16	男	28	教师	焦溪古村	常州	江苏溧阳
T-17	女	29	文员	焦溪古村	南京	江苏常州
T-18	男	46	办事员	焦溪古村	常州	江苏泰兴
T-19	女	21	学生	焦溪古村	常州	山西晋中
T-20	男	59	公务员	焦溪古村	常州	江苏溧阳
T-21	女	22	学生	焦溪古村	常州	广东汕头

附录 C:传统村落居民乡愁载体开放性编码

附录 D:传统村落游客乡愁载体开放性编码

（因篇幅所限,附录 C 和 D 如需要请联系作者,邮箱 cxy220@163.com）

附录 E:传统村落居民的乡愁调查问卷

尊敬的女士/先生:

您好!本问卷是博士生进行科学研究和撰写论文的重要信息来源,想了解您对家乡/乡村的乡愁。本调查采用匿名方式,结果仅用于科学研究。衷心感谢您的支持与合作!

一、个人基本信息(请在选项框中打"√",不注明的均为"单选题")

1	您的性别	□男 □女
2	您的年龄位于哪个区间	□1930—1949 □1950—1959 □1960—1978 □1979—1989 □1990—2000
3	您的职业	□公务员 □事业单位人员 □公司职员 □私营业主 □军人 □科教技术人员 □农民 □学生 □离退休人员 □其他_____
4	您的月收入	□2 000元及以下 □2 001—5 000元 □5 001—10 000元 □10 001元及以上
5	您的文化程度	□小学 □初中 □高中(含中专) □大专及本科 □硕士及以上
6	您出生在该村	□是 □否
7	您现居该村	□是 □否
8	您在该村居住时间	□5年以下 □6—10年 □11—20年 □20年以上
9	您的身份	□世居居民(3代以上) □父辈移居者 □己辈定居者 □暂居村落者
10	您认为,家乡旅游业(开发)发展的最大受益者是(可多选)	□地方政府 □旅游企业 □参与旅游的居民 □所有居民 □其他地区或社区
11	虽然没有离开乡村/家乡,您认为您对家乡过去时光的回忆和情感,以及对家乡现状的关心是乡愁吗?	□非常赞成 □赞成 □不确定 □不赞成 □非常不赞成

续 表

12	您希望在村落旅游开发中恢复哪些您乡愁中的场景和事物?	□生态环境　□节庆民俗活动　□传统地方美食和特产　□历史建筑　□生活生产等公共空间　□人际交往　□其他_____
13	当您产生乡愁时,您首先想起的三个(场景、人物、建筑、其他皆可以):	① _____；② _____；③ _____。

二、您在村落居住时,是否有以下的感受,请在选项分值上打"√":
(1=完全不同意、2=不同意、3=不确定、4=同意、5=完全同意)

维度	序号	需要您评价的内容	完全不同意	不同意	不确定	同意	完全同意
文化维度	1	让我感受到了典型的传统村落(乡村)文化	1	2	3	4	5
	2	让我感受到(苏南)传统村落厚重的历史文化	1	2	3	4	5
	3	让我感受到苏南传统村落是水乡文化的典型代表	1	2	3	4	5
	4	让我感受到了过去传统的物质文化(如建筑特色、街巷格局等)	1	2	3	4	5
	5	让我感受到了过去传统的非物质文化(如节日习俗、传统食物等)	1	2	3	4	5
	6	共有的乡村文化能让我想起自己的家乡	1	2	3	4	5
	7	旅游的开发有利于乡村文化的传承	1	2	3	4	5
情感维度	8	让我找到了熟悉的感觉	1	2	3	4	5
	9	让我感到强烈的归属感	1	2	3	4	5
	10	感受到乡村生活的宁静平和	1	2	3	4	5
	11	让我对乡村有种依恋的感觉	1	2	3	4	5
	12	想起过去和家人在一起的时光很幸福	1	2	3	4	5
	13	想起自己的儿童时光很美好	1	2	3	4	5

续 表

维度	序号	需要您评价的内容	完全不同意	不同意	不确定	同意	完全同意
情感维度	14	想起家乡过去的成绩很骄傲	1	2	3	4	5
	15	想起家乡,会有一种责任感	1	2	3	4	5
	16	想起家乡,会有淡淡的忧伤	1	2	3	4	5
	17	想起家乡的现状,感觉很心痛	1	2	3	4	5
	18	面对家乡现在的发展,很自豪	1	2	3	4	5
	19	对所居住的传统村落的保护现状,感觉挺骄傲	1	2	3	4	5
记忆维度	20	让我想到过去的自然景观(山水树田)	1	2	3	4	5
	21	让我想到过去的建筑景观(老房子、名人故居、当铺、牌坊)	1	2	3	4	5
	22	让我想到过去的地理区位(河网交错、商业重镇)	1	2	3	4	5
	23	让我想起过去的街巷格局(如古巷、古桥、古码头)	1	2	3	4	5
	24	让我想到家乡的历史人物	1	2	3	4	5
	25	让我想到过去生活中的人物(如亲友、师友、街坊)	1	2	3	4	5
	26	让我想到过去的诗文传说	1	2	3	4	5
	27	让我想到了快乐的童年场景(如爬树、河里游泳)	1	2	3	4	5
	28	让我想到了过去的生活场景(如河里洗菜洗米、掏耳朵剃头发)	1	2	3	4	5
	29	让我想到了过去的生产场景(如割羊草)	1	2	3	4	5
	30	让我想到了过去的商业场景(如赶集)	1	2	3	4	5
	31	让我想到了过去的人际交往	1	2	3	4	5
	32	让我想到了过去的传统食物	1	2	3	4	5
	33	让我想到了过去的民俗节庆活动(如端午节女儿回娘家)	1	2	3	4	5

三、乡愁的时间特征(多选题,请在选项框中打"√")

1	您一般什么时候会有乡愁的感觉?	(1) □春天 □夏天 □秋天 □冬天 (2) □白天 □傍晚 □深夜 (3) □晴天 □风起 □下雨 □落雪 (4) □过年 □清明 □端午 □中秋 □冬至 □家乡特有日子(如赶集) (5) □周末 □寒假 □暑假 □"五一" □"十一"
2	您主要怀念您的哪处人生阶段	□童年时代 □青少年时代 □成年时代 □老年时代
3	您怀念家乡的哪段时光	□明代 □清代 □近代 □现代
4	您回忆家乡过去时光(乡愁)频率	□每天都想 □三天一次 □每周一次 □每月一次 □不怎么想
5	当在外地(国)时,您首先想起	□家人 □家 □家乡 □国家(请标出1234)

四、下列哪些因素在多大程度上影响了您乡愁的产生,请在选项分值上打"√":(1=完全不同意、2=不同意、3=不确定、4=同意、5=完全同意)

序号	需要您评价的内容	评 分	序号	需要您评价的内容	评 分
1	远离家乡	1 2 3 4 5	11	江南水乡河网密布	1 2 3 4 5
2	离开家乡多年	1 2 3 4 5	12	邻里乡亲关系亲密	1 2 3 4 5
3	回家频率少	1 2 3 4 5	13	乡村传统美食味道	1 2 3 4 5
4	城市生活节奏过快	1 2 3 4 5	14	乡村生产生活场景	1 2 3 4 5
5	城市生活压力大	1 2 3 4 5	15	传统风俗习惯延续	1 2 3 4 5
6	城市生态环境恶劣	1 2 3 4 5	16	庆典仪式活动传承	1 2 3 4 5
7	对乡村亲近的本能	1 2 3 4 5	17	乡村产业结构优化	1 2 3 4 5
8	乡村山水生态较好	1 2 3 4 5	18	乡村文化产业兴旺	1 2 3 4 5
9	与家乡记忆空间类似	1 2 3 4 5	19	乡村旅游产业壮大	1 2 3 4 5
10	乡村街巷建筑古朴	1 2 3 4 5	20	旅游等新业态涉入	1 2 3 4 5

续　表

序号	需要您评价的内容	评　分	序号	需要您评价的内容	评　分
21	居民参与旅游开发	1　2　3　4　5	30	亲身经历的事件	1　2　3　4　5
22	旅游利益分配不均	1　2　3　4　5	31	家乡发生较大变化	1　2　3　4　5
23	乡村基础设施完善	1　2　3　4　5	32	乡村保护落后	1　2　3　4　5
24	乡村居民生活富裕	1　2　3　4　5	33	乡村空心化	1　2　3　4　5
25	新闻媒体的引导	1　2　3　4　5	34	年轻人打工或上学	1　2　3　4　5
26	国家政策的解读	1　2　3　4　5	35	居民主体地位提升	1　2　3　4　5
27	景点的旅游解说	1　2　3　4　5	36	居民生活方式改变	1　2　3　4　5
28	与当地居民交流	1　2　3　4　5	37	居民盼望家乡美好	1　2　3　4　5
29	当地居民口传	1　2　3　4　5	38	居民对家乡的自豪	1　2　3　4　5

再次感谢您的支持！

附录 F:传统村落游客的乡愁调查问卷

尊敬的女士/先生:

您好!本问卷是博士生进行科学研究和撰写论文的重要信息来源,想了解您对家乡/乡村的乡愁。本研究认为乡愁不仅是离开家乡的人的特有情感,也是在地居民对家乡过去回忆后产生的情感;不仅是游客在乡村旅游的情感动机和触景生情,也是城市居民对乡村的地方依恋、本能亲近和对乡村生活的向往。

本调查采用匿名方式,结果仅用于科学研究,请您根据自己实际情况放心填写。

衷心感谢您的支持与合作!

一、您来该村旅游的基本信息(请在选项框中打"√",不注明的均为"单选题"):

1	您的性别	□男　□女
2	您的年龄位于哪个区间	□1930—1949 年　□1950—1959 年　□1960—1978 年 □1979—1989 年　□1990—2000 年　□2000 年以后
3	客源地	□江苏省　□浙江省　□上海市　□安徽省　□山东省　□其他_____
4	您的职业	□公务员　□事业单位人员　□公司职员　□私营业主　□军人　□科教技术人员　□农民　□学生　□离退休人员　□其他
5	您的月收入	□2 000 元及以下　□2 001—5 000 元 □5 001—10 000 元　□10 001 元及以上
6	您的文化程度	□小学　□初中　□高中(含中专)　□大专及本科　□硕士及以上
7	您到该村旅游的次数	□第 1 次　□第 2 次　□第 3 次　□3 次以上
8	旅游目的(多选)	□观光游览　□休闲度假　□乡愁怀旧　□乡土购物　□乡村娱乐　□探亲访友　□商务旅行　□文化体验　□其他_____

续 表

9	您的家乡(故乡)在	_____省(直辖市)_____市(县)_____镇(村)
10	您离开家乡多少年了	□未离开 □1—3年 □4—6年 □7—10年 □11—20年 □21—30年 □30年以上
11	您近三年内到乡村旅游的次数	□1—3次 □4—6次 □7—10次 □10次以上
12	您一年回老家几次?	□0次 □1次 □1—3次 □4—6次 □7次及以上
13	您(未来)留在家乡工作的意愿	□非常赞成 □赞成 □不确定 □不赞成 □非常不赞成

三、您在该村旅游时,是否有以下的感受,请在选项分值上打"√":

维度	序号	需要您评价的内容	完全不同意	不同意	不确定	同意	完全同意
文化维度	1	让我感受到了典型的传统村落(乡村)文化	1	2	3	4	5
	2	让我感受到(苏南)传统村落厚重的历史文化	1	2	3	4	5
	3	让我感受到苏南传统村落是水乡文化的典型代表	1	2	3	4	5
	4	让我感受到了过去传统的物质文化(如建筑特色、街巷格局等)	1	2	3	4	5
	5	让我感受到了过去传统的非物质文化(如节日习俗、传统食物等)	1	2	3	4	5
	6	共有的乡村文化能让我想起自己的家乡	1	2	3	4	5
	7	旅游的开发有利于乡村文化的传承	1	2	3	4	5
情感维度	8	让我找到了熟悉的感觉	1	2	3	4	5
	9	让我感到强烈的归属感	1	2	3	4	5
	10	感受到乡村生活的宁静平和	1	2	3	4	5
	11	让我对乡村有种依恋的感觉	1	2	3	4	5
	12	想起过去和家人在一起的时光很幸福	1	2	3	4	5
	13	想起自己的儿童时光很美好	1	2	3	4	5

续　表

维度	序号	需要您评价的内容	完全不同意	不同意	不确定	同意	完全同意
情感维度	14	想起家乡过去的成绩很骄傲	1	2	3	4	5
	15	想起家乡,会有一种责任感	1	2	3	4	5
	16	想起家乡,会有淡淡的忧伤	1	2	3	4	5
	17	想起家乡的现状,感觉很心痛	1	2	3	4	5
	18	面对家乡现在的发展,很自豪	1	2	3	4	5
	19	对所居住的传统村落的保护现状,感觉挺骄傲	1	2	3	4	5
记忆维度	20	让我想到过去的自然景观(山水树田)	1	2	3	4	5
	21	让我想到过去的建筑景观(老房子、名人故居、当铺、牌坊)	1	2	3	4	5
	22	让我想到过去的地理区位(河网交错、商业重镇)	1	2	3	4	5
	23	让我想起过去的街巷格局(如古巷、古桥、古码头)	1	2	3	4	5
	24	让我想到家乡的历史人物	1	2	3	4	5
	25	让我想到过去生活中的人物(如亲友、师友、街坊)	1	2	3	4	5
	26	让我想到过去的诗文传说	1	2	3	4	5
	27	让我想到了快乐的童年场景(如爬树、河里游泳)	1	2	3	4	5
	28	让我想到了过去的生活场景(如河里洗菜洗米、掏耳朵剃头发)	1	2	3	4	5
	29	让我想到了过去的生产场景(如割羊草)	1	2	3	4	5
	30	让我想到了过去的商业场景(如赶集)	1	2	3	4	5
	31	让我想到了过去的人际交往	1	2	3	4	5
	32	让我想到了过去的传统食物	1	2	3	4	5
	33	让我想到了过去的民俗节庆活动(如端午节女儿回娘家)	1	2	3	4	5

三、乡愁的时间特征(请在选项框中打"√",多选题):

1	您一般什么时候会有乡愁的感觉?	(1) □春天　□夏天　□秋天　□冬天
		(2) □白天　□傍晚　□深夜
		(3) □晴天　□风起　□下雨　□落雪
		(4) □过年　□清明　□端午　□中秋　□冬至　□家乡特有日子(如赶集)
		(5) □周末　□寒假　□暑假　□"五一"　□"十一"
2	您主要怀念您的哪个人生阶段	□童年时代　□青少年时代　□成年时代　□老年时代
3	您怀念家乡的哪段时光	□明代　□清代　□近代　□现代
4	您回忆家乡过去时光(乡愁)频率	□每天都想　□三天一次　□每周一次　□每月一次　□不怎么想
5	当在外地(国)时,您首先想起	□家人　□家　□家乡　□国家(请标出1234)

四、下列哪些因素在多大程度上影响了您乡愁的产生,请在选项分值上打"√":(1=完全不同意、2=不同意、3=不确定、4=同意、5=完全同意)

序号	需要您评价的内容	评分	序号	需要您评价的内容	评分
1	远离家乡	1 2 3 4 5	11	江南水乡河网密布	1 2 3 4 5
2	离开家乡多年	1 2 3 4 5	12	邻里乡亲关系亲密	1 2 3 4 5
3	回家频率少	1 2 3 4 5	13	乡村传统美食味道	1 2 3 4 5
4	城市生活节奏过快	1 2 3 4 5	14	乡村生产生活场景	1 2 3 4 5
5	城市生活压力大	1 2 3 4 5	15	传统风俗习惯延续	1 2 3 4 5
6	城市生态环境恶劣	1 2 3 4 5	16	庆典仪式活动传承	1 2 3 4 5
7	对乡村亲近的本能	1 2 3 4 5	17	乡村产业结构优化	1 2 3 4 5
8	乡村山水生态较好	1 2 3 4 5	18	乡村文化产业兴旺	1 2 3 4 5
9	与家乡记忆空间类似	1 2 3 4 5	19	乡村旅游产业壮大	1 2 3 4 5
10	乡村街巷建筑古朴	1 2 3 4 5	20	旅游等新业态涉入	1 2 3 4 5

续 表

序号	需要您评价的内容	评 分	序号	需要您评价的内容	评 分
21	居民参与旅游开发	1 2 3 4 5	30	亲身经历的事件	1 2 3 4 5
22	旅游利益分配不均	1 2 3 4 5	31	家乡发生较大变化	1 2 3 4 5
23	乡村基础设施完善	1 2 3 4 5	32	乡村保护落后	1 2 3 4 5
24	乡村居民生活富裕	1 2 3 4 5	33	乡村空心化	1 2 3 4 5
25	新闻媒体的引导	1 2 3 4 5	34	年轻人进城打工或上学	1 2 3 4 5
26	国家政策的解读	1 2 3 4 5	35	居民主体地位提升	1 2 3 4 5
27	景点的旅游解说	1 2 3 4 5	36	居民生活方式改变	1 2 3 4 5
28	与当地居民交流	1 2 3 4 5	37	居民盼望家乡美好	1 2 3 4 5
29	当地居民口传	1 2 3 4 5	38	居民对家乡自豪的感染	1 2 3 4 5

再次感谢您的支持!

附录 G:陆巷乡愁空间特征调查问卷

一、赋予分值:下列哪些乡愁载体要素在多大程度上唤起了您的乡愁,请在对应分值上打"√":

序号	乡愁载体要素	非常不同意	不同意	一般	同意	非常同意
1	山岳山峰(莫厘峰、寒谷山等)	1	2	3	4	5
2	河井湖泊(井水、小河、池塘、太湖等)	1	2	3	4	5
3	树(茶树、橘子树、枇杷树、杨梅树等)	1	2	3	4	5
4	田(麦田、稻田等)	1	2	3	4	5
5	宗教宗祠(陆氏宗祠等)	1	2	3	4	5
6	日常生活建筑(戏台、当铺、茶馆、渔行等)	1	2	3	4	5
7	名人故居(王鏊故居、遂高堂、宝俭堂、怀德堂等)	1	2	3	4	5
8	特色建筑(牌坊、救火会等)	1	2	3	4	5
9	河网交错(太湖、古码头等)	1	2	3	4	5
10	商业重镇(洞庭商帮商业场景)	1	2	3	4	5
11	水乡布局(前街后河,前店后屋、依河而筑,临水而屋)	1	2	3	4	5
12	古巷古路(明代老街、紫石街、青石板路、鱼骨状街巷等)	1	2	3	4	5
13	古桥古码头(寒谷渡、老码头)	1	2	3	4	5
14	神话人物(妈祖、神仙等)	1	2	3	4	5

续 表

序号	乡愁载体要素	非常不同意	不同意	一般	同意	非常同意
15	历史人物（王鏊、叶梦得等）	1	2	3	4	5
16	近现代人物（教授、院士）	1	2	3	4	5
17	生活人物（父母、小伙伴儿、街坊邻居、师友亲戚、吹糖人爷爷）	1	2	3	4	5
18	诗文传说（唐伯虎等诗句）	1	2	3	4	5
19	童年场景（爬树、太湖游泳、水沟钓田鸡、井盖下扔鞭炮等）	1	2	3	4	5
20	生活场景（河里洗菜洗米、夏天睡门板上、剃头发掏耳朵等）	1	2	3	4	5
21	生产场景（割羊草、在稻场劳动、社员大会等）	1	2	3	4	5
22	商业场景（洞庭商帮等）	1	2	3	4	5
23	人际交往（人情纯真、街坊邻居走动亲密）	1	2	3	4	5
24	日常食物（过去的豆腐很好吃、鸡头米和紫云英等）	1	2	3	4	5
25	节庆食物（过年蒸团子、夏至吃馄饨）	1	2	3	4	5
26	地方特产（"太湖三白"、碧螺春、枇杷、杨梅和红桔等）	1	2	3	4	5
27	节日习俗（春节抬小孩、过年祭祖等）	1	2	3	4	5
28	民风民俗（庙会抬菩萨、抬财神等）	1	2	3	4	5

二、请您结合陆巷地图,标识出传统村落中您乡愁载体的大概位置。请至少标识出 5—10 个,选出乡愁情感最为强烈的 3—5 个载体,谢谢!

(备注:引自苏州市规划设计院 2009 年《苏州市东山镇陆巷历史文化名村保护规划》—古村规划用地图)

再次感谢您的支持!

附录 H:焦溪乡愁空间特征调查问卷

一、赋予分值:下列哪些乡愁载体要素在多大程度上唤起了您的乡愁,请在对应分值上打"√":

序号	乡愁载体要素	非常不同意	不同意	一般	同意	非常同意
1	山岳山峰(鹤山、舜过山等)	1	2	3	4	5
2	河井湖泊(井水、小河、池塘、龙溪河和舜河等)	1	2	3	4	5
3	树(白果树、梨树、葡萄藤等)	1	2	3	4	5
4	田(麦田、稻田等)	1	2	3	4	5
5	宗教宗祠(曹阳庵等)	1	2	3	4	5
6	日常生活建筑(戏台、当铺、茶馆、渔行等)	1	2	3	4	5
7	名人故居(是家大院、承越故宅、进士厅等)	1	2	3	4	5
8	特色建筑(黄石半墙、圈门、金山石街、耶稣堂等)	1	2	3	4	5
9	河网交错(老顺河连着长江、古码头等)	1	2	3	4	5
10	商业重镇(常州、无锡、江阴三市交界)	1	2	3	4	5
11	水乡布局(前街后河,前店后屋、依河而筑,临水而屋)	1	2	3	4	5
12	古巷古路(金山石街、青石板路、奚家弄、徐家弄、是家弄等)	1	2	3	4	5
13	古桥古码头(青龙桥、三元桥)	1	2	3	4	5
14	神话人物	1	2	3	4	5

续 表

序号	乡愁载体要素	非常不同意	不同意	一般	同意	非常同意
15	历史人物（虞舜、季子、魏璞、焦丙、是镜等）	1	2	3	4	5
16	近现代人物（教授、院士）	1	2	3	4	5
17	生活人物（父母、小伙伴儿、街坊邻居、师友亲戚、爆米花爷爷）	1	2	3	4	5
18	诗文传说（虞舜等传说）	1	2	3	4	5
19	童年场景（古桥跳水、割草喂兔子、悠镰刀来赢草、偷荷花、紫云英等）	1	2	3	4	5
20	生活场景（河里洗菜洗米、夏天睡门板上、蒲花点火驱蚊等）	1	2	3	4	5
21	生产场景（割羊草、在稻场劳动、社员大会等）	1	2	3	4	5
22	商业场景（商铺林立如布店、杂货店等，赶集非常热闹，外地人都过来上焦溪中学，曾把焦溪误认为是上海等）	1	2	3	4	5
23	人际交往（人情纯真、街坊邻居走动亲密）	1	2	3	4	5
24	日常食物（百叶、羊汤、豆腐花、麻糕等）	1	2	3	4	5
25	节庆食物（夏至时吃馄饨、十月半时吃团子、过年吃脚踏糕）	1	2	3	4	5
26	地方特产（焦溪羊肉、焦溪扣肉、焦溪黄花蜜梨等）	1	2	3	4	5
27	节日习俗（元宵兔子灯、过年祭祖等）	1	2	3	4	5
28	民风民俗（滩簧，说书，婚礼中午吃面、晚上吃酒等）	1	2	3	4	5

二、请您结合焦溪地图，标识出传统村落中您乡愁载体的大概位置。请至少标识出 5—10 个，并选出乡愁情感最为强烈的 3—5 个载体，谢谢！

附　录

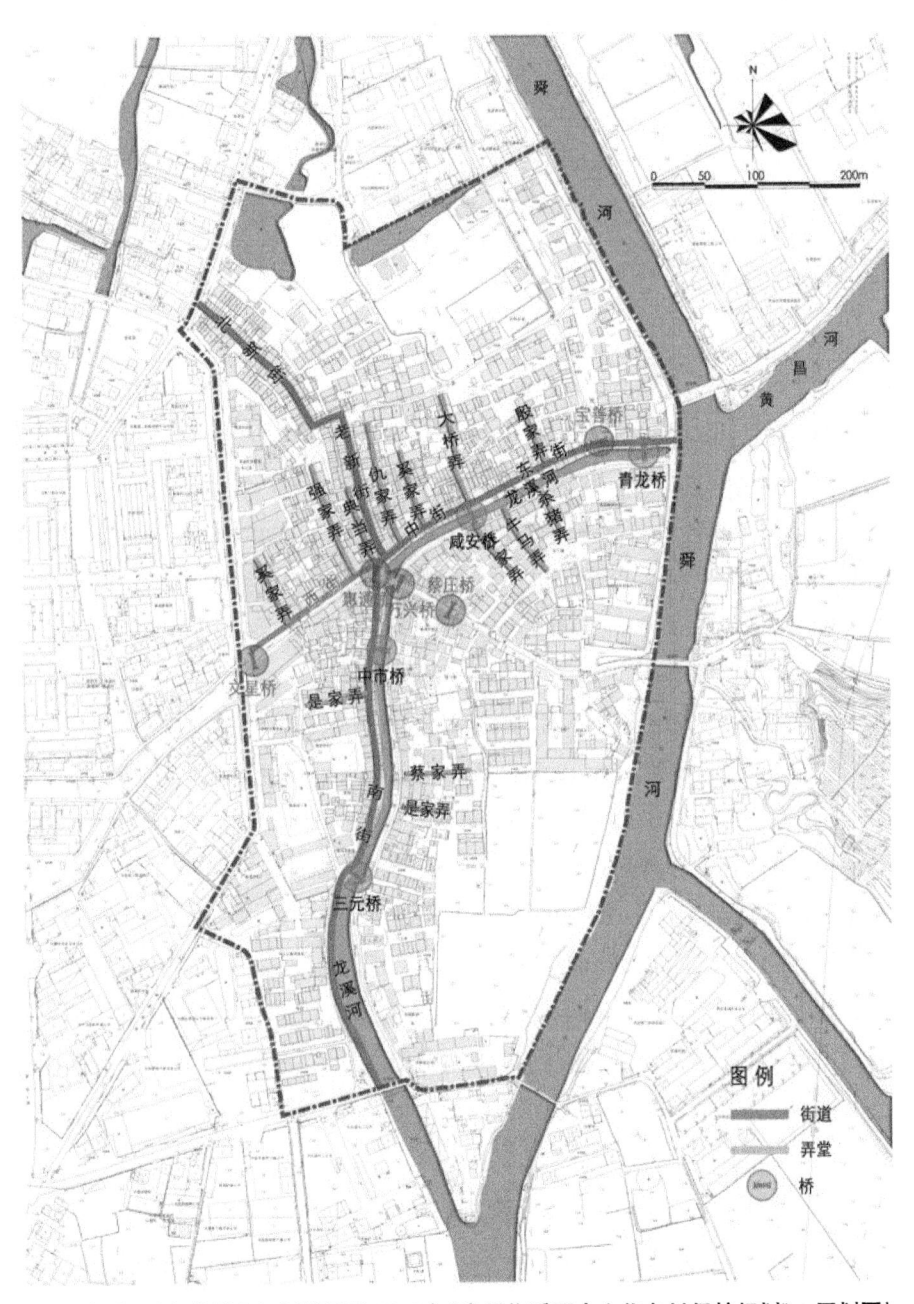

(备注：引自常州市规划设计院2015年《常州焦溪历史文化名村保护规划》—区划图)

再次感谢您的支持！

参考文献

[1] Agnew J. Representing Space: Space, Scale and Culture in Social Science. in Duncan J. and Ley D. (eds.) [J]. *Place/Culture/Representations*, Routledge, 1993, 3(2): 251-271.

[2] Albrecht G. 'Solastalgia': A New Concept in Health and Identity [J]. *Pan Philosophy Activism Nature*, 2005(3): 41-55.

[3] Anderson J C, Gerbing D W. Structural Equation Modeling in Practice: A Review and Recommended Two-step Approach [J]. *Psychological Bulletin*, 1988, 103(3): 411-423.

[4] Anderson K, Smith S J. Emotional Geographies[J]. *Transactions of the Institute of British Geographers*, 2001, 26(1): 7-10.

[5] Ap J. Residents Perception on Tourism Impacts[J]. *Annals of Tourism Research*, 1992, 19(4): 665-690.

[6] Baier M, Welch M. An Analysis of the Concept of Homesickness [J]. *Archives of Psychiatric Nursing*, 1992, 6(1): 54-60.

[7] Baker S M, Kennedy P F. Death by Nostalgia: A Diagnosis of Context-specific Cases[J]. *Advances in Consumer Research*, 1994, 21: 169-174.

[8] Barrett F S, Grimm K J, Robins R W, et al. Music-evoked nostalgia: Affect, Memory, and Personality[J]. *Emotion*, 2010, 10(3): 390-403.

[9] Batcho K I. Nostalgia: A Psychological Perspective [J]. *Perceptual &Motor Skills*, 1995, 80(1): 131-143.

[10] Baumgartner H. Remembrance of Things Past: Music, Autobiographical Memory and Emotion[J]. *Advances in Consumer Research*, 1992, 19(1): 613-620.

[11] Blunt A, Dowling R. *Home (Key Ideas in Geography)*[M]. Abingdon, UK: Routledge, 2006.

[12] Brenner N. *New State Spaces: Urban Governance and the Rescaling of Statehood*[M]. New York: Oxford University Press, 2004.

[13] Brown G. Mapping Landscape Values and Development Preferences: A Method for Tourism and Residential Development Planning[J]. *International Journal of Tourism Research*, 2006, 8(2): 101-113.

[14] Brumann C. Cultural Heritage[J]. *International Encyclopedia of the Social & Behavioral Sciences*, 2015: 414-419.

[15] Cass N, Walker G. Emotion and Rationality: The Characterisation and Evaluation of Opposition to Renewable Energy Projects[J]. *Emotion, Space and Society*, 2009, 2(1): 62-69.

[16] Chen H B, Yeh S S, Huan T C. Nostalgic Emotion, Experiential Value, Brand Image, and Consumption Intentions of Customers of Nostalgic-themed Restaurants[J]. *Journal of Business Research*, 2014, 67(3): 354-360.

[17] Davidson J, Bondi L, Smith M. *Introduction: Geography's 'emotional turn'*. In: Davidson J, Bondi L, Smith M. *Emotional Geographies*[M]. Burlington VT and Aldershot: Ashgate, 2005.

[18] Davidson J, Milligan C. Editorial: Embodying Emotion Sensing Space: Introducing Emotional Geographies[J]. *Social and Cultural Geography*, 2004, 5(4): 523-532.

[19] Davis F. *Yearning for Yesterday: A Sociology of Nostalgia*[M]. New York: Free Press, 1979.

[20] Denzin Lincoln S. *Hand Book of Qualitative Research*[M].

Thousand Oaks, CA: Sage, 1994.

[21] Dovey K. *Home and Homelessness* [M]. New York: Plenum Press, 1985.

[22] Etezadiamoli J, Farhoomand A. A Structural Model of End User Computing Satisfaction and User Performance [J]. *Information & Management*, 1996, 30(2): 65-73.

[23] Ettlinger N. Toward a Critical Theory of Untidy Geographies: the Spatiality of Emotions in Consumption and Production [J]. *Feminist Economics*, 2004, 10(3): 21-54.

[24] Field A P. *Discovering Statistics Using SPSS* [M]. London: Sage Publications Ltd, 2005.

[25] Fisher S, Hood B. The Stress of the Transition to University: a Longitudinal Study of Psychological Disturbance, Absent-mindedness and Vulnerability to Homesickness [J]. *British Journal of Psychology*, 1987, 78(4): 425-441.

[26] Fisher S. *The Psychological Effects of Leaving Home: Homesick-ness, Health and Obsessional Thoughts* [M]. Fisher S. On the Move: The Psychology of Change and Transition. Chichester: John Wiley & Sons, 1990.

[27] Fredrickson B L, Branigan C. Positive Emotions Broaden the Scope of Attention and Thought-action Repertoires [J]. *Cognition & Emotion*, 2005, 19(3): 313-332.

[28] Fredrickson B L. What Good are Positive Emotions? [J]. *Rev Gen Psychol*, 1998, 2(3): 300-319.

[29] Gefen D, Straub D W, Boudreau M C. Structural Equation Modeling and Regression: Guidelines for Research Practice [J]. *Communications of the Association for Information Systems*, 2000, 4(7): 1-78.

[30] Gefen D. Assessing Unidimensionality Through LISREL: An

Explanation and an Example[J]. *Communications of the Association for Information Systems*, 2003, 12(1): 23 – 47.

[31] Glaser B G, Strauss A. *The discovery of Grounded Theory: Strategies for Qualitative Research*[M]. Chicago: Aldine, 1967.

[32] Glaser B G. *Basics of Grounded Theory Analysis*[M]. Mill Valley, CA: Sociology PRESS, 1992.

[33] Glaser B G. *Doing Grounded Theory: Issues and Discussions*[M]. Mill Valley, CA: Sociology Press, 1998.

[34] Glaser B G. *Theoretical sensitivity*[M]. Mill Valley, CA: Sociology PRESS, 1978.

[35] Graybill J K. Mapping an Emotional Topography of an Ecological Homeland: The Case of Sakhalin Island, Russia[J]. *Emotion, Space and Society*, 2013, 8(1): 39 – 50.

[36] Havlena W J, Holak S L. The Good Old Days: Observations on Nostalgia and Its Role in Consumer Behavior[J]. *Advances in Consumer Research*, 1991, 18(1): 323 – 329.

[37] Hinkin T R. A Brief Tutorial on the Development of Measures for Use in Survey Questionnaires[J]. *Organizational Research Methods*, 1998, 1(1): 104 – 121.

[38] Hinkin T R. A Review of Scale Development Practices in the Study of Organization[J]. *Journal of Management*, 1995: 21(5): 967 – 988.

[39] Hofer J H. Dissertatio Medica de Nostalgia[J]. *Bulletin of the History of Medicine*, 1988: 2: 376 – 391.

[40] Holak S L, Havlena W J, Matveev A V. Exploring Nostalgia in Russia: Testing the Index of Nostalgia [J]. *European Advances in Consumer Research*, 2006, 7: 33 – 40.

[41] Holbrook M B, Schindler R M. Echoes of the Dear Departed Past: Some Work in Progress on Nostalgia[J]. *Advances in Consumer Research*, 1991, 18: 330 – 333.

[42] Holbrook M B, Schindler R M. Some Exploratory Findings on the Development of Musical Tastes[J]. *Journal of Consumer Research*, 1989, 16(1): 119-124.

[43] Homans G C. *Social Behavior: Its Elementary Forms*, 2nd ed [M]. New York: Harcourt Brace & world, 1974.

[44] Homans G C. *Social Behavior: Its Elementary Forms* [M]. New York: Harcourt Brace & world, 1961.

[45] Hsieh H F, Wang J J. Effect of Reminiscence Therapy on Depression in Older Adults: A Systematic Review[J]. *International Journal of Nursing Studies*, 2003, 40(4): 335-345.

[46] Hsu F L K. *Exorcising the Trouble Makers: Magic, Science, and Culture*[M]. New York: Greenwood Press, 1983.

[47] Huang X, Huang Z, Wyer R S. Slowing Down in the Good Old Days: The Effect of Nostalgia on Consumer Patience. Journal of Consumer Research[J]. *Journal of Consumer Research*, 2016, 43(3): 1-16.

[48] Hwang J, Hyun S S. The Impact of Nostalgia Triggers on Emotional Responses and Revisit Intentions in Luxury Restaurants: the Moderating Role of Hiatus[J]. *International Journal of Hospitality Management*, 2013, 33(3): 250-262.

[49] Johnson A J. Examining the Maintenance of Friendships: Are There Differences Between Geographically Close and Long-Distance Friends?[J]. *Communication Quarterly*, 2001, 49(4): 424-435.

[50] Knez I. Autobiographical Memories for Places[J]. *Memory*, 2006, 14(3): 359-377.

[51] Kong L. The Invention of Heritage: Popular Music in Singapore [J]. *Asian Studies Review*, 1999, 23(1): 1-26.

[52] Kupperschmidt B Multigeneration Employees: Strategies for Effective Management[J]. *Health Care Manager*, 2000, 19(1): 65-76.

[53] Kwan M P. Affecting Geospatial Technologies: Toward a

Feminist Politics of Emotion [J]. *The Professional Geographer*, 2007, 59 (1): 22-34.

[54] Lasaleta J D, Sedikides C, Vohs K D. Nostalgia weakens the desire for money [J]. *Journal of Consumer Research*, 2014, 41 (3): 713-729.

[55] Leong A M W, Yeh S S, Hsiao Y C, et al. Nostalgia as Travel Motivation and Its Impact on Tourists' Loyalty[J]. *Journal of Business Research*, 2015, 68(1): 81-86.

[56] Lewicka M. Place Attachment, Place Identity, and Place Memory: Restoring the Forgotten City Past [J]. *Journal of Environmental Psychology*, 2008, 28(3): 209-231.

[57] Lowenthal D. Nostalgia Tells It Like It Wasn't[A]//Shaw C, Chase M (eds). The Imagined Past: History and Nostalgia [M]. Manchester: Manchester University Press, 1989.

[58] Mann G. Why Does Country Music Sound White? Race and the Voice of Nostalgia[J]. *Ethnic and Racial Studies*, 2008, 31(1): 73-100.

[59] Mannheim K. The Problem of a Sociology of Knowledge[J]. *Essays on the Sociology of Knowledge*, 1952, 35(2): 134-190.

[60] Marschall S. 'Homesick tourism': Memory, Identity and (be) Longing [J]. *Current Issues in Tourism*, 2015, 18(9): 876-892.

[61] Marschall S. Touring Memories of the Erased City: Memory, Tourism and Notions of 'Home' [J]. *Tourism Geographies*, 2015, 17 (3): 332-349.

[62] McCann W H. Nostalgia: a Review of the Literature[J]. *Psychological Bulletin*, 1941, 38(3): 165-182.

[63] Mckercher B, Ho P S Y, Cros H D. Relationship Between Tourism and Cultural Heritage Management: Evidence from Hong Kong [J]. *Tourism Management*, 2005, 26(4): 539-548.

[64] Merolla A J. Relational maintenance and Noncopresence

Reconsidered: Conceptualizing Geographic Separation in Close Relationships [J]. *Communication Theory*, 2010, 20(2): 169-193.

[65] Mills M A, Coleman P G. Nostalgic Memories in Dementia: A Case Study [J]. *International Journal of Aging and Human Development*, 1994, 38(3): 203-219.

[66] Orth U R, Bourrain A. The Influence of Nostalgic Memories on Consumer Exploratory Tendencies: Echoes from Scents Past[J]. *Journal of Retailing and Consumer Services*, 2008, 15(4): 277-287.

[67] Parr H, Philo C, Burns N. 'Not a Display of Emotions': Emotional Geographies in the Scottish Highlands[A].//Davidson J, Bondi L, Smith M. (Eds.). Emotional Geographies [C]. Aldershot: Ashgate Publishing, 2005, 87-101.

[68] Parry E, Urwin P. Generational Differences in Work Values: A Review of Theory and Evidence [J]. *International Journal of Management Reviews*, 2011, 13(1): 79-96.

[69] Pascal V J, Sprott D E, Muehling D D. The Influence of Evoked Nostalgia on Consumers' Responses to Advertising: An Exploratory Study [J]. *Journal of Current Issues and Research in Advertising*, 2002, 24(1): 39-49.

[70] Pearce P L, Lee U I. Developing the Travel Career Approach to Tourist Motivation[J]. *Journal of Travel Research*, 2005, 43(3): 226-237.

[71] Rambaldi G, Kyem PA K, McCall M, et al. Participatory Spatial Information Management and Communication in Developing Countries [J]. *The Electronic Journal of Information Systems in Developing Countries*, 2006, 25(1): 1-9.

[72] Reisenwitz T H, Iyer R, Cutler B. Nostalgia Advertising and the Influence of Nostalgia Proneness [J]. *Marketing Management Journal*, 2004, 14(2): 55-66.

[73] Rekść M. Nostalgia for Communism in the Collective

Imaginations[J]. *Procedia-Social and Behavioral Sciences*, 2015, 183(4): 105-114.

[74] Relph E. *Place and Placelessness*[M]. London: Pion, 1976.

[75] Rosen G. Nostalgia: A "forgotten" Psychological Disorder[J]. *Psychological Medicine*, 1975, 5: 340-354.

[76] Scharp K M, Paxman C G, Thomas L J. "I Want to Go Home": Homesickness Experiences and Social-Support-Seeking Practices [J]. *Environment and Behavior*, 2015: 48(9): 1-23.

[77] Sedikides C, Wildschut T, Baden D. Conceptual Issues and Existential Functions[J]. *Review of Contemporary Fiction*, 2004, 11(6): 200-214.

[78] Sedikides C, Wildschut T, Routledge C, et al. To nostalgize: Mixing Memory with Affect and Desire[J]. *Advances in Experimental Social Psychology*, 2015, 51(1): 189-273.

[79] Seehusen J, Cordaro F, Wildschut T, et al. Individual Differences in Nostalgia Proneness: The Integrating Role of the Need to Belong [J]. *Personality and Individual Differences*, 2013, 55(8): 904-908.

[80] Sieber R. Public Participation Geographic Information Systems: A Literature Review and Framework[J]. *Annals of the Association of American Geographers*, 2008, 96(3): 491-507.

[81] Stedman R, Beckley T, Wallace S. A Picture and 1000 Words: Using Resident-employed Photography to Understand Attachment to High Amenity Places[J]. *Journal of Leisure Research*, 2004, 36(4): 580-606.

[82] Stern B B. Historical and Personal Nostalgia in Advertising Text: The fin de siècle effect[J]. *Journal of Advertising*, 1992, 21(4): 11-22.

[83] Straub D W. Validating Instruments in MIS Research[J]. *MIS quarterly*, 1989, 13(2): 147-169.

[84] Stylos N, Bellou V, Andronikidis A, et al. Linking the Dots

Among Destination Images, Place Attachment, and Revisit Intentions: A Study among British and Russian Tourists[J]. *Tourism Management*, 2017, 60: 15-29.

[85] Taylor S M, Konrad V A. Scaling Dispositions Toward the Past [J]. *Environment and Behavior*, 1980, 12(3): 283-307.

[86] Thurber C A, Walton E A. Homesickness and Adjustment in University Students[J]. *Journal of American College Health*, 2012, 60(5): 415-419.

[87] Urban W M. The problem of a 'logic of the emotions' and affective memory[J]. *Psychological Review*, 1901, 8(4): 360-370.

[88] Van T M, Vingerhoets A J, Van H G. Homesickness: A review of the literature[J]. *Psychological medicine*, 1996, 26(5): 899-912.

[89] Waitt G. Social Impacts of the Sydney Olympics[J]. *Annals of Tourism Research*, 2003, 30(1): 194-215.

[90] Werman D S. Normal and Pathological Nostalgia[J]. *Journal of the American Psychoanalytic Association*, 1977, 25(2): 387-398.

[91] Wertsch J V. *Voices of Collective Remembering* [M]. Cambridge: Cambridge University Press, 2002.

[92] Wildschut T, Sedikides C, Arndt J, et al. Nostalgia: Content, Triggers, Functions[J]. *Journal of Personality and Social Psychology*, 2006, 91(5): 975-993.

[93] Williams R. *The Country and the City* [M]. Oxford: Oxford University Press, 1975.

[94] Yi-fu Tuan. *Topophilia: A Study of Environment Perception, Attitudes, and Values, England Cliffs* [M]. New Jersey: Prentice-hall, Inc, 1974.

[95] Yooa B, Donthu N. Developing and Validating a Multidimensional Consumer-based Brand Equity Scale[J]. *Journal of Business Research*, 2001, 52(1): 1-14.

[96] Zhou X, Sedikides C, Wildschut C, et al. Counteracting Loneliness: On the Restorative Function of Nostalgia[J]. *Psychological Science*, 2008, 19(10): 1023-1028.

[97] Zhou X, Wildschut T, Sedikides C, et al. Nostalgia: The Gift That Keeps on Giving[J]. *Journal of Consumer Research*, 2012, 39(1): 39-50.

[98] 保继刚,楚义芳.旅游地理学(修订版)[M].北京:高等教育出版社,1999.

[99] 保继刚,孟凯,张倩滢.旅游引导的乡村城市化——以阳朔历村为例[J].地理研究,2015,34(8):1422-1434.

[100] 保继刚,张捷,徐红罡,等.中国旅游地理研究:在他乡与故乡之间[J].地理研究,2017,36(5):803-823.

[101] 毕曼.生态文明建设语境下少数民族生态文化的禀赋及其资源价值[J].西南民族大学学报(人文社科版),2015,36(6):50-54.

[102] 毕明岩,袁中金,韩博,等.乡村文化基因传承的规划路径——以江南地区为例[C].中国城市规划年会,2012.

[103] 蔡克信,杨红,马作珍莫.乡村旅游:实现乡村振兴战略的一种路径选择[J].农村经济,2018,431(9):28-33.

[104] 蔡晓梅,刘晨,朱竑.大学的怀旧意象及其空间性建构——以中山大学为例[J].地理科学,2013,33(6):710-717.

[105] 曹紫佳.基于文化基因视角下的湖南宗族型传统村落研究[D].天津大学学位论文,2007.

[106] 陈觐恺.乡愁视角下闽中村庄"记忆场所"特征研究[D].长安大学,2015.

[107] 陈李波.论地域民居中的情结空间——以武汉老里分为例[C].中国民居学术会议,2007.

[108] 陈向明.社会科学中的定性研究方法[J].中国社会科学,1996,16(6):93-102.

[109] 成志芬,周尚意,张宝秀."乡愁"研究的文化地理学视角[J].北京

联合大学学报(人文社会科学版),2015,13(4):64-70.

[110] 崔丽敏,曹灿明,梁雨濛.代际理论及"80后"、"90后"旅游行为对比研究[J].经济师,2012,7(2):200-201.

[111] (德)扬·阿斯曼.文化记忆[M].金寿福,黄晓晨译.北京:北京大学出版社,2015.

[112] 董培海,李伟.旅游、现代性与怀旧——旅游社会学的理论探索[J].旅游学刊,2013,28(4):111-120.

[113] 段义孚,志丞,左一鸥.人文主义地理学之我见[J].地理科学进展,2006,25(2):1-7.

[114] (法)孟德拉斯.农民的终结[M].李培林译.北京:社会科学文献出版社,1991.

[115] (法)莫里斯·哈布瓦赫.论集体记忆[M].毕然,郭金华译.上海:上海人民出版社,2002.

[116] 樊友猛,谢彦君.记忆、展示与凝视:乡村文化遗产保护与旅游发展协同研究[J].旅游科学,2015,29(1):11-24.

[117] 费孝通.乡土中国[M].上海:上海人民出版社,2006.

[118] 封丹,李鹏,朱竑.国外"家"的地理学研究进展及启示[J].地理科学进展,2015,34(7):809-817.

[119] 冯顺政.古镇焦溪[M].北京:中国文联出版社,2011.

[120] 葛凌亚,苏勤,俞传俊,等.国内外旅游地居民地方感研究进展与启示[J].旅游论坛,2013,6(5):18-25.

[121] 郭海红.日本城市化进程中乡愁的能动性研究[J].山东大学学报(哲学社会科学版),2015,(3):115-125.

[122] 郭景萍.情感社会学:理论·历史·现实[M].上海:上海三联书店,2008.

[123] 何佳讯.我们如何怀念过去?中国文化背景下消费者怀旧倾向量表的开发与比较验证[J].营销科学学报,2010,6(3):30-50.

[124] 胡宪洋,白凯.旅游目的地形象修复方式量表探讨:中外游客整合对比的视角[J].旅游学刊,2013,28(9):73-83.

[125] 胡星灿.审美·家国·想象:由沪上咖啡馆到知识分子的"恋地情结"[J].西南交通大学学报(社会科学版),2016,17(5):49-54.

[126] 黄洁.从"乡土情结"角度谈乡村旅游开发[J].思想战线,2003,29(5):24-26.

[127] 黄群芳,陆玉麒,陈晓艳.旅游研究中的代际理论及其应用述评[J].热带地理,2018,38(1):25-33.

[128] 黄向,保继刚,Wall,et al.场所依赖(place attachment):一种游憩行为现象的研究框架[J].旅游学刊,2006,21(9):19-24.

[129] 黄向,吴亚云.地方记忆:空间感知基点影响地方依恋的关键因素[J].人文地理,2013,28(6):43-48.

[130] 黄潇婷.基于时空路径的旅游情感体验过程研究——以香港海洋公园为例[J].旅游学刊,2015,30(6):39-45.

[131] 黄燕,赵振斌,张铖,等.旅游社区价值空间构成与人群差异[J].旅游学刊,2016,31(9):80-90.

[132] 黄震方,黄睿.城镇化与旅游发展背景下的乡村文化研究:学术争鸣与研究方向[J].地理研究,2018,37(2):233-249.

[133] 黄震方,黄睿.基于人地关系的旅游地理学理论透视与学术创新[J].地理研究,2015,34(1):15-26.

[134] 黄震方,陆林,苏勤,等.新型城镇化背景下的乡村旅游发展——理论反思与困境突破[J].地理研究,2015,34(8):1409-1421.

[135] 季诚迁.古村落非物质文化遗产保护研究[D].中央民族大学学位论文,2011.

[136] 贾旭东,谭新辉.经典扎根理论及其精神对中国管理研究的现实价值[J].管理学报,2010,7(5):656-665.

[137] 江莉莉.21世纪的中国与中国地理学:一场文化(地理)革命?[J].人文地理,2013,28(1):1-9.

[138] 金寿铁.家乡:无限开放的多空间融合体[J].社会科学战线,2017(9):191-200.

[139] 靳诚,陆玉麒,范黎丽.江苏国内旅游客源市场空间结构研究[J].

经济地理,2010,30(12):2105-2108.

[140] 黎耀奇,关巧玉.旅游怀旧:研究现状与展望[J].旅游学刊,2018,33(2):105-116.

[141] 李凡,金忠民.旅游对皖南古村落影响的比较研究——以西递、宏村和南屏为例[J].人文地理,2002,17(5):17-20,96.

[142] 李凡,朱竑,黄维.从地理学视角看城市历史文化景观集体记忆的研究[J].人文地理,2010,25(4):60-66.

[143] 李红波,胡晓亮,张小林,等.乡村空间辨析[J].地理科学进展,2018,37(5):591-600.

[144] 李久林,储金龙,叶家珏,等.古徽州传统村落空间演化特征及驱动机制[J].经济地理,2018,38(12):153-165.

[145] 李君轶,杨鑫.让人们寻得与记住"乡愁"是民俗旅游发展的源动力[N].西安日报,2015-08-24(08).

[146] 李蕾蕾."乡愁"的理论化与乡土中国和城市中国的文化遗产保护[J].北京联合大学学报(人文社会科学版),2015,13(4):51-57.

[147] 李萍,王倩,Chris Ryan.旅游对传统村落的影响研究——以安徽齐云山为例[J].旅游学刊,2012,27(4):57-63.

[148] 李向平,魏扬波.口述史研究方法[M].上海:上海人民出版社,2010.

[149] 李彦辉,朱竑.国外人文地理学关于记忆研究的进展与启示[J].人文地理,2012,27(1):11-15.

[150] 徐耀新.历史文化名城名村系列·陆巷村[M].南京:江苏人民出版社,2017.

[151] 梁丽芳.基于怀旧视角的传统村落旅游者忠诚模型研究[J].社会科学家,2015,(10):96-100.

[152] 林琳,曾永辉.城市化背景下乡村集体记忆空间的演变——以番禺旧水坑村为例[J].城市问题,2017(7):97-105.

[153] 刘春芳,王奕璇,何瑞东,等.基于居民行为的三生空间识别与优化分析框架[J].自然资源学报,2019,34(10):2113-2122.

[154] 刘丹萍,金程.旅游中的情感研究综述[J].旅游科学,2015,29(2):74-85.

[155] 刘沛林,刘春腊,邓运员,等.我国古城镇景观基因"胞—链—形"的图示表达与区域差异研究[J].人文地理,2011,26(1):94-99.

[156] 刘沛林,刘春腊,邓运员,等.中国传统聚落景观区划及景观基因识别要素研究[J].地理学报,2010,65(12):1496-1506.

[157] 刘沛林.新型城镇化建设中"留住乡愁"的理论与实践探索[J].地理研究,2015,34(7):1205-1212.

[158] 刘沛林.中国传统村落意象的构成标志[J].衡阳师范学院学报,1994(5):62-67.

[159] 刘则渊,陈悦,侯海燕,等.科学知识图谱:方法与应用[M].北京:人民出版社,2008.

[160] 刘赵平.社会交换理论在旅游社会文化影响研究中的应用[J].旅游科学,1998(4):30-33.

[161] 陆大道.留住乡愁是以人为中心的新型城镇化的显著特色——评刘沛林新著《留住乡愁》[J].地理学报,2017,72(10):19-20.

[162] 陆林,任以胜,朱道才,等.乡村旅游引导乡村振兴的研究框架与展望[J].地理研究,2019,38(1):102-118.

[163] 路璐,李嫣红.留住乡愁:记忆理论视域下特色村镇保护与发展研究[J].中国农史,2018(1):122-130.

[164] 陆邵明.乡愁的时空意象及其对城镇人文复兴的启示[J].现代城市研究,2016(8):2-10.

[165] 陆相林,孙中伟.旅游涉入、满意度、地方依恋作用机制研究——以西柏坡红色游客为例[J].干旱区资源与环境,2017,31(7):183-188.

[166] 《陆巷村志》编纂委员会.陆巷村志[M].苏州:古吴轩出版社,2014.

[167] 陆玉麒.人文地理学科学化的总体目标与实现路径[J].地理学报,2011,66(12):1587-1596.

[168] 罗秋菊,丁绍莲,潘珂.外来饮食文化影响下广州本地居民地方身份建构过程的代际差异[J].地理研究,2018,37(9):94-106.

[169] 吕龙,黄震方,陈晓艳.文化记忆视角下乡村旅游地的文化研究进展及框架构建[J].人文地理,2018,33(2):35-42.

[170] 吕龙,黄震方,陈晓艳.乡村文化记忆空间的类型、格局及影响因素——以苏州金庭镇为例[J].地理研究,2018,37(6):1142-1158.

[171] (美)艾兰·普瑞德.结构历程和地方感和感觉结构的形成过程[M].夏铸九,王志弘编译.台北:明文书局,2002.

[172] (美)波拉克.解读基因:来自DNA的信息[M].杨玉玲译.北京:中国青年出版社,2000.

[173] (美)蒂姆·克雷斯韦尔(Cresswell T).地方:记忆、想像与认同[M].徐苔玲,王志弘译.台北:群学出版有限公司,2006.

[174] (美)鲁思·本尼迪克特.菊与刀:日本研究化模式[M].陆征译.南京:译林出版社,2015.

[175] (美)罗伯特·F·德威利斯.量表编制:理论与应用[M].魏勇刚,杜珏译.重庆:重庆大学出版社,2010.

[176] (美)乔纳森·特纳.人类情感——社会学的理论[M].孙俊才,文军译.北京:东方出版社,2009.

[177] 宁志丹,李海娥.乡村旅游者乡愁体验对满意度的影响研究——以武汉市石榴红村为例[J].中南林业科技大学学报(社会科学版),2015,9(5):62-69.

[178] 彭聃龄.普通心理学(修订版)[M].北京:北京师范大学出版社,2004.

[179] 彭兆荣.后现代性与移动性:生态环境所面临的挤压——兼论旅游人类学视野中的旅游文化[J].河南社会科学,2007,15(6):11-16.

[180] 钱莉莉,张捷,郑春晖,等.地理学视角下的集体记忆研究综述[J].人文地理,2015,30(6):7-12.

[181] 钱智.吴文化区域系统初步研究[J].地理学报,1998,65(2):123-131.

[182] 秦宝权,刘皆谊,孙晓鹏.记忆心理学视角下的江南古镇空间形态研究[J].苏州科技学院学报(工程技术版),2015,28(1):73-76.

[183] 阮仪三,陶文静,袁菲.乡愁情怀中的江南水乡及其当代意义[J].中国名城,2015(9):4-8.

[184] 申秀英,刘沛林,邓运员,等.中国南方传统聚落景观区划及其利用价值[J].地理研究,2006,25(3):485-494.

[185] 时少华,梁佳蕊.传统村落与旅游:乡愁挽留与活化利用[J].长白学刊,2018,202(4):148-155.

[186] 孙九霞,周一.遗产旅游地居民的地方认同——"碉乡"符号、记忆与空间[J].地理研究,2015,34(12):2381-2394.

[187] 孙九霞.传统村落:理论内涵与发展路径[J].旅游学刊,2017,32(1):1-3.

[188] 孙璐,王江萍.新型城乡关系下"乡愁"的空间要义[J].现代城市研究,2017(10):123-127,138.

[189] 孙庆民.社会交换与人性假设[J].湖南师范大学社会科学学报,1995(2):24-28.

[190] 汤南南.从传统型乡愁到超越型乡愁[D].杭州:中国美术学院,2016.

[191] 唐承财,梅江海,秦珊,等.传统村落文化传承研究评述与展望[J].湖南师范大学自然科学学报,2023,46(3):1-12.

[192] 唐代剑,翟媛.乡村旅游选择行为的年龄分异研究[J].旅游学刊,2008,23(10):68-71.

[193] 唐文跃.地方感研究进展及研究框架[J].旅游学刊,2007,22(11):70-77.

[194] 唐文跃.地方性与旅游开发的相互影响及其意义[J].旅游学刊,2013,28(4):9-11.

[195] 唐亚林.区域中国:乡愁和城愁的交融与舒解——兼与李昌平、贺雪峰、熊万胜商榷[J].探索与争鸣,2018(2):89-94,143.

[196] 汪芳,吕舟,张兵,等.迁移中的记忆与乡愁:城乡记忆的演变机制和空间逻辑[J].地理研究,2017,36(1):3-25.

[197] 汪芳,孙瑞敏.传统村落的集体记忆研究——对纪录片《记住乡

愁》进行内容分析为例[J].地理研究,2015,34(12):2368-2380.

[198]汪强华,周慧霞,章军伟,等."乡愁经济":全新视角下的发展构思[J].浙江经济,2015(12):48-49.

[199]汪亭友,裴亚男.论坚持历史自信、增强历史主动的新时代要求[J].毛泽东邓小平理论研究,2022(10):60-66,108.

[200]王爱霞.当代乡愁问题的环境哲学研究[D].苏州科技大学学位论文,2016.

[201]王海忠.消费者民族中心主义[M].北京:经济管理出版社,2002.

[202]王江萍,邓静.基于"乡愁"文化的村镇景观要素分析[J].文化研究,2016(4):254-255.

[203]王丽丽,马晓龙.基于规划文本分析的地质旅游资源价值演化研究:黄河石林案例[J].资源科学,2016,38(9):1653-1662.

[204]王宁.旅游、现代性与"好恶交织"——旅游社会学的理论探索[J].社会学研究,1999(6):93-102.

[205]王霄冰.文化记忆、传统创新与节日遗产保护[J].中国人民大学学报,2007(1):41-48.

[206]王欣欣.乡愁何寄?旅游背景下传统村落的审美体验研究[J].旅游研究,2018,10(6):18-28.

[207]王新歌,陈田,林明水,等.国内外乡愁相关研究进展及启示[J].人文地理,2018,33(5):1-11.

[208]王新歌,虞虎,陈田.旅游视角下的地域乡愁文化元素识别及维度构建:以古徽州文化旅游区为例[J].资源科学,2019,41(12):2237-2247.

[209]王兴,张辉,徐红罡.酒店员工工作价值观对工作投入和满意度的影响——代际差异的调节作用[J].旅游学刊,2017,32(12):89-100.

[210]乌再荣.基于"文化基因"视角的苏州古代城市空间研究[D].南京大学学位论文,2009.

[211]吴必虎,徐斌,邱扶东.中国国内旅游客源市场系统研究[M].上海:华东师范大学出版社,1999.

[212]吴必虎.基于乡村旅游的传统村落保护与活化[J].社会科学家,

2016(2):7-9.

[213] 吴丽敏.文化古镇旅游地居民"情感—行为"特征及其形成机理——以同里为例[D].南京师范大学学位论文,2015.

[214] 吴明隆.结构方程模型——AMOS 的操作与应用[M].重庆:重庆大学出版社,2009.

[215] 吴明隆.结构方程模型——AMOS 实务进阶[M].重庆:重庆大学出版社,2013.

[216] 吴明隆.问卷统计分析实务——SPSS 操作与应用[M].重庆:重庆大学出版社,2010.

[217] 吴秋林.原始文化基因论[J].贵州民族大学学报(哲学社会科学版),2008(4):5-10.

[218] 吴炆佳,孙九霞.旅游地理视角下记忆研究的进展与启示[J].人文地理,2018,33(6):18-27.

[219] 向立.永恒的结晶——论余光中文学创作中的乡愁情结[J].名作欣赏,2013(35):114-116.

[220] 谢新丽,吕群超."乡愁"记忆、场所认同与旅游满意:乡村旅游消费意愿影响因素[J].山西师范大学学报(自然科学版),2017,31(2):105-114.

[221] 谢新丽,吕群超.乡村旅游中"乡愁"记忆、重游意愿与旅游消费意愿关系研究[J].温州大学学报(自然科学版),2017,38(2):52-62.

[222] 谢彦君.旅游体验的两极情感模型:快乐-痛苦[J].财经问题研究,2006(5):88-92.

[223] 熊剑峰,王峰,明庆忠.怀旧旅游解析[J].旅游科学,2012,26(5):30-37.

[224] 徐花.《城南旧事》乡愁浅论[J].世界华文文学论坛,2007(2):26-30.

[225] 徐璐.从集体记忆视角探究"乡愁"的产生与复现[C].2015 中国城市规划年会.

[226] 薛婧,黄希庭.怀旧心理研究述评[J].心理科学进展,2011,19(4):608-616.

[227] 薛婧.旅游怀旧及其影响因素研究[D].西南大学学位论文,2012.

[228] 闫妍.从农村新城镇设计探究"记得住乡愁"[J].江西建材,2015(21):14-16.

[229] 杨山,杨虹霓,季增民.快速城镇化背景下乡村居民生活圈的重组机制——以昆山群益社区为例[J].地理研究,2019,38(1):119-132.

[230] 杨同卫,苏永刚.论城镇化过程中乡村记忆的保护与保存[J].山东社会科学,2014(1):68-71.

[231] 杨雄.一组复杂而诱人思考的文化难题——关于"代际理论"的通信[J].当代青年研究,1989(1):26-29.

[232] 姚小云,罗亚丽.山岳型旅游目的地国内游客消费行为的代际差异研究——以张家界为例[J].资源开发与市场,2013,29(10):1094-1097.

[233] (英)吉登斯.现代性的后果[M].田禾译.南京:译林出版社,2000.

[234] (英)理查德·道金斯.自私的基因[M].卢允中,张岱云译.北京:科学出版社,1981.

[235] (英)罗兰·罗伯特.全球化:社会理论与社会文化[M].梁光严译.上海:上海人民出版社,2000.

[236] 游国龙.两岸中国人情感模式的同一与变异——一项"文化基因"的检测[J].国际政治研究,2013,50(4):50-65.

[237] 张高军,吴晋峰,周靖超.旅游目的地形象的代际差异比较——兼论代沟理论的3种不同学说[J].旅游学刊,2017,32(2):53-64.

[238] 张宏梅,陆林.基于游客涉入的入境旅游者分类研究——以桂林、阳朔入境旅游者为例[J].旅游学刊,2011,26(1):38-44.

[239] 张建宏.记住乡愁:旅游开发背景下乡村文化变迁与重构研究[J].江苏商论,2017(2):47-51.

[240] 张劲松.乡愁生根:发展不平衡不充分背景下中西部乡村振兴的实现[J].江苏社会科学,2018(2):6-16.

[241] 张军,陈朵苹.民族地区城镇化"乡愁"的保留与旅游业的良性互动[J].西北民族大学学报:哲学社会科学版,2016(1):152-157.

[242] 张帅."乡愁中国"的问题意识与文化自觉——"乡愁中国与新型城镇化建设论坛"述评[J].民俗研究,2014(2):156-159.

[243] 张松.为谁保护城市[M].北京:生活·读书·新知三联书店,2010.

[244] 张骁鸣,保继刚.旅游发展与乡村劳动力回流研究[J].地理科学,2009,29(3):360-367.

[245] 张小林,石诗源,王亚华.改革开放以来中国人文地理学发展的回顾与展望[J].云南师范大学学报(哲学社会科学版),2009,41(1):26-34.

[246] 张小林.苏南乡村城市化发展研究[J].经济地理,1996,16(3):21-26.

[247] 张永杰.第四代人[M].北京:东方出版社,1988.

[248] 张勇,冯健.村落终结:快速城镇化进程中村庄的空心化与乡村性演化[J].城市发展研究,2017,24(9):98-108.

[249] 张中华,张沛,王兴中.地方理论应用社区研究的思考——以阳朔西街旅游社区为例[J].地理科学,2009,29(1):141-146.

[250] 赵传海.论文化基因及其社会功能[J].河南社会科学,2008(2):50-52.

[251] 赵衡宇.怀旧视角下老城旧街的复兴及其价值认同——以武昌昙华林街区的"慢更新"为例[J].城市问题,2015(9):18-24,43.

[252] 赵静蓉.怀旧——永恒的文化乡愁[M].北京:商务印书馆,2009.

[253] 郑文武,刘沛林."留住乡愁"的传统村落数字化保护[J].江西社会科学,2016(10):251-256.

[254] 种海峰.全球化境遇中的文化乡愁[J].河南师范大学学报(哲学社会科学版),2008,35(2):57-60.

[255] 周兵."乡愁"文化与新型城镇化[J].学术探索,2015(4):85-91.

[256] 周尚意,成志芬.关于"乡愁"的空间道德和地方道德评价[J].人文地理,2015,30(6):1-6.

[257] 朱竑,高权.西方地理学"情感转向"与情感地理学研究述评[J].地理研究,2015,34(7):1394-1406.

[258] 朱竑,刘博.地方感、地方依恋与地方认同等概念的辨析及研究启示[J].华南师范大学学报(自然科学版),2011(1):1-8.